KB264938

새로운 경세학經世學을 말하다

새로운 경세학을 말하다

초판 1쇄 발행 2015년 2월 1일

지 은 이 황선범
발 행 인 권선복
편집주간 김정웅
디 자 인 최새롬
마 케 팅 정희철
전 자 책 신미경
발 행 처 행복한에너지
출판등록 제315-2011-000035호
주   소 (157-010) 서울특별시 강서구 화곡로 232
전   화 0505-613-6133
팩   스 0303-0799-1560
홈페이지 www.happybook.or.kr
이 메 일 ksbdata@daum.net

값 18,000원
ISBN 979-11-954239-3-4   13150

행복한 에너지는 독자 여러분의 아이디어와 원고 투고를 기다립니다. 책으로 만들기를 원하는
콘텐츠가 있으신 분은 이메일이나 홈페이지를 통해 간단한 기획서와 기획의도, 연락처 등을
보내주십시오. 행복한 에너지의 문은 언제나 활짝 열려 있습니다.

생명에 기초한 새로운 패러다임

새로운 경세학을 말하다

황선범 지음

經世學

행복한 에너지

목포대학교 총장
최 일

　현대사회를 살아가면서 우리는 개인적으로 많은 난관에 부딪히고, 불합리한 사회제도에 자주 당면하곤 한다. 이를 해결하기 위해 개인과 사회가 많은 노력을 하지만 근본적인 해결책을 찾지 못하는 경우가 많다. 이 책은 인간의 천성과 지성이란 철학적인 개념을 통해 갈등의 원인을 본질적으로 분석하고, 문제 해결의 실마리를 제공한다. 더 나아가 우리가 살고 있는 공동체가 나아가야 할 방향을 제시하고 있다.

　따라서 이 책을 읽음으로써 천성이란 만물의 원리를 이해하게 되어 독자 개인에게는 자기 성찰의 기회를 가질 수 있고 공직자에게는 현대판 목민관의 자세를 배울 수 있다. 그리고 교육자에게는 이 시대가 필요로 하는 지식교육을 넘어 창의인성 교육의 의미를 생각하게 해 주고, 경영자에게는 조직 운영의 비전을 제시해 줄 것이다.

　관념적이고 철학적인 개념을 저자의 공직생활의 경험으로 쉽게 설명하여 모든 사람들이 편하게 읽을 수 있고 많은 교훈을 얻을 수 있는 책이다.

현대삼호중공업(주) 대표이사 사장
하경진

　저자는 평생을 바쳐 길어 올린 통찰을 시종일관 자신감 넘치는 어조로 풀어낸다. 그러면서도 겸손함을 잃지 않는다. 그런 모습이 그의 주장에 신뢰를 더해주는 요소가 되었다.

　혼돈과 무질서가 득세하는 세상에서 평화와 행복을 꿈꾸는 우리에게 저자가 세상을 향해 던진 일침은 시사하는 바가 크다.

　세상에는 수많은 문제가 있는데, 문제라는 것은 천성에서 지성으로 흐르는 것을 의미한다며, 저자는 사람이 지성地性의 마음에서 벗어나 천성天性의 마음을 체득할 때 비로소 모든 문제의 해결이 가능하다고 주장한다. 또한 오랫동안 공직에서 일한 사람답게 공직자가 국민을 선도하기 위해서는 천성의 인품을 체득한 사람만이 국민을 지성에서 건져낼 수 있다며 공직사회를 향한 애정 어린 충고도 잊지 않는다.

　우리가 할 일은 책장을 열고 그가 30여 년을 천착하며 건져 올린 깊은 통찰의 바다 속으로 들어가는 것이다. 그가 펼쳐 놓은 바다를 여행하며 깊은 각성과 울림을 얻는 것만으로도 몇 시간 투자가치는 충분하지 않겠는가!

사람은 자연을 떠나서 살 수 없다. 그러나 지금 인류는 관념(종교 사상 철학 가치관 정치 경제 과학 문화 등)이 자연을 이탈하였기 때문에 수많은 모순에 쌓여있다. 이 책은 공상·허상·망상의 세계를 살아가는 인류의 모습을 천성天性과 지성地性의 이치로 풀어내고, 모든 사람이 천성을 체득하는 방법을 안내하고 있다.

이 책은 천성·본성·인성·이성·합리성·각성·견성 등 성性의 의미를 비롯하여, 참眞, 진리眞理, 종宗, 주主 등의 의미를 정확하게 설명하고, 주인·공동체의 뜻은 물론 공동체의 지도체계, 인사제도, 교육제도, 경제제도, 종교제도, 공직자 교육제도 등에 대해서는 직접 바람직한 방향성까지 제시하였다.

국립목포대학교 최일 총장은 "天性이라는 만물의 원리를 이해할 수 있으므로 독자에게는 자기 성찰의 기회를 가질 수 있고, 공직자에게는 현대판 목민관의 자세를 배울 수 있고, 교육자에게는 이 시대가 필요로 하는 지식교육을 넘어 창의인성 교육의 의미를 생각하게 해주고, 경영자에게는 조직운영의 비전을 제시해준다."는 서평을 써 주셨는데, 이 책의 가치를 잘 말해준다고 할 것이다.

그래서 이 책은 값을 정할 수 없는 가치가 있다. 누구에게나 자신 있게 권해 드리니 일독하시고, 좋은 내용이다 싶으면 주위 사람들에게 권장하여, 대한민국을 비롯하여 세계 인류의 가치관이 바로 설 수 있게 이 책이 주춧돌 역할을 해줄 것을 기대한다.

2015년 을미년 새해 원단

저자 행정학 박사 황 선 범

목차

1장

변화는
어떻게
오는가?

변화하려는 뜻은 있는가?

우리는 일상생활을 영위하면서 수많은 사람과 만나고 교류하는데 거의 모든 사람이 다른 사람의 겉모습인 사회적 직위, 명예, 돈, 권력, 학연이나 지연 등에 얽힌 천박한 만남만 지속한다.

3살 먹은 어린아이가 이야기하여도 옳은 것은 받아들이고 실천하면 세상은 그만큼 빨리 진리화될 수 있는데, 사람마다 마음과 생각이 갇히고 굳어, 가식 꾸밈 거짓 권위 자존심 등이 가로막아 열려있는 자세가 나오지 않는다.

그래서 지금 우리 사회는 인사·정치·경제·교육·학문·종교·사상·가치관 등 문제가 없는 것(곳)이 없다.

사람의 행동은 생각에서 비롯되는 것이므로 사람마다 올바른 것이 무엇인지 깨닫고 실천하도록 가르쳐주지 않는다면 이는 고쳐질 수 없다. 그러나 지금은 모두들 올바른 생각이 무엇인가에 대하여 성찰하는 사람이 드물기 때문에 자신의 잘못됨은 생각하지 않고 오직 남의 생각만 문제라고 지적한다.

또한 사람의 생각은 마음에서 비롯되는 것이므로 마음을 올바로 가지도록 해주어야 하는데 지금은 마음의 소재를 아는 사람이 없기 때문에 마음을 가르치려 해도 가르칠 사람도 없다.

우리는 정치인을 뽑거나 정부 관리를 임명할 때 공약이나 업적 등을 보고 선택하는데, 그것을 통해서 선택할 사람의 마음(생각)을 읽지 못하는 것이 문제이다. 공약이라는 것은 수입과 지출을 생각하지 않고 얼마든지 장밋빛 공약을 내세울 수 있고, 공적이라는 것은 세상이 문제(사건사고)[1]를 따라가기 때문에 사고수습을 잘했다는 내용이 허다하기 때문이다.

사람을 선택할 때는 천성(전체, 절대, 眞, 자연, 지혜 등)의 체득 여부와 평소 체득한 것을 실천하는 사람인지를 보고 선발해야 한다. 그러나 지금은 누구도 천성을 아는 사람이 없기 때문에 그 반대가 되는 지성(부분, 상대, 邪, 인공, 지식 등)에 물든 사람을 유능한 사람으로 보고 선발한다.

천성을 체득한 사람은 세상이 하늘의 이치에 맞게 순리 대로 굴러가게 할 수 있지만, 지성에 물든 사람은 하늘의 이치를 모름으로 세상이 어떻게 되던 자신이나 지지자를 돋보이게 하는 일을 한다.

말하자면 지성에 물든 사람은 전체를 위하는 일이 아니라 전체를 편 가름하는 일을 하고, 절대를 모르기 때문에 상대를 위하여 일을 하

---

1 공직자가 계획서를 만들 때는 제일 먼저 문제점(사건사고)을 열거하고 그 문제를 해결하는 대책을 세운다. 이것은 문제가 없으면 할 일이 없다는 것과 같고, 문제가 발생하도록 방치(기구 인원을 늘리는 방법 등)하는 것과 같고, 문제를 해결한 후 포상이나 진급을 요구하는 것과 같고, 재직할 때 문제가 생기면 운명(재수 없어)으로 돌릴 수 있으며, 미래를 예측하지 못하기 때문에 유비무환의 자세로 일하지 못하고 수동적, 피동적으로 주어진 일 밖에 하지 못하는 것과 같다.

고, 생명(진정성)을 목적으로 삼는 것이 아니라 인공(가식성)을 목적으로 삼고, 자연과 인간이 공존하도록 하는 것이 아니라 발전을 위하여 자연을 파괴하며, 공감하는 지혜를 발휘하는 것이 아니라 자신이 아는 지식을 실현시키려고 노력을 할 뿐이다.

하늘은 모든 존재의 바탕(근원)이다. 모든 존재는 하늘을 떠나 존재할 수 없다. 그러므로 모든 존재가 천성을 닮으면 제자리(본성)를 지킬 수 있으나, 천성을 잃으면 제자리(본성)을 잃는 것이고, 혼란스러운 것이고, 문제(사건사고)가 있는 것이고, 사건사고가 끊임없이 일어날 수밖에 없는 것이다.

사람은 사람다워야 하고, 학교는 학교다워야 하고, 선생은 선생다워야 하고, 공무원은 공무원다워야 하고, 부모는 부모다워야 하고, 국가는 국가다워야 한다. 다른 말로는 참 사람, 참 학교, 참 스승, 참 공무원, 참 부모, 참 국가 등이 되어야 한다.

그런데 그것을 아는 사람이 없고, 그 의미도 모른다. 그러면서 자신의 자식들에게는 바른 사람이 되어야 한다고 가르친다.

하늘(자연, 생명, 절대 등)만이 성性이고 진眞이다. 그런데 지금 세상 사람들은 모두 천성(본성)을 잃고 그 반대로 살아간다.

세상은 지성을 닮아 더 욕심(사심) 많은 사람이 욕심이 덜한 사람을 이끄는 구조로 되어있다. 한번 생각해보라. 높은 직위, 많은 재물, 큰 명예를 얻으려는 사람치고 욕심 없는 사람이 있는가?

이런 세상을 변화시키기 위해서는 천성을 가르쳐 천성을 체득한 사람이 지성을 닮은 사람을 이끄는 구조로 변해야 한다. 그렇게 될 때 올바른 성性과 진眞의 세상이 펼쳐질 수 있기 때문이다.

그러려면 최소한 10,000명 이상 천성을 체득한 사람을 선발대로 길러내지 않으면 아니 된다. 그 사람들이 사회 곳곳에 자리 잡고 천성의 세상을 만들어갈 때 점점 국가가 국가다워지고 세상이 세상다워질 수 있기 때문이다.

모든 존재가 그 존재의 바탕이 되는 존재의 성품을 따를 때만이 존재할 가치가 있기 때문이다.

변해야 한다.

지금 인류는 공영의 가치를 잃고 떠도는 배와 같다.

그 어떤 철학이나 종교도 지금의 혼돈을 바라고 있지 않다. 그런데 당장 들려오는 뉴스는 절망적이다. '하루가 멀다'하고 인간 말종의 사건사고가 계속되고, 종교적 갈등으로 살생하고, 자국의 이익을 위해 어린아이의 목숨까지 낙엽 취급을 하는 세상이다.

세상을 변화시키는 주체는 마음이다.

마음이 변화하지 않으면 변화는 없다.

마음은 사람의 육신 밖에 있으므로 하늘과 같은 영역이다. 하늘과 같은 영역이므로 하늘의 크기만큼 무한대가 될 수 있고, 바늘귀 크기만큼 유한대로 작아질 수도 있다. 본래 색채와 형태가 없으므로 색채와 형태를 지우면 하늘과 같이 커지고, 색채와 형태를 만들면 그 크기만큼 줄어든다.

마음은 생각이 나오는 집이므로 그 집에 콩을 쌓아두었으면 콩 밖에 나올 것이 없고, 팥을 쌓아두었으면 팥 밖에 나올 것이 없다. 같은 병이라도 꽃을 담으면 꽃병, 술을 담으면 술병, 물을 담으면 물병이 되는 것과 같이, 마음에 무엇을 담아두었는가에 따라 천당에서 살 수도 있고 지옥에서 살 수도 있다.

마음을 비우라는 말은 색채와 형태를 만들지 말라는 뜻이다.

그림을 그리는 화지를 마음에 비유하면 백지와 같이 빈 공간으로 놓아두면 상황에 맞게 무엇이든 채울 수 있으나, 이미 그려진 화지에는 또 다른 그림을 그릴 수 없다.

마음에 있는 색채와 형태를 하늘과 같은 상태로 비워두지 않고는 다른 색채와 형태를 가진 세계를 만들어갈 수 없다.

한恨을 가진 사람은 부정의 마음을 가지고 있다.

부정의 마음이란 땅과 같이 닫힌 마음(地性의 마음)으로서 아무것도 믿으려 하지 않는 것을 말하며, 이미 마음에 채워진 것 이외에는 더 이상 받아들이지 않는 것을 말한다.

가령, 종교를 가진 사람들이 상대방의 종교를 인정하지 않는 것, 특정 사상에 빠져 다른 사상을 인정하지 않는 것, 상대방이나 정치형태를 인정하지 않는 것, 노동운동하는 사람들이 자본가를 인정하지 않거나 자본가들이 노동운동하는 사람들을 인정하지 않는 것 등은 모두 닫힌 마음에서 나온다.

마음이 닫힌 사람은 상황이 바뀌어도 개선되지 않는다. 완전히 열린 상태를 0으로 볼 때 3만큼 열렸으면 3만큼 주고받고, 5만큼 열렸으면 5만큼 주고받는다. 가령, 자동차를 운전하는 사람 중에 끼어들기를 좋아하는 사람은 다른 사람이 자기 차선에 끼어드는 것에 대해서 별로 좋아하지 않는다.

마음이 크면 큰일을 하고 마음이 작으면 작은 일을 한다.

마음이 맑고 밝은 사람은 맑고 밝은 일을 하고, 마음이 탁하고 어두운 사람은 탁하고 어두운 일을 한다.

긍정의 마음을 가진 사람은 처음부터 마음이 열려 있으므로 무엇이든 드나들고, 부정의 마음을 가진 사람은 처음부터 닫혀 있으므로 땅을 열어가듯이 각고의 노력을 통해 조금씩 열어갈 뿐이다.

마음을 진眞에 두면 진심眞心으로 행하고, 마음을 사邪에 두면 사심邪心으로 행한다.

마음을 학문에 두면 학문 밖에는 뜻이 없고, 마음을 돈(재물)에 두면 모든 것을 돈 버는 방법과 연결시키고, 마음을 권세나 명예에 두면 모든 것을 권세와 명예를 얻는 수단·방법으로 이용한다.

마음을 하늘에 두면 하늘을 따르고, 마음을 땅에 두면 땅을 따르고, 마음을 신에 두면 신을 따른다.

마음을 산에 두면 산과 동화되고, 들에 두면 농부와 동화되고, 바다에 두면 바다와 동화된다. 나무에 두면 나무를 사랑하고, 바위에 두면 바위를 사랑하고, 새에 두면 새를 사랑한다.

사람은 마음(뜻)을 어디에 두었고, 어떤 마음을 품었느냐에 따라 행동이 달라진다. 마음은 생각이 나오는 바탕이므로 탁하고 어두우면 꿈조차도 탁하고 어두운 색채와 형태로 가득차고, 맑고 밝으면 꿈조차도 맑고 밝은 색채와 형태로 꾸게 된다.

가령, 꿈속에서 누군가와 싸웠는데 깨어보니까 자신의 옆자리에 곤히 자는 부인을 살상하는 사고도 능히 일어날 수 있다. 아무리 부인이 '왜 이러느냐?'고 소리쳐도 꿈속에서는 자신을 공격하려는 사람으로밖에 인식되지 않기 때문이다.

무의식중에 하는 행동을 보면 그 사람이 탁하고 어두운 정도를 알 수 있다. 취중이나 꿈결에 하는 언행은 무의식 상태에서 습관적으로 하는 행동이기 때문에 그 사람의 본 모습을 그대로 보여주기 때문이다.

자비·사랑·인자 등은 하늘의 성품과 같이 그 마음이 맑고, 밝고,

깊고, 높고, 넓고, 열린 사람한테서 나오는 것이며, 바늘구멍만도 못한 마음을 가진 사람한테서는 아무리 자비를 말하고 사랑을 말하고 인자를 말해도 그것을 이용할 뿐이다.

지금까지 마음을 노래하지 아니한 종교가 없었고, 마음을 가르치지 아니한 부모나 선생이 없었다. 마음의 소재도 모르면서 마음을 가르쳤고 마음 닦는 공부를 하였다.

그러나 이제 이 글을 이해하는 사람은 비로소 마음을 알 수 있다. 마음 두는 곳을 알 수 있고, 마음 상태를 어떻게 해야 하는지 알 수 있고, 하늘의 성품 즉 천성天性과 같은 상태가 되도록 만드는 것이 무엇을 믿고 믿지 않고 하는 것보다 몇 천만 배 훌륭한 삶이라는 것을 알 수 있다.

마음이 하늘같아야 비로소 하늘 사람이 되는 것이고, 하늘의 뜻을 받을 수 있는 것이고, 하늘의 일 즉 천명(사명)을 실천하는 삶을 살 수 있는 것이다.

천성을 알고 천성을 따르는 사람만이 어떤 위치에서 무슨 일을 하더라도 세상을 올바르게 변화시켜 나갈 수 있고, 그 변화가 하늘의 뜻이라는 것을 이해할 수 있다.

어떤 변화를 원하는가?

20세기 후반기 이후 변화를 하지 않으면 살아남지 못한다는 이유로 누구나 변화를 강조한다. 창조·혁신·긍정·능동 등은 변화를 뜻하는 언어이고, 관례·답습·부정·타동 등은 변화와 반대되는 언어이다.

그러나 도둑질하고 빼앗고 훔치는 것도 변화요, 도와주고 가르치고 협력하는 것도 변화이다. 자본주의, 공산주의 등 사상이나 불교, 유교, 기독교 등 종교, 그 밖의 정치, 경제, 과학, 문화, 학문 또는 인간마다 가지고 있는 가치관이나 세계관 등이 모두 변화를 위한 것이고, 환경파괴나 빈익빈 부익부 같은 불균형도 변화의 결과로서 나타난 현상이다.

세상은 잠시 잠깐의 쉼도 없이 끊임없이 변화하고 있다. 이처럼 세상이 쉼 없이 변화하고 있다면 우리는 무엇이 변화이고, 어떻게 변화해야 하며, 어떤 방법으로 변화해야 하는지 등에 대하여 구체적으로 이해하지 않으면 아니 된다.

세상은 일분일초도 쉬지 않고 변화한다.

역학易學은 이렇게 쉬지 않고 변화하는 세상의 원리를 가르쳐준다.

변화시키는 근원이 무엇인지, 아픈 상처를 아물게 하는 변화는 어디에서 비롯되는 것인지, 어떻게 살아야 올바른 삶을 사는 것인지 등등을 생각하게 한다.

변화에는 자연적 변화와 인위적 변화가 있다.

그러나 변화의 동인(근원)은 자연적 변화나 인위적 변화가 다르지 않다.

인위적 변화가 마음(생각) → 육체(행동)의 형태로 나타남으로 변화의 근원을 마음이라고 하면, 자연적 변화도 마음과 같은 역할을 하는 하늘(해)이 있고 육체와 같은 역할을 하는 땅(달)이 있어 일어나는 것이므로 변화이 근원을 하늘이리고 할 수 있다.

구체적으로는 마음에서 생각이 나오게 하는 존재로 진眞이 있으며, 하늘에서 변화를 일으키는 존재로 진眞이 있다. 마음이나 하늘에 진이 있으므로 변화하기 위해서는 진을 이해해야 하는데, 그 진眞이 참 생명을 이르는 말이다.

그러므로 변화라는 것은 참 생명의 몸짓과 같은 것이라고 할 수 있다. 가령, 색채와 형태가 없는 인간의 마음(생각)에 있는 것을 색채와 형태가 있는 인간의 육체(행동)를 통해서 현실로 드러내는 과정과 같은 것이다.

태양이 빛을 내는 것을 능동적, 자발적이라고 하면 달이 빛을 내는 것은 태양빛을 받아서 내는 것이므로 수동적, 피동적이라고 할 수 있다.

본래 변화가 뜻하는 것은 태양빛과 같이 능동적, 자발적, 자율적인 것이다. 그러나 수동적, 피동적 변화라고 하여 변화가 아니라고 할 수 없다. 이것을 인간의 언어체계로 바꾸면 지혜智慧가 태양빛과 같은 변화라면 지식知識은 달빛과 같은 변화라고 할 수 있다.

사업을 경영하노라면 확산할 때와 관리할 때가 있는데 확산을 태양빛과 같은 변화라고 하면 관리는 달빛과 같은 변화라고 할 수 있다. 자유·개방 등이 태양빛과 같은 변화라면 통제(규제)·폐쇄 등은 달빛과 같은 변화라고 할 수 있다. 창조·혁신이 태양빛과 같은 변화라면 모방·관행은 달빛과 같은 변화라고 할 수 있다. 목적이 태양빛과 같은 변화라면 수단은 달빛과 같은 변화라고 할 수 있다.

태양빛과 같은 변화는 천성에 근거를 둔 것이고 달빛과 같은 변화는 지성에 근거를 둔 것이다.

태양빛에 비유되는 사회현상을 가리키는 언어는 천성에 관념(가치)를 부여하면 탄생하고, 달빛에 비유되는 사회현상을 가리키는 언어는 지성에 관념(가치)를 부여하면 탄생한다.

그러므로 천성의 언어는 모든 생명의 목적으로 사용되고 지성의 언어는 모든 생명의 수단으로 사용된다.

변화하되 천성이나 천성이 상징하는 가치를 따르는 변화를 하면 어떤 생명도 생명력이 강화되고, 지성이나 지성이 상징하는 가치를 따르는 변화를 하면 어떤 생명도 생명력이 약화된다.

가령, 지혜(창의)를 키우지 않고 지식(관리)만 키우면 지혜(창의)는 시간과 공간을 지배(단축)할 수 있지만, 지식(관리)은 시간과 공간을 따라갈(종속) 뿐이므로 주종관계로 볼 때 영원히 종의 신세를 벗어날 수 없다.

미래를 변화시키고 앞서나가기 위해서 지혜나 창조를 가르치려면 이렇게 변화의 의미부터 이해시키지 않으면 아니 된다.

논어 자로편 공자의 말씀에 "君子 和而不同(군자 화이부동) 小人 同而不和(소인 동이불화)"라고 했다.

많은 사람들은 君子 和而不同에 대하여 군자는 정의를 존중하므로 대인관계에 있어서 자기의 개성과 주견을 살려 조화를 이루지만 그들과 똑같지 아니하다고 한다. 화합하되 뇌동하지 않는다. 제각기 달라도 조화롭고 아름답다 등으로 풀이한다.

또한 小人 同而不和에 대해서는 소인배는 자신의 이득만 추구하므로 개성이나 주견도 없이 이해관계에 따라 부화뇌동하나 여러 사람과 잘 어울리지(조화, 화합) 못한다. 소인은 뇌동하되 화합하지 못한다. 각각이 조화롭지 못하고 아름답지 못하다 등으로 풀이한다.

그러나 이러한 풀이는 절대와 상대의 개념을 알지 못하고 오직 배운 지식에 의지에서 풀어낸 것으로 온전하다고 할 수 없다. 이것을 천성天性과 지성地性의 이치로 풀면 어떻게 설명할 수 있을까?

사람의 육체를 놓고 보면 육체는 전체이고 눈 귀 코 입 등은 부분이다. 눈 귀 코 입 등은 육체와 떨어질 수 없는 관계이나 눈은 눈, 귀는 귀, 코는 코, 입은 입의 역할에 충실할 때 온전(장애가 없는)한 육체라고 할 수 있다.

하늘은 모든 것을 포용하는 절대(전체)로서 하나이고, 땅은 하늘이라는 바탕이 없으면 존재할 수 없는 상대(부분)로서 해, 별, 달, 지구, 사람 등 수없이 많다. 상대가 되는 존재는 절대가 되는 존재에 부합하지 않으면 생명을 잃을 수밖에 없으므로 해는 해, 달은 달, 지구는 지구,

사람은 사람일 때 전체와 부분이 온전하고 공존한다.

이와 같이 상대(부분)가 되는 존재는 절대(전체)가 되는 존재를 중심으로 자신의 역할에 충실할 때 건강하고 온전하다.

상대가 되는 존재가 자신의 역할에 충실하다는 것은 절대가 되는 존재가 중심(바탕)이 될 때 가능하며, 이 말은 절대의 성품 즉 천성을 따라야 한다는 소리와 같다.

그러므로 君子 和而不同은 올바로 깨달음을 얻은 사람은 천성과 지성의 이치를 알기 때문에 천성을 위해서 지성을 사용하고, 小人 同而不和는 깨달음이 부족한 사람은 천성과 지성의 이치를 모르기 때문에 지성을 위해서 천성을 사용한다는 것이다. 의역하면 군자는 누구(전체. 공익)에게나 화(화애, 평화. 자애 등)가 넘치지만 묵묵히 자기 사명(일)을 다하고, 소인은 자기 사명을 모르고 이익(부분. 사익)이 되는 부분만 협력(동참)하므로 화(화애, 평화. 자애 등)가 가식적(편 가름)이다. 또는 군자는 전체를 위하여 자기 일을 할 뿐이고 소인은 자신을 위해서 전체를 편 가름할 뿐이다 등으로 풀이할 수 있다.

절대를 모르면 君子 和而不同 小人 同而不和에 대한 풀이도 小人 同而不和를 위한 것의 하나일 뿐이다.

사람은 자연의 일부이다. 자연을 벗어나 살아갈 수 없다. 그럼에도 불구하고 인류가 자연과 조화를 이루려는 생각(관념, 가치관. 종교, 사상, 철학, 과학. 정치, 경제 등)을 하지 않기 때문에 자연을 파괴하고 있다.

모든 것을 자연에서 구해야 하는데 공상·망상·허상 속에서 구하고, 그것을 유토피아나 되는 것처럼 생각하고 믿고 행동함으로서 삶 자체가 거짓, 가식, 꾸밈으로 가득하다.

가령, 이성을 가졌다는 인류가 민주주의, 자본주의, 공산주의, 사회주의 등을 이상으로 알고 서로 자기가 옳다고 믿는 사상을 지키기 위해 편을 갈라 다투는 짓을 계속하고 있는데, 그러한 사상들은 자연에 뿌리를 둔 것이 아니기 때문에 정도의 차이는 있겠지만 공상·망상·허상이나 다름이 없다. 어느 것을 옳다고 믿고 신봉하고 실천하더라도 자연을 파괴할 뿐이다.

과거 성인들은 모든 말씀을 자연에서 구했다.

그러나 성인들의 말씀은 어떤 말도 가치가 부여되지 아니한 것이 없다. 그것은 어떤 언어로 표현하던 인간의 언어 자체에 가치가 부여된 것이기 때문이다. 그동안 인류가 진리를 올바로 이해하지 못한 이유가 바로 여기에 있다.

가령, 자비·사랑·인의 등은 절대 하늘이 상대 땅(만물)을 포용한 모습을 표현한 것이다. 인류가 아는 자비·사랑·인의 등은 성인의 말씀을 배워 아는 지식인데, 사람이 그 언어가 나온 바탕(근원, 뿌리, 근본 등)을 모르고 지식으로만 알다보니, 모두들 근본(바탕)을 모르고 자신이 아는 주장만 옳다고 편 가름(사상·종교·가치·이념·지역·학교 등에 따라)하는 일만 하고 있는 것이다.

인간의 모든 관념을 자연과 일치시키기 위해서는 자연을 대표하는 하늘(천성 天性)과 땅(지성 地性)을 이해하지 않으면 안 된다.

인간의 언어를 비롯한 모든 문명의 시작이 두 성품의 차이에서 나왔기 때문에 두 성품의 차이를 이용하여 인간의 가치를 재정립해야 한다.

그렇게 할 때 비로소 과거 성인들의 말씀(불경, 성경, 사서삼경 등)도 올바로 이해할 수 있기 때문이다.

사람이 앎을 추구함도 절대(눈에 보이지 않는 자연, 참 생명, 하늘)를 아는 것은 1차적(근본 바탕)으로 아는 것이고, 상대(눈에 보이는 자연, 거짓 생명, 땅)를 아는 것은 2차적으로 아는 것이다.

절대를 모르고 상대에서 진리를 구하면 아무리 다투고 토론을 하고 논리를 전개하더라도 절대가 아니기 때문에 도토리 키 재기하는 것이나 다름이 없다.

14~17세기 서양의 마녀사냥 시대와는 달리 지금은 변화를 하지 않으면 살아남기 힘들다는 이유로 변화를 강조하고 있다. 지혜나 창의 등은 변화를 상징하는 대표적 언어이다.

인류의 변화를 촉진시키는 가장 대표적인 것이 과학인데, 과학은 다름 아닌 절대 하늘이 창조한 만물의 설계도를 찾아내어 그것을 응용하는 것에 지나지 않는다. 과학은 자연의 이치를 밝히는 것에 불과하므로 자연에 부합되게 사용되어야 한다. 그러나 인간은 욕심 때문에 자연을 보호하는 것이 아니라 파괴하고 그것을 가속화한다.

가령, 포클레인이 있을 때가 없을 때보다 시간이 일정하다면 공간을 단축할 수 있고 공간이 일정하다면 시간을 단축할 수 있다. 그렇게 해서 생산량이 증가하면 고용시간을 줄이고 임금을 높이면 행복도 증진되고 자연의 훼손 정도도 변함이 없을 것이다.

그러나 인류는 생산량 증대를 위하여 고용을 줄이고 자동화를 꾀한다. 그래서 빈익빈 부익부 현상이 발생할 수밖에 없고, 그렇게 되면 행복은 감소하고 자연 훼손 정도만 기하급수적으로 증가할 수밖에 없다. 경기를 활성화하지 않으면 그나마 고용도 늘릴 수 없으므로 빈부 격차가 더욱 심해지는데도 기업으로부터 세금을 증대시키는 데는 한계가 있어 불균형은 더욱 가속화될 수밖에 없다.

지금은 천재지변이 점점 크게 확대되고 있다.

그것은 인류 때문에 일어나는 것이므로 인류가 지금과 같은 사고방식을 바꾸지 못한다면 파국은 막을 수 없다.

사람이 몸이 아프면 스스로 치료하는 방법을 찾는 것과 같이, 자연도 몸이 아프면 천재지변을 통해서라도 건강을 회복하는 방법 밖에 없다.

인류가 욕심 때문에 지구를 파괴하면 지구도 자생하기 위하여 새로운 땅으로 변할 수밖에 없다.

그러므로 인류는 이제 모든 것을 자연(천성과 지성)의 관점에서 바라보고 생각하고 행동하는 삶을 열어가지 않으면 아니 된다. 개인주의, 이기주의, 물질주의 등의 장점을 취하면 취할수록 인류의 비극이 빨라질 수밖에 없기 때문이다.

창조나 혁신은 자연을 보호하는 방법으로 하는 것이지 파괴하는 방법으로 해서는 아니 된다.

변화의 목표는 있는가?

지금은 선악善惡으로 심판하는 세상이다. 선을 최고 미덕으로 보았고, 선의 문화와 풍습을 가꾸려고 애써왔다. 그래서 지금은 학교, 직장, 전철, 공원 등은 물론 정치, 경제, 과학, 문화 등 어디를 가더라도 자신의 선이 절대나 되는 것처럼 주장하고 강조하고 강요하는 사람을 쉽게 만날 수 있다.

세상이 유교·불교·기독교·공산주의·자본주의 등 어느 하나의 문화권에 속해 있을 때는 그것에 의지하여 선악을 분별해도 별로 문제가 되지 않는다.

그러나 지금과 같이 여러 문화가 뒤섞인 상태에서는 어느 것 하나로 선악을 구별한다면 포용력을 상실한 것이고 편 가름하는 것에 불과하다.

선악은 상대적인 것이라서 공간적(나라·종교·철학·학문 등)으로 다르고 시간적(과거 100년 전, 현재, 미래 100년 후)으로 다르기 때문이다.

열림과 닫힘, 맑음과 탁함, 밝음과 어두움, 큼과 작음, 긍정과 부정,

주와 종 등 마음 상태에 따라 얼마든지 달라진다.

유교가 국가 통치이념이었던 조선시대는 유교의 가르침이 모든 사고의 지표로 사용되었고, 불교가 국가 통치이념이었던 고려시대는 불교의 가르침이 모든 사고의 지표로 사용되었다.

그러나 지금은 세계의 종교·사상·학문·문화·풍습 등이 섞여 무엇이 진리인지 분간하기 어렵다. 가령, 전통적으로 내려온 제사 지내는 풍습을 서양 종교가 미신으로 심판하여 버렸기 때문에 우리가 조상을 섬기는 것이 진정 바른 것인지, 바르지 못한 것인지 깨닫지 못하고 방황하고 있다.

동서양의 모든 가치관과 세계관, 문화와 풍습, 윤리와 도덕이 한꺼번에 만나 혼돈을 맞고 있는 현 상태에서는 더 이상 과거에 쓰던 것만 가지고 세상을 유지하고 발전시키는데 한계가 있다.

과거의 것을 그대로 사용할 경우 모든 것을 담아낼 수 있는 포용력의 한계 때문에 갈등과 다툼이 그치지 않는다.

인류가 여기서 벗어나려면 절대와 상대를 구별할 수 있는 눈을 터득하지 않으면 아니 된다. 절대는 모든 면에서 영원히 절대이기 때문에 모든 것을 포용하지만 상대는 절대같이 보여도 영원히 상대이기 때문에 포용력에 한계가 있기 때문이다.

지금 사람들이 주장하는 것은 절대인 것 같지만 모두 상대에 불과하다.

가령, 컴퓨터를 운용함에 있어서 과거에는 DOS를 썼다가 지금은 Windows를 개발하여 쓰고 있는데, 그것은 Windows가 과거 DOS운영체제로는 해결할 수 없는 것을 포용하고 있기 때문이다. 그러나

Windows가 절대 운영체제는 될 수 없다.

마찬가지로 지금 인류의 사고는 몇백 년 또는 몇천 년 후 미래에서 보면 어린아이의 것이나 다름이 없다.

올바른 진리라는 것은 과거 현재 미래를 조명하더라도 일관성을 지니는 것이어야 한다.

몇 년 전에 "정의란 무엇인가"라는 책이 히트를 쳤는데, 그 책에서는 정의가 무엇인가에 대하여 명확하게 규명한 것이 없다. 상대성만 나열해놓았다.

마찬가지이다. 자유·행복·도덕 등 이런 가치들의 올바른 정도를 정의할 수 있는 사람이 있는지 묻지 않을 수 없다.

절대와 상대를 구별하지 못하고서는 정의할 수 있는 것은 하나도 없다. 정의하지 못하는 것 자체가 사람들의 사고가 상대에 머물러 있다는 것을 의미한다. 정의·자유·행복·도덕 등을 찾더라도 절대와 상대가 있다.

인간의 언어는 어떤 말을 사용하더라도 가치가 부여된 것이므로 지식으로서는 결코 절대를 찾을 수 없다.

우리가 알아야 할 것은 절대 본체(근본체)이다. 성인들은 이것을 알고 그것을 인간의 언어로 표현하였으나, 일반사람들은 가치가 부여된 언어 때문에 본체를 모르고 성인의 말을 지식으로만 받아들이고 있다.

절대의 본체를 아는 것이 진리(가치관)를 올바로 정립하는 지름길이다.

필자는 그 본체를 설명하는 언어로 천성天性과 지성地性을 이야기하려 한다.

천성은 하늘의 성품을 말하는 것으로 하늘의 생명을 이해하려면 하늘의 성품을 알아야 하고, 지성은 땅의 성품을 말하는 것으로 땅의 생명을 이해하려면 땅의 성품을 알아야 한다.

이 본체를 알고 여기에 가치를 부여하여 탄생한 언어를 알 때 비로소 본체(지혜)와 가치(지식)를 함께 이해할 수 있다.

그리하여 천성이 절대 진眞을 가리키고 지성이 상대 사邪를 가리키는 이치를 깨달을 수 있다.

선과 악으로 가치관을 삼으면 선과 악으로 심판하는 세상이 된다.

마찬가지로 진과 사로 가치관을 삼으면 진과 사로 심판하는 세상이 된다.

선과 악으로 심판하는 세상은 선의 세상을 최고 이상으로 삼고, 진과 사로 심판하는 세상은 진(참)의 세상을 최고 이상으로 삼는다.

지금까지 사람들은 결과(일)를 보고 열악을 가리고 우열을 가리고 선악을 가려왔다. 자신도 모르면서 주관主觀이라는 미명으로 다른 것들을 심판하고 재단하고 도태시켰다. 신神의 성품이 절대인지 상대인지도 모르고 신을 절대자로 미화시켰다. 생명의 본체를 모르기 때문에 그러한 잘못들을 해온 것이다.

그러나 앞으로 세상은 진眞의 세상이므로 생명의 속 모습까지 드러내어 심판하는 세상일 수밖에 없다.

진의 세상은 열림, 맑음과 밝음, 크기 등이 지극한 천성天性의 세상을 말하므로 조금이라도 닫히고, 탁하고 어둡고, 작은 것이 있으면 모두 드러내기 때문이다.

행동한 결과를 보고 판단하는 것이 아니라 생각이 비롯되는 마음의 소재를 보고 판단한다.

모든 사회구조가 참眞을 중심으로 돌아갈 수밖에 없으므로 그것이 참 세상이며, 진본주의眞本主義이다.

미래는 갈수록 진(성)의 세상이 도래하기 때문에 깨어있는 사람은 천성을 체득하는 일에 힘쓰지 않으면 아니 된다.

변화의 원리는 무엇인가?

우리 몸에는 몸을 유익하게 하는 세포(세균)와 해롭게 하는 세포(세균)가 있다. 사람들은 유익하게 하는 깃과 해롭게 하는 깃이 조화와 균형을 이룰 때 건강하다고 한다. 마찬가지로 하늘(전체, 자연, 생명)의 시각으로 보면 하늘을 유익하게 하는 존재(부분)와 해롭게 하는 존재(부분)가 있다. 사람마다 생각을 달리하고, 동물마다 행동을 달리하고, 그밖에 곤충이나 식물 등이 서로 잘 되게 하는 존재도 있고 서로 살상하는 존재가 있으나, 서로 조화와 균형을 이룰 때 건강하다고 한다.

우리 몸에서 보면 염증은 우리 몸을 해롭게 하는 존재로 인위적 처치를 하지 않으면 아니 된다. 마찬가지로 하늘(전체)에서 보면 하늘(전체)을 해롭게 하는 존재(부분)는 하늘의 염증과 같은 존재가 아닐 수 없다. 당연히 자연적 처치를 하지 않으면 아니 된다. 그런데 지금 우리 사회는 전체를 유익하게 하는 존재보다 해롭게 하는 존재가 너무 많다. 하늘(전체, 자연, 생명)을 모르고 땅의 성품에 해당하는 지성地性에 매몰되어 있기 때문에 크고 작음의 차이는 있지만 모두 하늘(전체, 자연, 생명)을 파괴하는 일을 일삼고 있다. 말하자면 하늘(자연)과 땅과 사람과 그 밖의 존재가 조화와 균형을 잃었기 때문에 자연적 처치가 필요한 것이다.

세계는 지금 10%도 안 되는 나라나 소수의 사람들이 80~90%의 부를 축척하고, 80~90%나 되는 나라와 대부분의 사람들이 10%밖에 안되는 나라와 소수의 사람들을 위하여 존재하는 것처럼 보인다.

지구는 10%에 해당하는 물질문명을 선도하는 국가에 의해서 파괴된 지 이미 오래이다.

특히 과학문명이란 것이 공간과 시간을 단축하기 때문에 파괴의 속도가 갈수록 커질 수밖에 없고, 따라서 하늘(전체)의 입장에서 보면 잘못된 부분을 도려내는 자연적 처치를 하지 않을 수 없다. 자연재해를 통해 새로운 하늘과 새로운 땅을 만들어가는 것이다.

인간이 여기서 벗어나기 위해서는 모두 하늘의 성품 즉 천성天性을 회복하지 않으면 아니 된다. 인간 세상은 사람이 변화를 일으키고, 사람의 변화는 마음이 변화를 일으키는 근원이므로 마음이 천성을 체득하도록 해야 한다.

전체가 있어 부분이 있는 것이므로 부분에 해당하는 모든 존재가 전체에 해당하는 하늘의 성품을 회복할 때 하늘과 땅과 사람을 비롯한 세상 만물(神도 포함)이 합일合一할 수 있다.

불가의 벽암록에서는 천지만물여아동근天地萬物與我同根이라고 했다. 하늘과 땅과 사람과 동식물 등 모든 것이 같은 뿌리요 같은 가족이라는 뜻이다.

이와 같이 되려면 부분이 되는 존재 하나하나가 천성을 닮을 때 가능하며, 자연스럽게 조화와 균형이 이루어진다.

그러나 지금은 세상이 지성을 닮아 불균형 상태가 계속되고, 이 상태가 계속되면 될수록 천재지변이 확대될 수밖에 없고, 결국은 근본체 하늘(전체)이 건강을 회복하는 방법으로 새로운 하늘과 새로운 땅으로 변화할 수밖에 없다.

바늘귀만도 못한 마음을 가진 사람은 자신만을 위해서 살아간다. 자신 외에는 부모나 자녀조차 소, 닭 보듯 하고 심지어 자식이나 부모조차 살상하는 일을 벌이기도 한다.

마음이 가정만큼 큰 사람은 자기 가족만을 위해서 살아가고, 마음이 지역·직장·학교·종교만큼 큰 사람은 자신이 속한 지역·직장·학교·종교를 위해서 살아가고, 마음이 나라와 민족만큼 큰 사람은 자신의 나라와 민족만을 위해서 살아가고, 마음이 하늘과 같이 큰 사람은 하늘에 속하는 모든 것을 위해서 살아간다.

자신을 위해서 살아가는 사람은 자신 밖의 세계에서는 도적이고, 가족만을 위해서 살아가는 사람은 가정 밖의 세계에서는 도적이고, 지역이나 직장·학교·종교 등을 위해서 살아가는 사람은 자기 지역이나 직장·학교·종교 밖의 세계에서는 도적이고, 국가나 민족만을 위해서 살아가는 사람은 국가와 민족 밖의 세계에서는 도적이다.

지금 이 세상이 서로 치고 패고 싸우고 헐뜯고 비난하고 살상하고 훔치고 사치하고 낭비하고 가식, 거짓, 꾸밈 등이 만연하다는 것은 이렇게 경계가 있는 지성의 마음을 가진 사람으로 가득하다는 것이나 다름이 없다.

지성의 마음을 가진 사람이 말하는 내 것·내 주장·내 의견·내 자식·내 땅 등은 공개적으로 도둑질하기 위하여 경계를 긋는 것과 같다.

생선 좋아하는 고양이가 생선가게의 주인 노릇을 하겠다는 소리인데, 그것을 알아채지 못하기 때문에 당하고 사는 것이다.

지성을 체득한 도둑을 몰아내기 위해서는 천성을 체득한 참 주인이 나설 때 가능하다. 하늘 사람만이 비로소 하늘과 땅의 참 주인이 될 수 있다.

천성과 지성은 30여 년 동안 사유와 명상, 그리고 종교·사상·철학 등을 망라한 공부를 통해서 찾아낸 것이다. 필자는 20여 년 전에 이를 깨닫고 세상 모든 것에 적용해보고 비로소 확신이 들어 내놓는 것이다.

이를 찾고 보니까 우리 민족이 왜 천손민족으로 불렸는지, 그리고 논어·맹자·중용·노자는 물론, 불교·기독교의 성자들이 말하고자 하는 것이 무엇인지, 국가·인간·기업 등의 존재 이유가 무엇인지 등등 모든 것이 자연스럽게 풀어지고 다가왔다.

가령, 중용의 첫 구절 「天命之謂性(천명지위성)」에 대한 풀이를 보면 대부분 "하늘의 명령을 성이라고 한다."로 풀이하고 있는데, 잘못된 풀이라고 하지 아니할 수 없다. 성性은 천성天性의 줄인 말로써 생명과 사명이라는 뜻을 가지고 있기 때문이다.

생전에 성철 스님이 말한 "산은 산이요, 물은 물이다."라는 말을 달리 표현하면 "산다운 산, 물다운 물"로 바꿀 수 있다.

이 말은 "사람다운 사람, 공무원다운 공무원, 군인다운 군인"과 같은 유형의 문장이다. 성철 스님이 이 말을 한 당시는 군부가 군사 쿠데타를 일으켜 국민을 통제·압박·억압하던 시절이다. '군인은 군인다워야 한다.'는 말은 '군은 군의 본연의 임무로 돌아가라.'는 뜻을 담고 있으며, 이것은 군인의 생명과 사명을 이야기한 것이다.

땅다운 땅을 지성地性이라고 하는데 이것은 땅의 생명과 사명을 뜻한다.

마찬가지로 사람다운 사람을 인성人性이라고 하는데 이것은 사람의 생명과 사명을 뜻한다.

만약에 교육에 성을 붙여 교육성이라고 한다면 교육의 생명과 사명을 뜻하는 것으로 교육다운 교육 즉 참 교육을 말하며, 참 교육은 천성에 바탕을 두었을 때 가능하다는 소리와 같다.

지금은 "인성人性이 무엇입니까?"하고 물으면 아는 사람이 없다. 그러면서 막연히 인성을 가르쳐야 한다고 주장하는데, 명사 뒤에 성性이 붙으면 그 이름이 갖는 존재의 생명과 사명을 뜻하고, 그 생명이나 사명이 하늘(천성)에 바탕을 두었다는 뜻이다.

모든 이름을 가진 존재가 천성을 따르게 되면 천성을 찾는 것이 되고 본성本性을 회복하는 것이 된다. 한마디로 명품으로 변하는 것이다.

그러므로 「天命之謂性(천명지위성)」은 하늘이 큰(일체) 생명으로서 만물을 포용하는 신비로운 모습을 성性으로 이름 붙인 것이며, 그래서 이를 중용의 첫 구절에 넣은 것이다.

따라서 이 글귀는 '하늘의 생명(사명)을 소위 성이라고 한다.'로 풀이하는 것이 가장 올바른 답일 것이다.

또한 기독교가 에덴동산의 이야기를 통해 원죄(인과)를 말하면서도 그 뜻을 푸는 사람이 없었는데 필자는 아래와 같이 풀이하였다.

사람은 생각하고 행동하여 일을 한다. 사람을 그 일을 놓고 선善과 악惡을 구분 짓는다.

사람의 생각은 마음에서 나오고 사람의 행동은 육체에서 나온다. 그래서 사람이 일을 하려면 마음과 생각을 키워야 하는 것이지 육체와 행동만 키우면 시간과 공간의 제약 때문에 한계가 있을 수밖에 없다.

생명에는 참 생명과 거짓 생명이 있다.

하늘의 성품 즉 천성을 알면 참 생명을 알 수 있고, 땅의 성품 즉 지성을 알면 거짓 생명을 알 수 있다. 하늘은 색채와 형태가 없으나 참 생명이고 땅은 색채와 형태가 있으나 거짓 생명이다.

물질(재물)·권세(권위)·명예(이름)·소유(경쟁) 등은 지성이나 지성이 상징하는 가치들이고, 생명(인생)·사명(역할)·공유(공생)·존재(화합) 등은 천성이나 천성이 상징하는 가치들이다.

이를 천성의 문화와 지성의 문화로 표현할 수도 있는데, 천성의 문화를 위하여 지성의 문화가 사용되면 정正으로 행하는 것이고 지성의 문화를 위하여 천성의 문화를 사용하면 부정不正으로 행하는 것이며, 부정으로 행하는 것을 일컬어 선악과善惡果를 따먹는 것이라고 말할 수 있다.

천성이나 천성이 상징하는 가치를 진眞이라 하고 지성이나 지성이 상징하는 가치를 사邪라고 하는데, 사람의 마음이 진眞을 떠나지 않으면 어떤 일을 하더라도 진을 위해서 하는 것이므로 진리眞理를 실천하는 것이고, 진眞을 모르거나 잊으면 어떤 일을 하던 사邪를 위해서 그것을 하는 것이므로 아무리 좋은 일을 하더라도 선악과善惡果를 따먹는 것이다.

돈 많이 벌어서 좋은 일을 하더라도 돈을 버는 과정에서 환경을 파괴하거나 남에게 고통을 주거나 자신도 모르는 수많은 생명에 피해를 주었다는 것이다.

그러므로 에덴동산의 이야기가 가르치고자 하는 것은 절대자가 아담과 하와에게 무엇을 해도 다 좋은데 '진眞을 잊지 말고 진眞을 위해서 살 것을 약속받은 것'이라고 할 수 있다.

그런데 아담과 하와가 행복에 겨워 진眞을 잊고 사邪를 추구한 것이고, 그렇게 되면서부터 선악과善惡果를 따먹는 삶을 살지 않으면 아니된 것이다. 세상이 진을 중심으로 돌아가면 진본주의眞本主義가 열리지만 진을 모르기 때문에 민주주의·자본주의·공사주의·사회주의 등 어떤 패러다임을 만들어도 세상을 편 가름하는 역할만 할 뿐이고, 선악과를 따 먹는 일을 할 뿐이다.

지성의 언어는 절대에 뿌리를 둔 것이 아니므로 공상, 허상, 망상일 뿐이다.

천성을 알고(체득하고) 천성의 말을 하면 절대(근본체)를 위한 것이므로 누구나 성자이고, 천성을 모르면 뿌리 없는 지성의 말을 하는 것이고 상대 밖에 모르는 것이므로 성직자라도 일반 사람과 다름이 없다.

지금 세상은 사실상 지성에 매몰되어 있다고 해도 과언이 아니다. 그래서 정신병자로 가득하다. 지성에 물들어 있기 때문에 문제가 없는 곳이 없다.

이렇게 문제가 많은 사회를 개선하려면 모든 사람들이 천성을 회복하게 하는 방법 밖에 없다.

병든 사회, 침몰하는 사회, 죽어가는 사회, 죄를 먹고사는 사회에서

벗어나려면 천성과 천성이 상징하는 가치를 배우고 실천할 때만 생명
력이 회복된다.

2장

새로운
패러다임의
원리는 무엇
인가?

천성天性과 지성地性을 체득하라

| 천성과 지성

새로운 변화를 열기 위해서는 그 원리나 이치를 체득하지 않으면 아니 된다. 원리나 이치가 없는 변화는 있을 수 없고, 있더라도 정신병자의 언행에 불과할 것이기 때문이다. 이 장에서는 누구나 근본체를 이해하기 쉽게 설명하고자 한다. 필자는 30여년에 걸쳐 체득한 것이라면 독자는 이미 밝혀진 것을 따라만 가면 되는 것이므로 열심히만 한다면 충분히 3년 안에 체득할 수 있고, 필자를 능가할 사람도 많을 것이다.

하늘은 하늘의 성품이 있고 땅은 땅의 성품이 있다. 하늘은 하늘의 성품이 있기 때문에 하늘이고 땅은 땅의 성품이 있기 때문에 땅이다.

그러나 그동안 사람들은 존재의 본성을 몰랐기 때문에 하늘이나 땅을 알 수 없었고 하늘과 땅은 생명이 없는 존재로 알았다.

하늘과 땅을 모르기 때문에 하늘과 땅의 품속에 살면서 하늘과 땅에 금을 그어 사고팔거나 오도 가도 못하게 하거나 개발, 개척이라는 이름으로 파괴·오염을 시키거나 빼앗기 위하여 전쟁을 벌여 하늘이 낳은 생명을 무참히 살상하였다. 하늘이 창조한 생명을 자신이 창조한 생명이라도 되는 양 살상하고 고통을 주는 일을 밥 먹듯 하면서 전혀 죄의식조차 느끼지 않았다.

생명을 주었을 뿐만 아니라 하늘과 땅이 키운 것을 먹고 살기 때문에 생명을 유지·보전할 수 있는 사람이, 하늘과 땅과 먹거리 생명에 대한 고마움을 모르고 살아가는 것이다.

하늘의 성품을 천성이라고 하고 땅의 성품을 지성이라고 하는데, 천성과 지성을 이해하면, 하늘과 땅은 금을 그어 사고팔거나 뺏고 지배할 대상이 아니라 생명이고, 사명을 가진 존재이고, 사람을 비롯하여 만물과 하나가 되는 것이고, 고도의 이치로서 작동하는 존재이기 때문에 인류가 학문을 하거나 과학도 할 수 있다는 사실을 깨달을 수 있다.

또한 천성과 지성이 정반대의 성품을 가졌기 때문에 그 차이를 통하여 인류는 언어를 비롯하여 각종 문화와 문명이 탄생한 사실을 알 수 있고, 문화와 문명의 충돌로 빚어지는 사회 혼란이 어디서 어떻게 잘못되었는지 깨달을 수 있다.

사람이 하늘과 땅을 벗어나 살아갈 수 없으므로 두 성품에 가치를 부여할 경우 하늘과 땅과 사람이 함께 공존할 수 있는 삶을 만들어 갈 수 있고, 또한 그동안 인류는 하늘이 절대라는 사실을 모르고 신神을 절대자로 잘못 알고 살아온 사실과 하늘과 땅과 더불어 한 생명인 줄을 모르고 역행하는 언행으로 죄를 먹고 살아온 사실을 깨달을 수 있다.

그러므로 그동안 인류가 죄를 먹고 살아온 세월을 씻기 위해서라도 천성과 지성이 무엇인지 알아보지 않을 수 없다.

　세상의 혼란은 지성의 문화와 풍습이 자리 잡아 일어나는 현상이므로 천성과 지성의 이치를 깨달아 천성을 목적으로 지성을 수단으로 삼아 천성의 문화와 풍습이 자리 잡도록 모든 사회 시스템을 바꿔나가야 하는 것이다.

　그러기 위해서는 먼저 무엇이 천성이고 무엇이 지성인지 확실히 알아야 한다. 그것을 체득할 때 지성에서 벗어나 천성(생명)의 눈으로 세상을 바라볼 수 있고, 탐욕(돈·권력·명예·색정 등) 즉 지성의 눈으로 살아온 세월을 씻어낼 수 있다.

　이제부터 천성과 지성이 무엇인지 살펴보기로 한다.

〈제1심품〉 하늘은 열려있고(開), 땅은 닫혀있다(閉).

　하늘은 열려있고 땅은 닫혀있다.

　하늘은 열려있기 때문에 하늘이고 땅은 닫혀있기 때문에 땅이다. 하늘은 열려있으되 아무것도 없는 것처럼 활짝 열려있고, 땅은 닫혀있으되 들어갈 틈이 없을 정도로 굳게 닫혀있다.

　하늘은 열려있기 때문에 사람·동물·바람·소리·전파 등 만물만상이 걸림 없이 오고갈 수 있고, 땅은 닫혀있기 때문에 도로도 낼 수 있고 집도 지을 수 있고 사람이나 동식물이 서 있을 수 있다. 특히, 땅은 굳게 닫혀있기 때문에 닫힌 땅을 열기 위해서는 끊임없이 노력하지 않으면 아니 된다.

　아무것도 없는 것처럼 텅 빈 하늘이 있기 때문에 닫힌 땅의 존재를 알수 있고, 닫힌 땅이 있기 때문에 텅 빈 하늘의 실체가 드러날 수 있다.

하늘의 열림은 절대이고 땅의 닫힘은 상대이다.

하늘은 절대적으로 열려있기 때문에 하늘보다 더 열린 것이 없고, 땅은 닫혀있으되 상대적으로 닫혀있기 때문에 그보다 더 닫힌 것이 그보다 더 열린 것이 얼마든지 있을 수 있다.

열리고 닫힌 정도를 비교하여 어느 것이 더 하늘을 닮았는지 알 수 있고 어느 것이 더 땅을 닮았는지 알 수 있다.

바람·소리·전파 등은 하늘이 있어 드러나는 것이므로 하늘과 비교할 때는 땅의 성품을 더 닮은 것 즉, 물·불·광선 등 보다는 색채와 형태가 없으므로 더 하늘을 닮은 것이라고 말할 수 있다. 또한 닫힌 것 가운데는 땅도 있고 나무도 있고 금속도 있고 금강석도 있다. 강철이나 금강석은 다른 것보다 더 닫혀있고 더 굳게 닫혀있으므로 꽉 막힌 것 또는 완전히 굳은 것 등으로 표현할 수 있다.

하늘은 열려있기 때문에 만물만상이 오고갈 수 있다. 반면에 땅은 닫혀있기 때문에 지구에 사는 만물만상이 안주할 수 있다.

하늘의 열림과 땅의 닫힘은 독립적으로 존재하는 것 같지만 하늘의 품에 땅이 있으므로 별개의 것이 아니라 암수술이 있는 꽃처럼 한 몸에 양과 음이 짝으로 존재하면서 기능과 역할만 다른 모습으로 존재한다.

하늘은 열린 생명이고 땅은 닫힌 생명이다. 여기에 가치를 부여하면 하늘은 열려있는 것을 대표하거나 상징하는 생명 또는 그런 세계를 나타내고 땅은 닫혀있는 것을 대표하거나 상징하는 생명 또는 그런 세계를 나타낸다.

사람은 하늘과 땅에 속하고 하늘과 땅을 벗어나 살아갈 수 없기 때문에 하늘과 땅을 닮은 모습으로 존재하는데, 하늘을 닮은 마음과 땅을 닮은 육체가 짝을 이룬다. 마음과 육체가 겉과 속 또는 속과 겉으로 짝을 이루고 있는 것이다.

〈제2성품〉 하늘은 색채와 형태가 없고(無形無色), 땅은 색채와 형태가 있다(有形有色).

하늘은 색채와 형태가 없고 땅은 색채와 형태가 있다.

하늘은 색채와 형태가 없기 때문에 하늘이고 땅은 색채와 형태가 있기 때문에 땅이다. 하늘은 색채와 형태가 없기 때문에 사람의 눈에 보이지 않고 땅은 색채와 형태가 있기 때문에 사람의 눈에 보인다.

색채와 형태가 없는 하늘이 있어 색채와 형태가 있는 땅이 그 존재를 드러낸다. 하늘이 색채와 형태가 없기 때문에 땅이나 사람 등 색채와 형태를 가진 만물만상이 자신의 모습을 드러낸다.

그동안 하늘이 사람의 눈에 보이지 않기 때문에 이를 알기 쉽게 설명할 수 있는 사람이 없었으나, 우주에서 색채와 형태가 있는 해·별·달·지구·사람 등이 차지하는 부분을 제외하면 그 나머지 부분이 모두 하늘이라고 할 수 있다.

하늘은 색채와 형태가 없는 것이 절대이나 땅은 색채와 형태가 있는 것이 상대이다. 하늘은 절대이기 때문에 완벽하게 색채와 형태가 없는 것이고 땅은 상대이기 때문에 각양각색의 색채와 형태가 있는 것이다.

그동안 사람이 색채와 형태가 없는 하늘을 측정할 수 있는 방법이 없기 때문에 그 존재를 인정하지 아니했으나, 측정하는 도구 자체가 색채와 형태가 있는 것이므로 그것을 측정하려는 것 자체가 어리석은 짓이다.

그러나 색채와 형태가 있는 땅을 닮은 존재는 측정이 가능하므로 설사 지금까지 존재가 드러나지 않았다 하더라도 언젠가는 그 존재가 드러날 수밖에 없다. 풍속·소리·전파·방사선 등이 사람의 눈에 보이지 않기 때문에 처음에는 그 존재를 알 수 없었으나, 색채와 형태가 없는 하늘이 있어 존재가 드러나기 때문에 차츰 인간의 지혜가 발달하면서 측정하는 도구를 만들어내어 그것을 측정할 수 있게 되었다.

하늘은 색채와 형태가 없는 생명이나 땅은 색채와 형태가 있는 생명이다.

색채와 형태가 있는 존재의 밖이 하늘이므로, 여기에 가치를 부여하면 하늘은 색채와 형태가 없는 것을 대표하거나 상징하는 생명 또는 세계이고, 땅은 색채와 형태가 있는 것을 대표하거나 상징하는 생명 또는 세계이다.

사람의 육체도 색채와 형태가 있으므로 그 육체 밖이 하늘이다. 또한 색채와 형태가 없는 하늘과 색채와 형태가 있는 땅이 짝으로 존재하는 것과 같이, 사람도 색채와 형태가 없는 마음과 색채와 형태가 있는 육체가 짝으로 존재한다. 그동안 사람이 마음의 소재를 몰라 가슴이나 머리를 만지며 그것을 찾았으나 땅 밖에 하늘이 존재하는 것과 같이 사람의 마음도 육체 밖에 존재한다.

〈제3성품〉 하늘은 한계가 없고(無限), 땅은 한계가 있다(有限).

하늘은 한계가 없고 땅은 한계가 있다.

하늘은 색채와 형태가 없어 투명하고 완전하게 열려 끝을 알 수가

없으나 땅은 색채와 형태가 있고 굳게 닫혀있어 아무리 크더라도 끝
이 있다.

하늘은 색채와 형태가 없고 열려있는 상태가 절대이기 때문에 높
이·깊이·넓이·속도 등 어느 측면에서 보더라도 한계가 없으나 땅은
색채와 형태가 있고 닫혀있는 상태가 상대이기 때문에 높이·깊이·넓
이·속도 등 어느 측면에서 보더라도 한계가 있다.

2011년에 빛보다 빠른 물질이 발견되었다는 언론보도가 있었는데
하늘은 색채와 형태가 있는 것이 아니기 때문에 색채와 형태를 가진
물질로써 그 속도를 측정할 수가 없다.

「크다」라는 말이나 「작다」라는 말은 높이·깊이·넓이·속도 등이 크
거나 작다는 말이다. 하늘은 색채와 형태가 전혀 없는 완벽한 상태로
열려있기 때문에 그 크기가 무한대無限大이나 땅은 색채와 형태가 있
어 닫혀있기 때문에 그 크기가 유한대有限大이다. 하늘은 무한대이기
때문에 아무리 과학문명이 발달하더라도 크기를 알 수가 없으나 땅은
유한대이기 때문에 현대과학으로 측정하지 못하는 것이라도 언젠가
는 그 존재가 밝혀질 수밖에 없다.

색채와 형태가 없고 열린 존재는 어떤 측면에서 어떻게 측정하더라
도 절대이기 때문에 비교 대상이 없고 수數를 알 수 없으나, 색채와 형
태가 있는 존재는 아무리 높고 깊고 넓고 빠르더라도 한계가 있고 수
를 알 수 있다. 에베레스트 산이 아무리 높고, 마닐라 해협이 아무리
깊고, 지구가 아무리 넓고, 우주선이 아무리 빨라도 한계가 있고 수가
있다.

하늘은 무한하기 때문에 하늘이고 땅은 유한하기 때문에 땅이다.

하늘은 무한대이기 때문에 (유일하게) 홀로 존재하고, 땅은 유한대이

기 때문에 색채와 형태가 있어 (둘 이상) 수많은 모습으로 존재한다.

하늘은 무한대이기 때문에 땅을 비롯하여 유한대인 것을 있는 그대로 드러낸다. 하늘은 무한대이므로 절대絶對이고 땅은 유한대이므로 상대相對이다. 하늘은 무한대의 생명이고 땅은 유한대의 생명이다.

여기에 가치를 부여하면 하늘은 무한한 것을 대표하거나 상징하는 생명 또는 세계가 되고 땅은 유한한 것을 대표하거나 상징하는 생명 또는 세계가 된다.

유한대의 땅 밖이 무한대의 하늘이듯이 사람도 유한대의 육체 밖에 무한대의 마음을 가지고 있다. 무한대의 하늘과 유한대의 땅이 짝으로 존재하듯이 무한대의 마음과 유한대의 육체가 짝으로 존재한다.

〈제4성품〉 하늘은 맑고(淸) 밝고(明), 땅은 탁하고(濁) 어둡다(暗).

사람은 10m 깊이로 흐르는 강의 바닥이 보이면 물이 맑다고 한다. 그러나 아무리 맑은 강이라도 50m, 100m가 넘으면 바닥을 볼 수 없다. 특히, 하늘이 맑지 못하면 아무리 강물이 맑아도 맑다는 것을 알 수가 없다. 반면에 사람은 몇 십억, 몇 백억 광년 떨어진 별을 이 땅에서 바라볼 수 있다. 이것은 하늘의 맑음이 절대이지 않으면 불가능하다.

또한 사람은 전등불이나 태양빛을 보며 밝다고 한다. 그러나 아무리 그 빛이 밝아도 무한대의 하늘과 비교하면 반딧불만도 못하다. 특히, 하늘이 밝지 못하면 아무리 전등불이나 태양빛이 밝아도 밝다는 것을 알 수 없다. 하늘의 밝음은 절대이기 때문에 그보다 못한 색채와 형태가 있는 빛이 밝은 것처럼 모습을 드러낸다.

하늘은 맑고 밝고, 땅은 탁하고 어둡다.

하늘의 맑음과 밝음은 절대이므로 그 어떤 것도 하늘보다 더 맑고 더 밝은 것이 없고, 땅의 탁함과 어두움은 상대이므로 비교 대상에 따라 맑음과 밝음, 탁함과 어두움의 정도가 각기 다르다.

사람이 사물을 본다는 것은 그 사물의 빛을 읽는 것을 뜻한다. 땅은 땅의 빛, 태양은 태양의 빛, 달은 달의 빛, 사람은 사람의 빛, 나무는 나무의 빛을 읽는 것이다. 사람이 그것을 읽을 수 있는 것은 그 바탕에 절대적으로 맑고 밝은 하늘의 빛이 있기 때문이다.

하늘의 맑고 밝음은 절대이기 때문에 하늘보다 맑지 못하고 밝지 못한 빛이 있으면 모두 그것을 드러낸다.[2] 하늘보다 맑지 못하고 밝지 못한 것이 하늘보다 맑은 것처럼 밝은 것처럼 보인다.

땅은 탁하고 어두운 것이 굳어 탄생한 것이므로 스스로는 빛을 내지 못해 흙색으로 보이고, 하늘은 맑고 밝은 것의 결정이므로 투명하여 없는 것처럼 밝음과 어두움조차 통과시킨다.

그래서 하늘은 절대적으로 맑은 생명이고 절대적으로 밝은 생명이다. 반면에 땅은 상대적으로 맑거나 탁한 생명이고 상대적으로 밝거나 어두운 생명이다.

여기에 가치를 부여하면 하늘은 맑은 것이나 밝은 것을 대표하거나 상징하는 생명 또는 세계가 되고, 땅은 탁한 것이나 어두운 것을 대표하거나 상징하는 생명 또는 세계가 된다.

하늘의 맑음과 땅의 탁함이 짝으로 존재하고 하늘의 밝음과 땅의 탁함이 짝으로 존재하는 것과 같이, 사람도 맑고 밝은 마음과 탁하고 어두운 육체가 짝으로 존재한다. 또한 땅이 탁하고 어두워도 하늘의 맑

---

2 하늘빛은 맑고 밝음이 절대이기 때문에 옛 사람들은 이를 환(桓)으로 표현하였다.

음과 밝음을 따르는 것과 같이, 사람의 마음은 물론이고 육체도 탁하고 어두우나 하늘의 맑음과 밝음을 따를수록 육체다운 육체가 된다.

과거 우리 조상들은 하늘의 맑고 밝은 성품을 흰색으로 표현하고 이를 본받기 위하여 흰옷 입기를 즐겨하였다.

〈제5성품〉 하늘은 전체(全體)이고, 땅은 부분(部分)이다.

하늘은 전체이고 땅은 부분이다.

우주를 놓고 볼 때 색채와 형태가 없는 부분을 100%라고 하면 색채와 형태가 있는 부분은 1%도 되지 않는다. 그 1%도 안 되는 색채와 형태가 있는 부분은 스스로 존재하지 못하고 하늘이라는 바탕이 있어 존재한다.

하늘이 100%라고 하는 것은 화지에 그림을 그린 것에 비유할 수 있다. 화지에 그림을 그렸다고 하여 화지가 99%가 되거나 90%가 되는 것이 아닌 것과 같다. 색채와 형태가 있는 존재는 화지 위의 그림과 같아서 언제든지 멸할 수 있고 새로운 색채와 형태가 있는 것을 더하여 그려 넣을 수도 있다.[3]

하늘은 전체이고 바탕이므로, 하늘이 있고 그 바탕 위에 해·별·달·지구·나라·지역·단체·가정·사람·동식물 등이 있다.

하늘은 성性과 영靈과 정精[4] 이 색채와 형태가 없는 부분과 색채와

---

3 아인슈타인의 일반상대성이론에 따르면 빛이 중력을 만나면 직진하지 못하고 구부러진다고 하는데, 하늘이 100%이고 색채와 형태가 있는 것이 그 바탕 위에 존재한다면 구부러지는 것이 당연하다고 할 수 있다.

4 우리고전 삼일신고(三一神誥)는 성(性) 명(命) 정(精)의 3가지 진(眞)에 대해서 이야기하고 있다. 여기서는 명(命)을 영(靈)으로 바꾸었는데 그 이유 등에 대해서는 다른 문단에서 자세히 설명한다.

형태가 있는 부분을 연결하여 일체(한 몸, 한 생명, 한 세계)를 이루고 있으므로 해·별·달·지구·나라·지역·단체·가정·사람·동식물 등 어느 것도 하늘을 떠나 존재할 수 없다.

색채와 형태가 없는 부분은 절대 생명의 참(속) 모습이고 색채와 형태가 있는 부분은 절대 생명의 거짓(겉) 모습이다.

하늘은 절대의 바탕·근원·근본·기초이므로 색채와 형태가 없는 것과 있는 것을 전체적으로 연결하고, 땅은 상대의 바탕·근원·근본·기초이므로 색채와 형태가 있는 것을 부분적으로 연결한다.

그래서 하늘은 전체가 되는 생명이고 땅은 하늘에 포용된 부분이 되는 생명이다. 여기에 가치를 부여하면 하늘은 전체를 상징하거나 대표하는 생명 또는 세계를 나타내고, 땅은 부분을 상징하거나 대표하는 생명 또는 세세를 나타낸다.

사람도 마음이 전체이고 육체는 부분이다.

색채와 형태가 없는 마음 바탕에 색채와 형태가 있는 육체가 있어, 그 마음에서 생각이 나오고 그 육체에서 행동이 나와 일을 한다. 사람의 육체를 통한 모든 행동은 마음을 떠나 존재할 수 없다.

마음 바탕에 육체가 있기 때문에 육체는 마음이 그리는 세계를 현실로 표현할 뿐이다.

하늘과 마음은 같은 영역이므로 하늘과 마음을 세계·세상·나라·누리처럼 같은 의미로 사용하기도 한다.

〈제6성품〉 하늘은 고요(靜)하고, 땅은 움직(動)인다.

하늘은 고요하고 땅은 움직인다.

하늘은 허허롭게 텅 비어있어 고요한 상태를 가리키고, 땅은 텅 비어 아무 것도 없는 하늘의 품속을 쉼 없이 움직이는 상태를 가리킨다.

하늘의 이러한 고요함을 정靜이라 하고 땅의 이러한 움직임을 동動 또는 유流라고 하는데, 고요하고 텅 빈 하늘 속을 잠시의 쉼도 없이 땅이 움직임으로써 천지가 살아서 숨을 쉰다.

온도차가 생기고, 기온차가 생기고, 천둥번개가 치고, 비바람이 불고, 봄, 여름, 가을, 겨울의 4계절이 발생한다. 색채와 형태가 없고 활짝 열려 텅 빈 고요하기 짝이 없는 하늘 속을 색채와 형태가 있고 꽉 닫혀 굳어있는 땅이 돌고 돌아 파장을 일으킨다.

하늘보다 더 고요하고 더 비어있는 것은 없으므로 하늘의 고요함과 텅 빈 상태는 절대이고, 땅의 움직임보다 더 빠르거나 더 늦는 것은 얼마든지 있으므로 움직임이나 흐름 등은 상대이다.

하늘의 고요하고 텅 빈 상태를 공空이라 하고 땅의 움직임이나 흐름을 시時라고 한다. 공과 공간의 차이는 공은 텅 비어있는 상태 그대로를 말하고, 공간空間은 텅 비어있는 상태를 2·4·8 등으로 선을 그어 나누거나 울타리 또는 담을 쳐 구분한 상태를 말한다.

시時는 규칙적인 움직임과 불규칙적인 움직임을 구분하지 않은 상태를 말하고, 시간時間은 규칙적인 움직임을 균등하게 나눈 상태를 말한다. 땅이 태양을 도는 움직임과 같이 규칙적인 움직임이나 흐름을 2, 12, 24 등으로 균등하게 나누면 시간時間이 된다.

텅 비어 허허로운 공의 바탕(공간)에 해·별·달·지구 등 색채와 형태가 있는 것의 움직임(시간)이 있어 변화가 일어난다.

하늘은 텅 비어 있는 상태이나 고요함을 통해 생명력을 얻고, 반면에 땅은 단단히 굳어있는 상태이나 움직임을 통해서 생명력을 얻는다.

명상을 하다보면 고요함과 움직임의 차이를 확연히 느낄 수 있는데, 고요한 밤에는 옆방에서 자는 사람의 숨소리조차 크다는 것을 알수 있다.

고요함이나 텅 빈 상태는 절대이므로 하늘을 능가하는 것이 없고, 움직임이나 흐름·소리 등은 상대이므로 크기나 정도 등에 따라 다양한 모습으로 존재한다.

하늘은 절대적으로 완전하게 텅 빈 상태로 열린 고요한 생명이고 땅은 상대적으로 소리를 내고 때를 나타내는 움직이는 생명이다.

여기에 가치를 부여하면 하늘은 고요함(靜)이나 비어있음(空)을 대표하거나 상징하는 생명 또는 세계를 나타내고, 땅은 움직임(動)이나 흐름(流) 또는 때(時)를 대표하거나 상징하는 생명 또는 세계를 나타낸다.

사람의 마음과 육체도 이와 같아서 마음은 고요함이 고향이고 육체는 움직임이 고향이다. 마음을 고요하게 하고 육체를 부지런하게 하는 것은 천성을 따르는 것이고, 마음을 변화무쌍하게 하고 육체를 고요하게 하는 것은 지성을 따르는 것이다.

| 천성과 지성의 또 다른 언어

〈제7성품〉 하늘은 성(性)이고, 땅은 리(理)이다.

하늘의 성품을 천성天性이라 부르기도 하고 천을 빼고 그냥 성性이라 부르기도 한다. 우리는 명사 뒤에 성性을 붙여 천성, 지성, 인성 등으로 부르는데, 천성天性은 하늘다운 하늘을 뜻하고, 지성地性은 땅다운 땅을 뜻하고, 인성人性은 사람다운 사람을 뜻한다. 이렇게 명사 뒤에 성性을 붙이는 이유는 모든 것이 하늘에 뿌리(바탕)를 두었다는 소리이다.

그래서 땅이 하늘의 성품을 잃지 않으면 땅의 본성을 지키고, 사람이 하늘의 성품을 잃지 않으면 사람의 본성을 지키고, 신이 하늘의 성품을 잃지 않으면 신의 본성을 지키고, 군인이 하늘의 성품을 잃지 않으면 군인의 본성을 지키고, 선생이 하늘의 성품을 잃지 않으면 선생의 본성을 지키고, 학생이 하늘의 성품을 잃지 않으면 학생의 본성을 지킨다.

모든 것이 하늘에 바탕을 두고 있기 때문에 천성天性을 지키면 본성本性을 잃지 않는 것이고 천성을 잊으면 본성을 잃는 것이다. 천성을 되찾으면 본성을 회복하는 것이고, 천성을 잃으면 도적(오랑캐)이나 정신병자가 되어 세상을 살아가는 것이다.

리理는 움직임에서 비롯되는 것으로 이치理致 · 원리原理 · 논리論理 · 인과因果 · 이유理由 등을 함축한 말이다.

하늘은 해와 달을 내어 땅으로 하여금 생명의 역사를 쓰도록 하고 있는데, 해와 달이 있어 땅이 살아있고, 땅이 있어 땅에 사는 생명이 존재할 수 있다.

땅이 태양의 주위를 돌고 달이 땅의 주위를 돌기 때문에 땅에 변화가 일어나는데, 땅은 자전과 공전을 통해 밤과 낮이 교차하고, 그 교차로 인해 온도와 기압의 차이가 생겨나고, 그 차이로 인해 바람이 일고 천둥번개가 치고 눈비가 내려 생명현상이 일어난다.

그러나 이것은 해와 달 등의 운행이 일정한 법칙을 따를 때만 가능하다. 만약, 땅이 그 법칙을 어기고 제 멋대로 운행을 한다면 땅도 존재할 수 없거니와 땅에 사는 모든 것도 생명을 부지할 수 없다. 자전과 공전이 불규칙하다면 시간이 존재할 수 없고, 봄, 여름, 가을, 겨울이라는 때가 있을 수 없으므로 사람을 비롯하여 모든 생명이 한꺼번에 파멸할 수밖에 없다.

하늘은 고요하지만 하늘에 포용된 삼라만상은 끊임없이 움직이고, 그 움직임은 불규칙적으로 움직이는 것 같지만 사실은 일정한 법도를 따르고 있다. 구름이 끼고 눈비가 내리고 천둥번개가 치는 것이 이치 없이 일어나는 것 같지만, 고요하고 텅 빈 하늘 속을 해와 별과 땅과 달이 움직이고 있기 때문에, 온도차가 생기고 기압차가 생기고 천둥번개가 치고 비·바람이 불고 봄, 여름, 가을, 겨울 등의 계절이 생긴다.

우주의 움직임이나 흐름이 땅의 변화를 낳고, 땅의 변화가 땅에 사는 생명의 변화를 낳고, 땅에 사는 생명의 변화가 나라와 나라의 관계나 사람과 사람의 관계, 한 사람, 한 사람의 7정의 변화 등으로 나타나기 때문에, 세상 모든 것이 이치 없이 일어나지 않는다고 하여 옛사람들은 이것을 리理라고 하였다.

같은 말을 불가에서는 인과因果라고 하고, 서교西教에서는 생명의 말씀理致이라고 한다. 내용은 같은데 발생지가 다르기 때문에 표현하는 말이 다를 뿐이다.

성性과 리理는 하늘과 땅의 새로운 성품이 아니라 이미 앞에서 설명한 제1 내지 제6의 성품에서 파생된 성품이다. 1~6의 성품에서 천성에 해당하는 제1의 열림, 제2의 무형무색, 제3의 무한, 제4의 청명淸明, 제5의 전체, 제6의 고요와 공空을 함축하는 성품이 성性이고, 1~6

의 성품에서 지성에 해당하는 제1의 닫힘, 제2의 유형유색, 제3의 유한, 제4의 탁암, 제5의 부분, 제6의 움직임 등을 함축하는 성품이 리理이다.[5]

따라서 하늘은 성性을 나타내고 땅은 리理를 나타낸다. 여기에 가치를 부여하면 하늘은 성을 대표하거나 상징하는 생명 또는 세계가 되고, 땅은 리를 대표하거나 상징하는 생명 또는 세계가 된다.

사람도 마음은 성과 같고 육체는 리와 같다. 마음이 성과 일치하면 자신을 아는 것이고, 이것을 모르면 자신을 잊은 것이다. 또한 육체가 마음을 따라 행동하면 리理를 따르고 자신의 사명을 다하는 것이나, 마음을 잊고 괴리된 행동을 하면 리理가 없어 끈 떨어진 연鳶처럼 사는 것이다. 마음에 없는 행동을 하는 것을 두고 하는 말이다.

〈제8성품〉 하늘은 참(眞)이고, 땅은 거짓(邪)이다.

진眞의 의미에 대하여 가장 잘 설명한 분이 예수 성인이다.

누군가 성인에게 물었다. "왜, 창조주께서 여자에게 출산의 고통을 주었습니까?" 성인이 말하기를 "원죄原罪가 있기 때문이다." 다시 묻기를 "원죄가 무엇입니까?" 성인이 말하기를 "최초의 인류인 「아담」과 「하와」가 에덴동산[6]에서 살 때 창조주가 무엇이든 다해도 좋은데 꼭 한 가지만 반드시 지키라고 하였다. 그런데 사탄의 꼬임에 빠져 그

---

5 제8~제10의 성품도 제1~제6의 성품을 모두 함축한 말이다.

6 에덴동산은 구약 창세기편에 나오는 이야기로서 서교를 믿는 사람들이 자주 인용하는 내용이나 전혀 진리의 뜻과 다른 풀이를 하고 있어 필자가 천성과 지성의 이치로 풀어보았다. 구약에 나오는 내용이지만 예수 성인은 누가 그 내용의 뜻을 물었을 때 필자와 같은 뜻으로 설명하였을 것이다.

것을 지키지 않았기 때문에 죄를 지은 것이다."라고 하였다.

이 내용을 두고 몇천 년이 흘렀지만 서교는 그 뜻을 제대로 풀지 못하고 "무화과나무나 사과나무에서 선악과 열매를 따먹지 말라고 하였는데 그것을 따먹었기 때문에 원죄가 생겼다."고 가르친다. 상식적으로 무화과나무나 사과나무 열매를 따먹었다고 아무리 창조주라도 여성에게 그 엄청난 출산의 고통을 짊어지게 할 수 있는 것일까?

에덴동산이라는 곳은 이상理想 세계이다. 우리가 살아가는 세상은 혼란하고 혼탁하고 무질서하고 서로 뺏고 빼앗는 도적의 세계, 정신병자의 세계 또는 도떼기시장과 같은 세계라고 할 것 같으면, 에덴동산이라는 곳은 서로가 서로를 위해주고 존중해주고 이해해주고 상부상조하고 이치가 통하는 참 세계라고 할 수 있다. 지금도 종교를 다니는 사람들이 구원자를 기다리는 것은 그가 이 세상을 에덴동산과 같은 세상으로 변화시켜 만인을 더 이상 죄가 없고 행복하게 해줄 것이라고 믿고 있기 때문이다. 만약 예수라는 성인이 그 당시에 세상을 다스리는 통치자였더라면 에덴동산과 같은 세상을 건설하려고 노력했을 것이다. 말하자면 에덴동산은 진眞이 실현되던 이상세계이고 그런 세계는 죄가 없는 세상이며, 진리에 맞는 세상일 수밖에 없다.

진리眞理는 진眞의 이치理致를 줄인 말이다. 진은 참 생명을 뜻하므로 진리는 참 생명의 이치라고 할 수 있고, 참을 빼면 생명의 이치라고 할 수 있다. 창조주는 아담과 하와에게 무엇이든 다해도 좋은데 오직 진을 잊지 말고 진을 위해서 살아가라고 한 것이다. 진을 잊으면 그 순간 사邪를 위해서 인생을 사는 것이 되기 때문에 절대 진을 잊지 말라고 신신당부하였는데, 아담과 하와는 행복에 겨워 진을 잊었고, 진을 잊은 그때부터 삿된 것을 위해서 인생을 사는, 말하자면 죄를 먹고살지 않으면 아니 되는 인생을 살게 된 것이다.

진은 모든 것이 시작되는 근본이고, 선악은 모든 것이 끝난 후의 결과이므로 근본이 잘못되면 아무리 좋은 결과가 나오더라도 죄를 먹고 사는 이치가 된다.

불가에서는 진(참)을 가르치는 방편으로 "계란이 닭의 본 모습인가, 병아리가 닭의 본 모습인가, 어미닭이 닭의 본 모습인가?"하고 묻는다. 사람의 경우 "어린 아이가 사람의 본 모습인가, 장성한 모습이 사람의 본 모습인가, 머리가 허옇고 구부러진 모습이 사람의 본 모습인가?"하고 묻는다.

또한 삼라만상을 법신불·보신불·화신불(응신불)[7]로 설명을 한다. 법신불은 참 생명이라 할 수 있고, 보신불은 겉 생명이라 할 수 있고, 응신불은 겉 생명이 보여주는 행동이라 할 수 있다.

또한 원효대사의 대승기신론 진여문眞如門편 첫 구절에 "심진여자心眞如者 즉시일법계대총상법문체即是一法界大總相法門體라는 구절이 나온다(은정희 역주, 2010. 15쇄, 원효의 대승기신론 소·별기, 일지사, p103). 진여문은 '진과 같은 문' 또는 '진으로 들어가는 문'으로서 우주의 보이지 않는 참 생명 에너지를 체득하는 문을 말하는 것이라 할 수 있고, 심진

---

7 불가에서는 법신불을 진리나 비로자나불 또는 대일여래, 보신불을 아미타불이나 노사나불 또는 관자재여래, 화신불(응신불)을 중생을 구원하기 위하여 이 세상에 오신 석가모니불(석서진, 부처님 마음 길라잡이, 1998년 개정판, 도서출판 반야회, 50~51쪽)로 설명하는데, 필자는 어느 책에서 응신불에 대하여 "하늘에 있는 달은 하나 밖에 없으나 강이나 바다나 냇물 등에 비치는 달은 많이 있다."고 말하고 있는 점 등에 비추어 법신불을 참 생명, 보신불을 겉 생명, 응신불을 참 생명과 겉 생명이 결합하여 나타내는 다양한 행동으로 풀이한다.

여자[8]는 '마음이 진과 같은 자' 또는 '마음에 진을 품고 있는 자'를 가리키는 말로써 마음에 참 생명을 간직한 자로 풀이할 수 있다.

배달민족의 경전이라 할 수 있는 삼일신고三一神誥는 "인물人物이 동수삼진同受三眞하니 왈성명정曰性命精이라. 인人은 전지全之하고 물物은 편지偏之니라."고 하여, 사람과 사물이 다 같이 성性과 명命과 정精이라는 삼진三眞을 받는데, 사람은 이것을 온전히 받고 다른 것은 이것을 치우치게 받는다(강수원, 1985, 환단고기 桓檀古記, 온누리, 원문 237쪽, 해설 p137~139)고 하여 진이 하나가 아니라 셋이나 된다고 알려주고 있다.

"선을 심으면 선이 열리고 악을 심으면 악이 열린다."는 말은 성의 이치이고, "콩 심은데 콩 나고 팥 심은데 팥이 난다."는 이치는 정의 이치이나, 성이나 성의 작동하는 원리는 똑같이 진이나, 정에 선이나 악을 심거나 반대로 성에 콩이나 팥을 심을 수 없는 것이므로 성과 정을 구별한 것으로 보인다.

삼일신고는 하늘에 대해서 "천제(단군을 지칭하는 것으로 보임)[9]께서 이르시되 너희 무리들아! 파란 것이 하늘 아니며 까만 것도 하늘 아니다. 또한 푸르고 푸른 것이 하늘 아니며 검고 검은 것도 하늘 아니다. 하늘은 모양이나 바탕이 없으며, 시작과 끝이 없으며, 위아래와 사방이 없으며, 비고 비어 있지 않음이 없고, 싸고 있지 않음이 없느니

---

8 은정희(2010)는 심진여자를 "심진여란 일법계(一法界)중의 대총상(大總相) 법문(法門)인 체(體)이니"라고 하여 자(者)에 대한 풀이를 조사로 보았다. 그러나 필자는 제목의 진여문(眞如問)과 심진여자(心眞如者)를 비교할 때 자(者)를 사람으로 설명하는 것이 바람직할 것으로 보인다.

9 후세에 기록한 역사서는 이름을 쓰지 않고 "천제(天帝)"로만 기록하여 천제가 누구인지 밝히지 아니하였으나, 홍익인간과 제세이화의 큰 철학을 가진 사람이 아니고는 천제라고 불리었을 리 없다는 점에서 단군임금을 지칭하는 것임을 짐작할 수 있다.

라."[10]고 하여 하늘의 모습도 밝혀주고 있다.

　나에게 진과 사의 의미를 알려준 고 영성靈聲 선생은 "영靈은 진眞이다. 때문에 인간으로 하여금 따르게 한 것이다. 사람은 진의 한편—片이다. 진은 영원한 것이요, 변하지 않는 것이다", "진은 인간이 말하는 약藥과 같은 것이다. 그러기에 진을 모르고서는 창조한 하늘의 뜻에 어긋나게 되는 것이다. 하늘을 아는 자는 진을 아는 자이다. 인간이 진을 떠나면 짐승만도 못할 것이다", "진을 떠나면 사가 된다. 진을 떠나면 죄를 짓는다. 진을 떠나면 욕심이 생긴다. 그러기에 더욱 진을 알고 진과 더불어 살아야 하는 것이 인간이다. 죄를 짓는다는 것은 하늘을 저버린다는 뜻이다. 만물 중에 으뜸된 인간은 진을 떠나지 말고 진과 더불어 영원하라."(영성, 1992.3판, 영성출판사, p9)고 하였다.

　이와 같인 성인들은 한결같이 사람들에게 진眞이나 진의 이치를 깨닫게 하기 위하여 다양한 표현으로 가르쳐주었는데, 역사적으로 보면 삼일신고가 대략 5,000년 전에 나오고 불교가 대략 3,500년 전에 나오고 서교가 대략 2,000년 전에 나온 것임에도 불구하고, 가장 오래된 삼일신고에서 진의 이치를 가장 구체적으로 표현하고 있음은 참으로 놀라운 일이 아닐 수 없다.

　또한 우리는 잘 모르고 살아가고 있지만 우리말이나 몸에 배어있는 관습 등에 참이나 진이라는 말이 그대로 남아있고, 태기가 있을 때 삼

10　主若曰 咨爾衆아 蒼蒼이 非天이며 玄玄이 非天이라(천제께서 이르시되 너희 무리들아! 파란 것이 하늘이 아니며, 까만 것도 하늘이 아니니라). 天은 無形質하며 無端倪하며 無上下四方하고 虛虛空空하야 無不在하며 無不容이니라(하늘은 형태나 질량이 없으며, 시작과 끝이 없으며, 위 아래와 사방이 없으며, 비고 비어 없는 곳이 없고, 포용하지 않은 것이 없느니라).

신이 내렸다고 하는 조상들의 말도 삼일신고의 말과 일치함을 알 수 있다.

어찌되었던 성과 명과 정이 같은 진이나, 성은 천성天性, 명은 영성靈性, 정은 지성地性을 말한다고 볼 수 있으므로 성격은 다른 것이다.

하늘의 성性은 열림(개방)성을 말하고, 땅의 정精은 닫힘(수렴)성을 말하고, 영靈[11]은 열린 하늘과 닫힌 땅을 연결하여 살아 움직이게 하는 에너지성 역할을 하는 것을 말한다.

모든 변화의 시작이 영에서 비롯된다는 말이다.

하늘에 가득한 영은 고도의 목적을 가지고 스스로 변화하고 일정한 법칙(법도)에 따라 변화한다. 세상에는 태양처럼 직접 빛을 내는 능동적, 주도적, 적극적인 변화가 있는가 하면, 달처럼 태양의 빛을 받아 빛을 내는 수동적, 종속적, 소극적인 변화가 있는데, 하늘은 영이므로 태양과 같은 것을 창조하여 변화를 주도한다.

따라서 하늘은 신령스러운 영으로 가득한 영체靈體이고, 세상의 모든 것이 이 존재에서 비롯되었기 때문에 근본체根本體이다.

세상이 잠시의 쉼도 없이 변화한다는 것은 살아있다는 것이고, 살아있다는 것은 움직인다는 것이고, 움직인다는 것은 생명이라는 것이다. 세상이 이렇게 변화하고 움직이고 살아있게 하는 것은 에너지 같은 역할을 하는 것이 존재한다는 것을 뜻하는데 그것이 영이다.

하늘은 영이 사는 집이나 몸이라고 할 것 같으면 우리가 아는 눈에

---

11 눈 주위를 얻어맞으면 수많은 별이 쏟아지는 것처럼 보인다. 일반 사람의 눈에는 보이지 않지만 하늘 공간은 이와 같이 깨알보다도 작은 수많은 불빛이 쉼 없이 오고간다. 그 움직임은 흡사 여름날 밤에 반딧불이 움직이는 것과 같은데, 주먹으로 얻어맞아 생긴 별은 크고 시간이 흐르면서 감소할 뿐만 아니라 운동량도 차츰 느려지다가 소멸한다. 그러나 이 존재는 감소하거나 증가하지 않고 시간이 흘러도 전혀 운동량이 줄어들지 않는다. 이 존재가 영이다.

보이는 자연自然은 영이라는 에너지가 신경이나 혈맥처럼 작동하는 현상이라고 할 수 있다.

하늘은 영체이기 때문에 생명을 낳거나 자라거나 복원시키는 등의 창조현상이 일어나고, 뿌리는 대로 거두는 진의 현상이 발생한다. 그래서 하늘은 참眞이고 절대이고 으뜸이고 전지전능하다.

하늘이나 영은 사람의 눈에 보이지 않으나 사람이 볼 수 있는 땅의 움직임 등을 통해 그 존재를 드러내는데, 똑같은 현상을 놓고도 그것을 읽어내는 사람이 있고 읽지 못하는 사람이 있는 것은 천성을 이해하는 정도에 달렸다고 해도 과언이 아니다.

그렇다면 사邪는 무엇일까?

진과 사는 참 생명과 거짓 생명의 줄인 말이다. 모든 생명은 천성을 닮은 생명과 지성을 닮은 생명이 짝을 이루는데, 천성을 닮은 것 또는 상징하는 것을 진이라고 하면 지성을 닮은 것 또는 상징하는 것을 사라고 할 수 있다. 천성을 닮은 생명을 참 생명이라고 하면 지성을 닮은 생명을 거짓 생명이라고 할 수 있다.

진이라는 생명은 스스로 작동하고 사라는 생명은 진의 뜻에 따라 작동한다. 우주는 하늘이 진을 대표하거나 상징하는 생명이고, 땅은 사를 대표하거나 상징하는 생명이다. 진을 뜻하는 하늘이 없다면 사를 뜻하는 땅만으로 아무 것도 이룰 수 없다.

하늘은 진의 이치로 작동하므로 변화의 시작이고, 땅은 진의 뜻을 따라 사의 이치로 작동하므로 변화의 끝이다.

그러나 땅만 놓고 볼 때는 물이 진의 이치로 작동하고 흙이 사의 이치로 작동한다. 땅은 진의 이치를 닮은 물과 사의 이치를 닮은 흙으로 이루어졌고, 진의 이치를 닮은 물이 없으면 사의 이치를 닮은 흙만으로는 아무것도 이룰 수 없다.

사람도 진의 이치를 닮은 마음과 사의 이치를 닮은 육체가 있고, 진이 되는 영과 사가 되는 혼이 있다. 마음과 영이 있기 때문에 육체나 혼이 생명력을 갖는 것이며 육체와 혼만으로는 생명력이 없다.

그러므로 사는 진이 있어 존재하는 생명이다. 진을 들어내거나 진을 나타내거나 진의 뜻을 따르는 생명이다. 진도 사가 없으면 존재를 드러낼 수 없고 뜻을 펼 수가 없다. 하늘과 땅과 사람이 모두 진의 이치로 작동하는 존재가 생명을 낳는 역할을 하고 사의 이치로 작동하는 존재가 생명을 기르는 역할을 한다.

하늘은 참 생명이고 땅은 거짓 생명이다. 여기에 가치를 부여하면 하늘이 참 생명을 대표하거나 상징하는 생명 또는 세계를 나타내고, 땅은 거짓 생명을 대표하거나 상징하는 생명 또는 세계를 나타낸다.

하늘이나 사람은 영이 있기 때문에 스스로 변화를 일으키고, 땅이나 그 밖의 존재는 영이 없기 때문에 변화를 일으키는 존재를 따라간다. 하늘이 눈에 보이지 않는 것처럼 마음도 눈에 보이지 않으나 그 존재가 변화를 일으키고, 땅이 사람의 눈에 보이는 것처럼 육체도 눈에 보이나 그 존재가 변화를 따라간다. 더 정확하게는 하늘에 존재하는 영과 마음에 존재하는 영이 변화를 일으키고 땅에 존재하는 정과 육에 존재하는 혼이 변화를 따라가는데, 이렇게 변화를 일으키는 존재가 진이고 변화를 따라가는 존재가 사이다.

변화를 일으키는 목적이 무엇이든 하늘(진, 천성)은 고도의 목적을 가지고 잠시의 쉼도 없이 변화를 낳고, 땅(사, 지성)은 하늘의 뜻에 따라 잠시의 쉼도 없이 변화를 집행한다.

〈제9성품〉 하늘은 주(主)이고, 땅은 종(從)이다.

우리말에 주主가 들어가는 말을 찾아보면 상주喪主, 주인主人, 주장主張, 주체主體, 민주주의民主主義, 자본주의資本主義, 공산주의共産主義 등이 있다.

상가에서는 상주가 구심체 또는 중심체 역할을 하고 참석한 사람들은 주위에서 상주를 도와주는 종從의 역할을 한다. 주인·주장·주체 등은 가정이나 단체나 나라 등 각각의 조직에서 구심체 또는 중심체 역할을 하는 자(것)를 말하고, 민주주의는 국민이 주인이기 때문에 정치, 경제, 과학, 문화, 예술 등 제반 사회가 국민을 중심으로 돌아가는 것을 말한다.

마찬가지로 자본주의는 자본(지대)이 중심이고, 사회주의는 복지가 중심이고, 공산주의는 공산이 중심이 되어 돌아가는 사회를 말한다.

태양계를 보면 혹성들이 태양의 주위를 돌고 있다. 이때 태양을 주主라고 하면 지구를 비롯한 혹성들은 종從이 된다. 또한 지구를 비롯한 혹성 주위에는 달이 있는데 이때 혹성을 주라고 하면 달은 종이 된다.

주와 종의 관계는 영원히 변치 않는 절대의 관계가 있는가 하면 상황에 따라 변하는 상대의 관계도 있다. 진이 뜻하는 절대생명은 영원히 변할 수 없는 절대의 주가 되고, 그 밖의 생명은 상대에 따라 주종 관계가 바뀔 수 있으므로 상대의 주 또는 상대의 종이 된다.

　태양과 땅의 관계에서 태양은 주가 되고 땅은 종이 되지만, 땅과 달의 관계에서 땅은 주가 되고 달은 종이 된다. 상가에서는 상주가 주의 역할을 하지만 상가가 아닌 직장에서도 주의 역할을 하는 것이 아니다.

　주가 되는 것은 근원이 되고 바탕이 되고 뿌리가 되고 전체가 되는 것을 뜻한다. 나무는 뿌리가 있고 기둥이 있고 줄기가 있고 잔가지가 있고 잎과 꽃이 있다. 나무에서 주종의 관계를 구분하면 뿌리에서 시작하여 무성하게 성장하는 것이므로 뿌리가 주가 되고 기둥부터는 종이 된다. 피라미드에서 바닥은 넓고 꼭짓점으로 올라갈수록 좁아지고, 산을 보면 아래는 넓고 능선이나 정상으로 갈수록 좁아진다. 피라미드와 산에서 주종관계를 찾으면 꼭짓점이나 산의 정상을 주라고 생긱하기 쉬우나, 피라비드나 산의 밑 부분이 전체이고 근본이고 바탕이기 때문에 그 곳이 주가 된다. 꼭짓점이나 정상은 밑 부분이 없으면 존재할 수 없으므로 주가 아니라 종이다. 절에 가면 탑이 많은데 기단이 바탕이고 뿌리이므로 주가 되고 탑은 그 위에 있으므로 종이 된다.

　진眞과 사邪의 관계를 주종의 관계로 나타내면 참 생명을 뜻하는 진은 절대의 주가 되고 거짓(겉) 생명을 뜻하는 사는 상대의 종이 된다. 하늘은 절대의 주가 되는 생명이고 땅은 상대의 주 또는 종이 되는 생명이다.

　여기에 가치를 부여하면 하늘은 절대의 주를 대표하거나 상징하는 생명 또는 세계이고, 땅은 상대의 주나 종을 대표하거나 상징하는 생명 또는 세계이다.

　사람의 마음은 집이나 그릇과 같아서 그곳에 담긴 대로 생각하고 행동한다. 마음을 진에 두면 진심眞心이므로 진을 따르고, 마음을 사에 두면 사심邪心이므로 사를 따른다. 마음이 진을 따르면 육체는 정正으로 행하고, 마음이 사를 따르면 육체는 부정不正으로 행한다.

마음먹은 대로 육체가 따라가므로 마음이 주이면 육체는 종이다. 그래서 사람이 진을 모르면 정으로 행하고 싶어도 할 수가 없다. 진을 알아도 사를 따르면 진심眞心이 아니라 사심邪心으로 행하는 것이므로 속과 겉이 다른 이중의 마음을 쓰는 사람일 뿐이다.

〈제10성품〉 하늘은 양(陽)이고, 땅은 음(陰)이다.

양은 양의 성질을 말하고 음은 음의 성질을 말하는데 동양에서는 세상이 양과 음의 관계로 이루어지지 않은 것이 없다고 하여 오래전부터 다양하게 사용하고 있다.

태양의 빛이 비칠 때 빛이 쪼이는 밝은 곳을 양陽이라고 하면 빛이 쪼이지 않는 가려진 곳(이면)을 음陰이라고 하는데, 이처럼 대칭이 되고 서로 반대의 성을 가진 것을 영과 음의 관계로 나타낸다.

그래서 하늘과 땅이 양과 음이고, 해와 달이 양과 음이고, 남자와 여자가 양과 음이고, 아버지와 어머니가 양과 음이고, 그밖에 동식물이나 나는 것, 기는 것, 헤엄치는 것 등이 모두 양과 음의 구조를 이루고 있다고 하다.

마찬가지로 천성이 양이면 지성은 음이 되는데, 양에 해당하는 천성은 열리고 색채와 형태가 없고 한계가 없어 무한히 크고 맑고 밝고 전체가 되는 것을 뜻하고, 음에 해당하는 지성은 닫히고 색채와 형태가 있고 한계가 있어 크기가 유한하고 탁하고 어둡고 부분이 되는 것을 뜻한다.

하늘은 양의 성질을 가지는 바탕 또는 무(無, 空, 虛)의 성질을 가지는 바탕인 것이고, 땅은 음의 성질을 가지는 바탕 또는 유(有, 色, 聲, 파장 등)의 성질을 가지는 바탕인 것이다.

하늘을 대표하거나 상징하는 빛은 태양이고 땅을 대표하거나 상징하는 빛은 달이다. 태양이 양이면 하늘도 양이고 달이 음이면 땅도 음이다. 태양이 하늘을 대표하므로 태양을 통하여 하늘을 알 수 있고, 달이 땅을 대표하므로 달을 통하여 땅을 알 수 있다.

천성을 닮거나 대표하거나 상징하는 양의 빛은 태양처럼 능동적·긍정적·자동적·적극적·주도적으로 작동하고, 지성을 닮거나 대표하거나 상징하는 음의 빛은 수동적·피동적·타동적·소극적·종속적으로 작동한다.

하늘은 태양과 달을 내어 양과 음의 빛을 교차하여 비추도록 하여 이 땅에 생명력을 불어넣는다. 마찬가지로 사람도 마음과 육체의 관계나 영과 혼의 관계를 양과 음으로 나타낼 수 있는데, 마음과 영은 태양처럼 능동적·긍정적·자동적·적극적·주도적으로 살려고 하고, 육체와 혼은 달처럼 수동적·피동적·타동적·소극적·종속적으로 살려고 한다.

하늘은 절대이므로 항상 양의 성질을 가졌다. 그러나 땅은 하늘의 그림자에 비유되는 존재이므로 음의 성질을 가졌으나, 상대이기 때문에 때에 따라 양과 음이 교차한다. 땅이 움직이지 않고 고정되어 있는 상태라면 음의 성질 밖에 없으나 계속해서 움직이기 때문에 비교 대상에 따라 양과 음이 뒤바뀌는 것이다.

하늘은 절대이므로 항상 그대로이나 땅은 쉼 없이 변화하기 때문에 하늘로 하여금 움직이게 하는 효과를 낳는데, 하늘과 땅의 움직이는 모습이 원운동을 하는 것과 같다고 보아 홍범구주(강무학, 1982, 홍익인간론과 음부경, 명문당, p17~59)에서는 5행(木火土金水)의 이치를 밝혀놓았다. 하늘과 땅의 움직임을 양과 음으로 분류하되, 다시 하늘의 움직임을 양과 음으로 10등분(甲乙丙丁戊己庚辛壬癸)하였고, 땅은 타원형으로 움직인다고 보아 역시 양과 음으로 12등분(子丑寅卯辰巳午未申酉戌亥)하여 천지 변화를 읽고자 하였다.

움직임이 불규칙하면 변화를 예측할 수 없으나 규칙적이기 때문에 가능하다고 본 것이다. 그래서 하늘은 양의 생명이고 땅은 음의 생명이다. 여기에 가치를 부여하면 하늘은 양을 대표하거나 상징하는 생명 또는 세계이고, 땅은 음을 대표하거나 상징하는 생명 또는 세계이다.

| 천성과 지성을 통해 무엇을 얻을 수 있나?

다음 분류표는 이상 내용을 한 눈에 볼 수 있게 표로 정리한 것이다. 그러나 이 분류표는 표본에 불과하므로 누구든지 추가 연구를 통하여 더 많은 천성과 지성을 찾을 수 있고, 순서를 다르게 정할 수 있고, 더 세심한 언어로 표현할 수도 있다. 중요한 것은 종류나 순서, 더 구체적 언어가 아니라, 믿음과 이것을 통해 우리가 얻을 수 있는 것일 것이다.

믿음은 그동안 인류가 지성에 매몰되어 있기 때문에 그것을 버리기

구 분	천성(天性)	지성(地性)
제1성품	열려있음(開)	닫혀있음(閉)
제2성품	색채와 형태가 없음(無形無色)	색채와 형태가 있음(有形有色)
제3성품	끝이 없음(無限)	끝이 있음(有限)
제4성품	맑음(淸), 밝음(明)	탁함(濁), 어두움(暗)
제5성품	전체(全體)	부분(部分)
제6성품	고요함(靜), 비어있음(空)	움직임(動, 流), 때(時)
제7성품	성(性)	리(理)
제8성품	진(眞)	사(邪)
제9성품	주(主)	종(從)
제10성품	양(陽)	음(陰)

가 쉽지 않을 것이다. 그러나 갇힌 세계를 벗어나지 않으면 결코 새로운 세계를 열어갈 수 없다는 인식은 누구나 할 수 있을 것이다.

인류의 진보는 끊임없이 새로운 세계를 열어가는 사람에 의해서 이루어졌다. 그러나 그 진보가 물질문명(지성) 또는 행동과학에 치우쳐 있기 때문에 첨단을 걷는 인간이 아직도 수많은 모순에 싸여있는 것이므로 병아리가 알을 깨고 나오듯이 그 세계를 뚫고 나오지 않으면 아니 된다.

변화는 지성의 세계를 벗어나는 데 있다.

믿음이 강하고 배우고자 하는 의욕이 강하면 누구보다 빠른 시일 내 천성의 세계를 터득할 것이고, 알고 있는 세계를 절대처럼 믿는 사람은 결코 새로운 세계를 열어갈 수 없다.

천성을 터득하고 기존의 세계를 비추어보면 그동안 우리가 얼마나 우물 안의 개구리였는지 깨달을 수 있다.

그러면 천성과 지성을 통해 우리가 무엇을 얻을 수 있는지 생각나는 대로 정리하면 대략 9가지로 정할 수 있을 것 같다. 물론 이것도 터득한 정도에 따라 응용범위가 많아질 수밖에 없으므로 여기서 밝힌 것은 예시에 불과하다.

첫째, 우리는 말로는 하늘과 땅을 말하지만 실제로 하늘이 무엇이고 땅이 무엇인지 아는 사람이 없었다. 하늘과 땅을 모르기 때문에 하늘과 땅과 사람이 조화를 이루는 방법을 찾지 못하고 쪼개고 나누고 분열하고 파괴하고 사고파는 일에 앞장섰다.

그러나 천성을 통해 하늘을 이해하고 지성을 통해 땅을 이해함에 따라 앞으로 인류의 사고에 큰 변화가 일어나지 않을 수 없다. 하늘보다 으뜸이 되는 것이 없으므로 절대를 바로 알 수 있고, 땅을 비롯한 해·별·달·사람 등이 모두 하늘에 포용되어 있는 존재라는 사실로부터 바탕·근원·근본이 무엇인지 알 수 있고, 생명현상이 하늘에 가득한 영체의 작용이라는 사실로부터 생명이 무엇인지 알 수 있으며, 모든 존재가 하늘을 떠나 독립적으로 존재할 수 없다는 사실로부터 하늘과 더불어 하나라는 사실을 알 수 있다.

둘째, 인류는 하늘과 땅을 벗어나서 살아갈 수 없는 존재인데도 그동안 하늘과 땅에서 보편적 가치를 구하지 못하고 공상, 망상, 허상, 우상 속에서 구했기 때문에 죄를 먹고사는 삶을 살 수밖에 없었다. 천성의 가치를 모르기 때문에 지성의 가치에서 삶의 목표를 찾았다. 그러나 이제 천성과 지성을 알게 되었으므로 여기에 마음을 더하여 하늘과 땅과 사람이 조화를 이루는 가치를 세울 수 있게 되었다.

　사람은 동물과 달리 마음이 있어 가치를 구별하는 것이므로 천성과 지성에 마음을 더하면 생명과 죽음, 승리와 패배, 희망과 절망, 건강과 병약, 긍정과 부정, 능동과 피동, 열정과 나태, 목적과 수단 등의 가치를 세울 수 있다. 가치란 비교하여 더 값이 큰 것을 뜻하므로 지성보다 천성의 가치를 따르면 생명을 얻고 죄가 없는 삶을 살아갈 수 있음을 뜻한다.

　그동안 인류는 이것을 모르고 첫 단추부터 마지막 단추까지 잘못 끼워진 와이셔츠를 입은 모습처럼 살아왔다. 그러나 이제 천성과 지성의 이치를 통하여 누구나 진리를 깨달을 수 있게 됨에 따라 비로소 첫 단추부터 마지막 단추까지 바르게 끼운 옷차림을 할 수 있게 된 것이다.

　셋째, 천성과 지성은 정반대의 성품이기 때문에 상식적으로 생각하면 서로 이율배반적이라고 생각할 수 있다. 그러나 땅이 하늘에 포용된 것은 사람의 몸에 손발이나 눈 귀 코 입 등이 포용되어 있는 것과 같이 사명이나 역할이 나눠진 것에 불과하다. 하늘과 땅이 서로 다른 성품과 사명을 가지고 있어 서로 배타적인 것처럼 보이지만, 땅이 땅의 역할이나 사명을 다할 때 하늘을 따르는 것이 된다.

　그런데 그동안 인류는 이러한 전체와 부분의 관계를 모르고 자본주의·공산주의·사회주의 같은 이념이나 사상 등을 만들어 세상을 나누고 쪼개고 편을 갈라 갈등과 다툼과 전쟁을 일삼아왔다. 그러나 이제 하늘이 전체이고 그 밖의 것이 부분이라는 사실을 안다면 전체가 주主 또는 목적이 되고 그 밖의 것이 종從 또는 수단이 되는 세계를 만들어갈 수 있고, 그렇게 되면 전체와 부분이 화해, 화합, 평화, 상생하는 길을 열어갈 수 있고, 인류의 정신병도 말끔히 치유할 수 있다.

넷째, 그동안 인류는 색채와 형태가 있는 지성이나 지성을 닮은 것 또는 상징하는 것을 통해서 모든 것을 구했기 때문에 물질문명 밖에 발전시킬 수 없었으나, 이제 색채와 형태가 없는 천성이나 천성을 닮은 것 또는 상징하는 것을 알 수 있게 됨에 따라 마음(정신)문명을 발전시킬 수 있는 단초가 마련되었다고 할 수 있다.

모든 것이 천성을 잃지 않으면 본성을 유지하는 것이므로 사람이나 조직이나 국가가 잃어버렸던 본성을 회복할 수 있고, 또한 성性을 이해함에 따라 인류가 단순히 사물로 생각한 것도 생명과 사명이 있어 존재한다는 사실을 알 수 있으며, 하늘(자연, 생명)의 움직임이 이치理致와 인과因果로 작동된다는 사실로부터 인간이 논리論理를 세워 학문도 할 수 있다는 것을 알 수 있게 되었다.

다섯째, 그동안 인류는 하늘을 몰랐기 때문에 문화·문명·풍습도 지성을 벗어날 수 없었으나 천성을 알게 됨에 따라 과거 우리 조상들이 그랬던 것처럼 하늘의 문화·문명·풍습을 다시 세워나갈 수 있게 되었다.

가령, 음악이나 미술을 하더라도 천성에 맞으면 음악다운 음악이 되고 미술다운 미술이 되어 세상에 하나 밖에 없는 명품으로 태어날 수 있다. 조선시대 화가 장승업을 그린 임권택 감독의 취화선 영화를 보면 무명시절의 장승업이 바위를 뚫어지게 응시하면서 "어떻게 하면 저 바위를 살아있는 모습으로 화폭에 담아낼 수 있을까?"하고 고민하는 장면이 나오는데, 천성을 닮도록 그려낼 수 있으면 생명력이 있고 그렇지 못하면 정도의 차이는 있겠지만 죽은 그림이라고 할 수 있다.

과거 장인들은 알아주는 이가 없어도 세상에 하나 밖에 없는 작품을 만들기 위하여 일생을 바치는 사람이 많았는데, 도자기다운 도자기, 옷다운 옷, 핸드폰다운 핸드폰 등 천성을 닮은 제품을 만들 수만 있으면 명품이 되고, 그렇게 되면 자원·물자·시간·노력 등의 낭비를 줄일 수 있고, 세상이 더 아름답고 더 맵시 있고 더 가치 있고 더 완전해질 수 있다.

여섯째, 우주는 천성을 닮은 하늘과 지성을 닮은 땅이 짝을 이루고 하늘 공간을 땅의 시간이 운행함으로써 생명현상이 발현한다. 사람은 천성을 닮은 마음과 지성을 닮은 육체가 짝을 이루고 마음에서 생각이 나오고 육체에서 행동이 나와 세상을 변화시킨다. 위 분류표는 그것을 가르쳐주기 때문에 가정·기업·국가 등 어디에도 다 적용이 된다.

가령, 국가에 적용할 경우 국가기관은 천성(생각하는 기능)의 역할을 하고 국민은 지성(행동하는 기능)의 역할을 한다. 국가기관은 법령을 만들고 정책을 세우고 예산을 짜는 일을 함으로 생각하는 기능을 하고, 국민은 국가가 만들어놓은 정책·법령·예산 등에 맞게 살아가므로 행동하는 기능을 한다. 생각하는 기능을 하는 지도자나 공직자가 천성에 뜻을 두면 화해, 협력, 화합, 통합, 평화의 세상을 열어가고, 지성에 뜻을 두면 갈등, 분란, 분열, 다툼, 반목의 세상을 열어간다. 또한 행동하는 기능을 하는 국민이 천성에 뜻을 두면 지도자나 공직자가 생각한 방향대로 행동하므로 생각과 행동이 일치하고, 지성에 뜻을 두면 지도자나 공직자가 생각하는 방향과 다른 행동을 함으로 생각과 행동이 불일치한다.

일곱째, 사람이 살아가는데 언어만큼 중요한 것이 없다. 특히, 정신

세계를 전달하는 데는 두말할 것이 없는데 천성과 지성을 알면 사람이 사용하는 언어가 여기서 비롯된 것임을 알 수 있다.

가령, 맑음의 반대는 탁함, 밝음의 반대는 어두움, 높음의 반대는 낮음 등과 같으며, 또한 일상생활에서 자주 사용하는 열린 마음이나 호연지기 또는 맑고 밝은 마음이나 긍정적인 사고 등의 개념이 천성을 지향하는 언어이고 그 반대가 되는 닫힌 마음이나 탁하고 어두움 마음 또는 부정적인 사고 등의 개념이 지성을 지향하는 언어이다.

천성과 지성이 대칭되는 개념이기 때문에 그 비교를 통해서 자연스럽게 서로 다른 것의 성격을 분명하게 드러낼 수 있어 언어가 시작되었다. 그러므로 천성과 지성 또는 두 성품에 가치를 부여하여 얻은 언어는 앞으로 종교 사상 철학은 물론, 정치 경제 과학 문화 예술 학문 등을 함에 있어 표준이 될 수밖에 없다. 언어의 차이에서 오는 혼란이나 말장난을 줄일 수 있기 때문에 온전한 소통을 할 수 있고, 주의·주장 등의 남발을 줄일 수 있고, 이해의 폭이 커진 만큼 학문이나 사회의 올바른 발전을 크게 진작시킬 수 있다.

여덟째, 그동안 인문학은 너무 어려워 배우기가 쉽지 않고, 이를 실천하는 것은 더욱 어려웠다. 특히, 불경·사서삼경·도道·철학 등은 가방 끈이 긴 사람이 아니면 읽을 수 없고, 읽어도 이해하기 어렵고, 배워도 지식과 실천이 일치하지 않는 경우가 많았다.

또한 그동안 모든 학문이 자연(하늘과 땅)의 범주를 벗어날 수 없고 하늘과 땅의 속성이나 변화를 읽어내는 것에 불과한 것이었음에도 눈 뜬 봉사처럼 하늘과 땅을 모르고 학문을 하였다.

그러나 이 분류표는 세상에서 가장 보편타당성이 있는 것이므로 언제 어디에 무엇을 적용하더라도 쉽고 올바르게 비춰볼 수 있다.[12] 과거의 것을 배우지 않아도 진리를 깨달을 수 있고, 과거의 것도 알기 쉽게 풀이할 수 있으며, 바탕을 훼손하지 않고 새롭게 의미를 확장할 수 있다. 관념이나 가치를 부여하지 않은 것이므로 학술적인 활동에 그대로 활용할 수도 있다.

마지막으로, 눈에 보이는 행동이 눈에 보이지 않는 생각의 지배를 받는 것과 같이 눈에 보이는 지성에 속하는 것은 눈에 보이지 않는 천성에 속하는 것의 지배를 받는 것인데, 그동안 인류는 이것을 모르고 오직 눈에 보이는 것이나 측정할 수 있는 것을 통해서 학문을 하고 진리를 찾았다. 돈·권세·명예·욕정 등 눈에 보이는 것을 추구하기 위하여 변화하였기 때문에 속 다르고 겉 다른 인생을 살 수밖에 없었다.

그러나 눈에 보이지 않는 천성이 진과 같고 눈에 보이는 지성이 사와 같다는 사실을 알 수 있으므로 앞으로 속과 겉이 일치하는 참 세상을 열어갈 수 있게 되었다. 열림과 닫힘, 무형무색과 유형유색, 전체와 부분, 맑음과 탁함, 밝음과 어두움, 무한대와 유한대 등의 차이를 통해 자연스럽게 참 생명(진)과 거짓 생명(사), 절대생명과 상대생명의

---

12 장자에 나오는 목계 이야기가 있다. 왕이 기성자(紀渻子)에게 싸움닭을 기르도록 하였다. 열흘이 지나 왕이 물었다. "닭이 되었느냐?" "아직 안되었습니다. 지금은 쓸데없이 허세를 부리고 자기 힘만 믿습니다." 다시 열흘이 지나 왕이 물었다. "아직 안되었습니다. 다른 닭의 소리나 모습만 보아도 덤비려듭니다.", 다시 열흘이 지나 왕이 물었다. "아직 안되었습니다. 아직도 상대를 노려보고 혈기 왕성합니다.", 다시 열흘이 지나 왕이 물었다. "예, 이제 되었습니다. 상대가 울음소리를 내어도 아무런 변화가 없습니다. 멀리서 보면 마치 나무로 깎아놓은 닭 같습니다. 다른 닭이 감히 상대하지 못하고 달아나버립니다(달생 19:9)."는 내용이다(오강남, 2010, 장자, 현암사, p379). 이것은 닭이 천성(도)을 체득하도록 가르쳤다는 말과 같으며, 그랬더니 경쟁 상대가 없더라는 뜻이다.

차이를 알 수 있고, 근본·근원·바탕이 되는 존재가 절대생명이라는 사실을 이해할 수 있으므로, 천성을 위해 지성을 쓰는 사고를 할 수 있게 되었다. 변화 및 창조의 원천이 하늘이므로 인류의 변화 및 창조를 천성에 맞게 할 수 있게 된 것이다.

천성의 가치와 지성의 가치를 이해하라

| 가치관의 의미

가치관이 무엇인가에 대해서 설명하는 말들은 다양하다.

'가치에 대한 견해, 어떤 사물이나 대상이 지니고 있는 중요성·의의·역할 등에 대한 사람에 따른 평가(양철우, 1989, 뉴에이지 새국어사전, 교학사, p23),' '인간이 자신을 포함한 세계나 그 속의 만물에 대하여 가지는 평가의 근본적인 태도나 보는 방법 또는 가치를 중심으로 보는 방법(김철환, 1998, 4판, 엣센서 국어사전, 민중서림, 35쪽)', '인간의 욕구나 관심의 대상 또는 목표가 되는 진선미 등을 통틀어 이르는 말', '가치에 대한 관점, 인간이 자기를 포함한 세계나 그 속의 사상에 대하여 가지는 평가의 근본적 태도' 등으로 다양하게 설명한다.

가치관을 말 그대로 풀면 가치價値와 관觀이 결합된 말이다. 가치란 비교하여 더 값어치가 나가는 것을 말하고, 관觀은 「볼 관」 자로서 관념·관점·안목 등을 말하는 것이므로 이를 합하면 '서로 비교하여 더 값어치가 나가는 것을 알아볼 수 있는 안목' 정도로 설명할 수 있다.

사람이 생각한 것이 행동으로 옮겨지는 때는 생각한 것이 나름대로 옳다는 판단이 섰을 때이다. 생각하는 것들 중에서 옳다고 생각했다는 것은 무엇인가 비교 등을 통해서 심판審判을 하고, 그 심판을 통해서 옳다고 생각한 것을 선택하는 것을 의미한다. 여기서 「심판」[13]이라는 용어를 사용한 것은 재판을 할 때 판사가 심리과정에서 모든 것을 살펴보고 죄가 있는지 없는지를 판단하는 것과 같이, 사람도 무엇을 행하려면 수많은 생각들 중에서 자신의 기준에 비추어 보아 옳다고 생각하는 것을 선택(결정)하는 것이므로 이것이 재판의 심판과 유사하기 때문이다.

또한 여기서 「옳다고 생각하는 것」을 선택한다는 것은 옳은 것뿐만이 아니라 가치가 있는 것, 좋은 것, 바른 것, 아름다운 것, 기쁜 것, 즐거운 것, 거시적인 것, 실용적인 것, 돈이 되는 것 등 자신이 원하는 것을 선택하는 것을 말한다. 가령, 누구나 여행을 할 때는 버스를 타고 갈까, 기차를 타고 갈까, 자동차로 갈까, 걸어서 갈까 등의 고민을 하다가 당시 상황에 맞추어 보아 자신에게 가장 알맞은 것을 선택하여 행동으로 옮기게 되는데, 이때 고민하여 하나를 선택한 것을 심판(결정)한 것으로 본다는 것이고, 그 심판을 통해 선택한 것을 실천에 옮기는 것이 행동인 것이며, 행동한 결과로서 나타난 것이 일事이라는 것이다.

일에는 선善과 악惡이 있는데 유익한 결과를 낳으면 선이라 하고 유

13　심판(審判)은 법정 용어이지만, 우리가 다른 사람의 의중을 읽을 때 "어떻게 된 심판인지 모르겠다." 는 말을 사용하는 것으로 보아 생소한 말은 아니다.

익하지 않은 결과를 낳으면 악이라고 한다.

일반적으로 사람들은 여러 생각 중에서 바람직하다고 생각하는 것을 선택하여 행동에 옮기게 되는데, 바람직하다고 생각하는 것을 선택할 때는 평상시 생각했던 관념觀念이나 신념信念이나 사상思想 등의 영향을 받게 된다.

이때 관념·신념·사상 등은 평소 학습이나 경험, 존경하는 인물 등을 통해서 정립하게 되는데 그것을 가치관이라고 한다.

사람은 마음에서 생각이 나오고 육신에서 행동이 나오는데 가치관은 바람직한 생각의 기준이 되는 관념이므로 역시 마음에서 나오는 것이다. 사람에게 마음이 없다면 가치관이 존재할 수 없고, 마음이 있더라도 가치관이 올바르지 못하면 올바른 생각과 행동을 할 수 없다.

그러므로 사람이 생각을 바꾸고 행동을 바꾸기 위해서는 마음에 올바른 것이 무엇이고 올바르지 못한 것이 무엇인지 판단할 수 있는 가치관을 확실하게 각인시켜주지 않으면 아니 된다.

세상에는 도둑질해서 먹고사는 사람도 있고, 종교장사해서 먹고사는 사람도 있고, 돈놀이해서 먹고사는 사람도 있고, 옷을 만들어 팔아서 먹고사는 사람도 있다. 여기에 가치를 부여하지 않으면 어떻게 먹고 살더라도 아무런 문제가 되지 않으나 어떤 기준이 되는 가치를 부여하면 바람직한 것과 도태의 대상이 되는 것을 구분할 수 있다.

조선시대는 유교를 숭상하고 농·공·상을 천대하였기 때문에 생업에 종사하는 많은 백성들이 반상의 고통 속에서 살지 않으면 아니 되었다. 유교라는 색채와 형태를 가지고 세상을 재단하였기 때문이다.

색채와 형태가 있는 가치가 있다면 색채와 형태가 없는 가치도 있다. 천성을 닮은 것은 색채와 형태가 없으나 지성을 닮은 것은 색채와 형태가 있다. 천성이 목적이면 세상을 연결하는 가치가 되고 지성이 목적이면 세상을 분열시키는 가치가 된다.

과거 성인聖人들은 상황이 변하고 시대가 변해도 영원히 변하지 않는 가치를 알고 그것을 바탕에 두고 실천하였기 때문에 그분들의 언행은 항상 진리와 일치하였다. 색채와 형태가 없는 가치를 바탕에 두고 색채와 형태가 있는 가치를 시대 상황에 맞게 적절하게 사용한 분들이다.

그러나 일반 사람들은 절대가 되는 가치를 모르고 먹고사는 것에 급급하여 상대에 불과한 색채와 형태가 있는 것에 가치를 두고 있기 때문에 삿된 것이 인생을 위해서 쓰이는 것이 아니라 삿된 것을 위해서 인생이 쓰이는 삶을 살고 있다.

사람에게 마음이 없다면 맑고 깨끗하고 더럽고 추하고 가치가 있고 없고 등을 구별할 필요가 없고, 인간이 추구하는 사상 종교 철학 학문 등이 있을 수 없다. 모든 것을 있는 그대로 받아들이기 때문에 동식물처럼 무의식적으로 본능적으로 살아갈 뿐이다.

그러나 사람에게 마음이 있기 때문에, 그 마음이 높고 깊고 넓고 빠름이나, 맑고 탁함, 밝고 어두움, 열리고 닫힘 등의 상태에 따라 생각이 다르고, 또 그 생각대로 행동을 하기 때문에 가치관이나 세계관 등을 생각할 때는 마음을 떠나 생각하지 않을 수 없다. 마음에 천성과 지성의 이치를 심어주고 천성을 따르도록 하면 성인과 같은 사람다운 사람의 언행을 보일 수 있고, 그것을 가르쳐주지 못하면 계속해서 지성만 따르게 됨으로 색채와 형태가 있는 정도만큼 다양한 언행을 보일 수밖에 없다.

마음을 천성에 둔 사람과 지성에 둔 사람의 언행이 확연히 다를 수밖에 없는데, 천성의 마음을 둔 사람은 하늘이라는 전체 세계를 모두 유익하게 하고 지성의 마음을 둔 사람은 색채와 형태를 지은 만큼의 세계를 유익하게 한다.

가치관은 개인의 사고에 관한 것이고 세계관은 집단의 사고에 관한 것이다. 사람과 집단(나라)이 살아가는 방식이 크게 다르기 때문에 가치관과 세계관도 서로 다른 별개의 것이라고 생각하는 사람이 많다.

그러나 진리眞理의 관점에서 보면 개인의 사고가 집단의 사고이고 집단의 사고가 개인의 사고이다. 진眞이 절대이고 생명의 근원이고 참 생명을 뜻하는 것이라고 가정할 때, 개인이나 집단이나 국가가 모두 진을 목적으로 살아간다면 가치관이나 세계관이 일치하고, 돈·권력·명예 능 삿된 것을 복적으로 살아간다면 추구하는 바가 각기 다르기 때문에 가치관과 세계관이 다를 수밖에 없다.

이 책에서 제시하는 진본주의는 개인이나 집단이나 국가가 모두 진을 목적으로 살아가는 것을 뜻하므로 개인·집단·국가의 가치관이나 세계관이 모두 같은 의미로 사용된다.

| 가치관에 대한 다양한 시각

사람이 어떤 상황에서 무엇을 선택한다는 것은 나름대로 옳다고 생각하는 것을 선택하는 것이지만 그렇다고 절대적으로 옳은 것을 선택하는 것은 아니다. 생각이 미치는 범위에서 더 가치가 있다고 생각하거나 옳다고 생각하거나 바르다고 생각하는 것을 선택하게 되는데,

결정적인 것은 선택하는 사람의 마음이나 관심이 어디에 있는가에 따라 선택의 기준이 달라진다.

올포트Allport,G.W.와 버논Vernon,P.E.은 가치관을 6가지 기본적 가치 체계로 분류하였다(G.W. Allport and P.E. Vernon, 1931, A Study of Values, Houghton Miffin Boston, MA). 독일의 스프랑게르E. Sprangler의 가치관 분류를 기초로 45개 질문항목으로 구성된 '가치관 연구 척도'라 불리는 표준 설문지를 통해 가치관과 행동경향을 측정하였다.

그러나 이 분류는 올바른 가치관이 무엇이고, 왜 그렇게 분류하지 않으면 아니 되며, 어떤 사고를 가지고 살아가야 하는가 등에 대한 명확한 입장이나 기준을 제시하지 못하고 단순히 설문조사를 통해 나타난 사람의 사고나 행태를 6개의 카테고리로 분류하는데 그쳐, 바람직한 가치의 방향을 제시하는 데는 실패하였다.

로키츠M. Rokeach는 18가지의 궁극적 가치terminal value와 18가지의 수단적 가치instrumental value로 구분하고 궁극적 가치의 리스트 중에서 조직내 행동 및 태도와의 관련성이 가장 빈번하게 검증된 것은 행복하고 평안한 삶·성취감·세계평화·심적조화·평등·구원·자아존경·지혜 등으로 설명한다(M. Rokeach, 1973, The Nature of Human Values, New York: The Free Dress, p3-25). 로키츠의 분류방식은 일면 타당성이 있다.

그러나 가치를 분류할 때는 생명이 세상에 태어난 목적이나 이유가 바탕이 되어야 하는데 그것을 밝히지 못한 한계 때문에 궁극적 가치와 수단적 가치가 혼란을 일으키는 오류를 범하고 있다. 「로키츠」의 궁극적 가치를 천성天性의 가치에 대비하고 수단적 가치를 지성地性의 가치에 대비할 경우 로키츠의 긍극적 가치 중 안락한 생활이나 화끈한 생활·쾌락 등은 수단적 가치로 보는 것이 타당하고, 수단적 가치로 분류된 아량·명랑·용기·관용·정직 등은 오히려 긍극적 가치로 보는 것이 타당하다.

호프스테드Greert Hofstede는 개인·집단·조직·국가·문화권·문명권마다 핵심 가치key values가 있고 핵심가치의 차이가 조직행동의 차이를 형성하게 된다고 하면서, 상이한 가치들이 만나 적합한 방향으로 수렴이 될 수 있고 반대로 충돌을 일으켜 갈등을 유발할 수 있다(Greert Hofstede, 1980, Culture's Consequences: International Differences in Work−Related Values, Beverly Hills, CA:Sage Publication)고 한다.

그러나 이 분류 역시 사람들이 가지는 사고나 행동의 속성을 분류한 것에 그쳤다고 아니할 수 없다. 개인·집단·조직·국가 등 공동체가 잘못된 가치관이나 세계관을 가지고 있기 때문에 세상이 혼란하고 혼탁하고 병들어 있는 것인데, 올바른 가치와 그릇된 가치를 모르기 때문에 충돌을 방지할 수 있는 대안을 제시하지 못하였다.

반면, 에리히 프롬Erich Fromn은 존재양식과 소유양식의 관점에서 인간이 소유보다 존재의 가치를 소중히 해야 하는 이유와 대안까지 제시하고 있어 대단히 합리적이다.

「프롬」의 존재양식은 천성에 비유할 수 있고 소유양식은 지성에 비유할 수 있는데, 「프롬」은 정확한 문제인식과 합리적인 대안을 제시하였음에도 불구하고 존재양식과 소유양식이 뜻하는 본질이나 원형(실체)을 체득하지 못하고 불경이나 성경 또는 에크하르트·마르크스·슈

바이처 등의 말을 통하여 증명하는 모습을 취하였다.

소유와 존재가 무엇인가에 대해서는 밝혔지만 생명·본성·공동체·변화의 근원·신 등에 대한 실체를 규명하지 못하였기 때문에 "사회경제적 구조·성격구조·종교적 구조 등을 서로 떼어놓을 수 없다. 만일 종교체계가 널리 퍼진 사회적 성격과 일치하지 않는다면, 만일 그것이 사회적 생활관습과 갈등을 일으킨다면 이데올로기에 불과하다(에리히 프롬/최혁순 옮김, 1999. 4판. 소유냐 존재냐, 범우사. p187)."고 스스로 주장하였음에도 불구하고 공감하는 지식으로만 남아 있다.

대략 1995년 이전의 한국의 TV 드라마는 대부분 흥미 위주로 제작되어 방영되곤 하였다. 「노라의 인형」의 영향을 받은 때문인지, 여성작가가 드라마를 썼기 때문인지 알 수는 없지만, 가부장 제도를 공박하고 남녀평등을 위해 전통적인 사고방식을 뿌리째 흔들고, 불륜이나 재력이 많은 사람들의 사는 모습을 보여주는 내용이 대부분이었다.

그런 영향 등으로 한국에서 여성의 권리가 신장되고, 출산율은 떨어지고, 가정의 불화와 이혼이 증가하고, 가부장제도는 설자리를 잃었다. 그러나 동의보감 「허준」, 「불멸의 이순신」, 「대장금」, 「김탁구」등의 드라마는 흥미와 함께 올바른 가치관 정립에 중요한 단서를 제공하고 있다.

이 드라마들이 보여주는 공통점은 주인공과 경쟁관계에 있는 사람과의 관계 설정에 있어서 주인공은 오직 자기 일에 최선을 다하는 모습으로 그려지고, 경쟁자는 돈·권세·명예 등을 차지하기 위하여 주인공을 밀어내기 위해 갖은 수단을 동원하는 모습으로 묘사되고 있다는 것이다.

사실 돈·권세·명예 등은 사람이 살아가는데 필요하기는 하지만 자신의 일에 최선을 다했을 때 부수적으로 주어지는 것이기 때문에, 목적이 아니라 수단으로 분류되는 것이 올바를 터인데 선행 연구에서는 이것을 간과하고 있다.

문제는 '언제 어디에 적용해도 항상 옳고 쉽게 이해할 수 있는 가치가 존재하느냐?' 하는 것이다. '가치관의 종류나 열거하고 이리 저리 분류해놓으면 누구나 시간과 공간을 초월하여 항상 사람다운 사람으로 살아갈 수 있는가?' 하는 것이다.

필자는 절대생명과 상대생명을 명확하게 규명하지 못하고 생명의 본질이나 생명을 중심에 두지 않으면 어떤 것이 나와도 세상은 달라질 수 없다고 주장하는 것이다. 세상 모든 것이 생명을 떠나 존재할 수 없으므로 모든 것의 마루가 되고, 근본이 되고, 바탕이 되고, 근원이 되고, 절대가 되는 생명의 생명, 생명다운 생명, 참 생명, 절대 생명을 먼저 밝히는 것이 가치관을 정립하는 가장 중요한 실체라고 보는 것이다.

종宗은 정치·경제·과학·문화·예술 등 세상 모든 것의 마루(근본, 바탕, 근원, 머리)가 되는 것을 말하고, 종교宗敎는 그 마루를 가르치는 것을 뜻하는데, 이 말은 「프롬」의 "종교체계가 사회적 성격과 일치하지 않는다면, 그리고 그것이 사회적 생활관습과 갈등을 일으킨다면 이데올로기에 불과하다."는 말을 포용한다. 부연하여 설명을 하면 참 생명이 중심이고 목적이 될 때 가장 보편타당성이 있는 것이고, 가장 올바른 가치관이 된다는 것이다.

지혜가 큰 것도 힘이고, 덕이 큰 것도 힘이고, 체가 큰 것도 힘인데,

서로 비교하여 지덕체智德體[14]가 큰 것의 흐름을 대세大勢라고 한다.

짐승이든 사람이든 조직이든 자신보다 큰 힘을 가진 존재에 대해서는 조심하지 않을 수 없는데, 큰 힘을 가진 존재가 파괴적으로 작용할 때는 재산은 물론 목숨까지 잃을 수 있기 때문이다. 일반적으로 개인보다는 가정, 가정보다는 지역, 지역보다는 나라, 나라보다는 세계, 세계보다는 하늘의 지덕체가 크기 때문에, 보다 큰 생명이고 큰 공동체이고 큰 대세의 역할을 한다.

하늘은 지덕체가 절대이고 그 밖의 존재는 비교 대상에 따라 크고 작음이 다른 상대이기 때문에 어떤 대세도 하늘을 능가할 수 없다. 하늘은 모든 면에서 절대이기 때문에 세상이 천성을 닮은 모습으로 흐르면 힘이 약한 존재도 자유와 평화와 행복을 누릴 수 있고, 땅은 모든 면에서 상대이기 때문에 지성을 닮은 모습으로 흐르면 약육강식하는 세상이 될 수밖에 없다.

그래서 지성의 세계에서는 힘이 약한 존재일수록 고통과 고난의 세월을 살아갈 수밖에 없다. 일제강점기의 조선이나 지금의 북한 등은 대세가 지성을 닮은 모습으로 흐르는 것이기 때문에 그곳에서 사는 사람은 그만큼 힘든 세상을 살아갈 수밖에 없다.

가치를 분류하는 궁극적 목적은 더 근본이 되고 더 바탕이 되고 더 근원이 되는 것을 밝히는데 있다. 더 근본이 되고 더 바탕이 되고 더 근원이 되는 존재가 대세가 되는 생명이고, 부모와 같은 생명이고, 비롯된 생명이고, 중용中庸의 역할을 하는 생명이고, 더 가치 있는 생명

---

14 지덕체(智德體)에 대해서는 다른 제4장 교육부분에서 자세히 설명하기로 한다.

이기 때문이다.

더 근본이 되고 더 바탕이 되고 더 근원이 되는 것을 나무에서 찾으면 꽃이나 잎보다는 잔가지, 잔가지보다는 큰 가지, 큰 가지보다는 기둥, 기둥보다는 뿌리가 된다. 3층 석탑에서 찾으면 3층보다 2층, 2층보다 1층, 1층보다 기단이 된다. 법률에서 찾으면 지침보다는 규칙, 규칙보다는 시행령, 시행령보다는 법, 법보다는 헌법, 헌법보다는 자연법이 된다. 공동체에서 찾으면 나보다는 가정, 가정보다는 지역, 지역보다는 나라, 나라보다는 세계, 세계보다는 하늘이 된다.

이렇게 분류하면 으뜸 근본이 되는 생명은 참이고 영원불변하므로 절대의 주主가 되고, 으뜸을 제외한 그 밖의 생명은 공간적 시간적 상황에 따라 주종관계가 바뀌나 궁극적으로는 절대의 주主를 따르는 상대의 종從이 된다.

동물은 더러운 곳에 밥을 주어도 불만이 없는 것은 가치를 모르기 때문이나, 사람이 좋고 나쁨, 아름다움과 추함, 우와 열, 선과 악 등을 가리는 것은 가치를 구별할 줄 알기 때문이다. 사람이 가치를 구별하는 이유는 가치의 높고 낮음에 따라 귀천의 정도를 다르게 다루려는 데 있다.

물질세계의 존재는 비교대상에 따라 가치가 달라지기 때문에 상대적이다. 천한 것이라도 긴요하게 쓰일 때가 있는데 그때는 다이아몬드보다도 비싸게 팔릴 수 있다. 반면에 정신세계는 생명의 세계를 말하며 여기에 가치를 부여하는 것은 절대와 상대를 구별하기 위한 것이다. 생명에 절대생명과 상대생명, 참 생명과 거짓생명, 근본 생명과 줄기 생명, 으뜸 생명과 버금 생명 등으로 분류하고, 여기에 가치를 부여하면 시원始原하는 생명과 분화分化하여 뻗어나간 생명을 분별할 수 있다.

이렇게 생명을 분류하면 분화된 생명보다 시원한 생명이 으뜸일 수밖에 없으므로, 정신세계는 수직으로 가치를 세워 위계질서를 정하는 것이 옳고, 물질세계는 수평으로 가치를 세워 동등하게 위계질서를 정하는 것이 옳다.

사람은 하늘을 벗어나 살 수 없기 때문에 무엇을 구하던 천성에서 구할 때 하늘과 땅과 사람이 조화를 이룰 수 있다. 가령, 천성과 지성에 가치를 부여하면 천성은 목적을 상징하고 지성은 수단을 상징하므로 사람에게 있어 마음과 영은 목적으로 볼 수 있고 육체와 혼은 수단으로 볼 수 있다.

그런데 지금까지 인류는 천성(인생, 생명, 사명 등)을 위하여 지성을 수단으로 쓴 것이 아니라 지성(돈, 권력, 명예 등)을 위하여 천성을 수단으로 사용하였다.[15] 바른 것을 구별할 눈이 없어 가치가 전도된 삶을 살아왔다.

필자가 천성과 지성에 가치를 부여하는 것은 인류에게 하늘과 땅과 사람이 조화를 이루며 살아갈 수 있는 눈을 트여주는 작업이라 할 수 있고, 지성을 닮은 흐름을 천성을 닮은 흐름으로 바꿔주는 작업이라 할 수 있다. 개나 돼지 같은 동물은 마음이 없으나 사람은 마음이 있

---

15 어느 책에서 읽은 내용을 각색하였다. 뜨거운 햇볕을 받으며 세 사람의 벽돌공이 일하고 있었는데, 한 사람은 일하면서 수시 짜증을 부리거나 불평불만을 말하고, 한 사람은 아무 말 없이 벽돌만 쌓고, 또 한 사람은 뭣이 좋은지 항상 밝은 모습으로 일하였다. 이를 이상하게 생각한 사람이 그들의 행동이 너무 궁금하여 물었다. "지금 당신들은 무엇을 하고 있습니까?" 그랬더니 짜증을 내던 사람이 "보면 몰라요, 벽돌 쌓고 있습니다."라고 대답하였고, 말이 없는 사람은 "돈 벌고 있습니다."라 대답하였고, 밝은 모습을 보이는 사람은 "우리나라를 빛낼 위대한 박물관을 짓고 있습니다."라고 대답하였다. 이를 통해서 우리는 사람은 누구나 똑같은 신체를 가졌으나, 어떤 마음(생각)을 갖는가에 따라 전혀 다른 인생을 산다는 것을 알 수 있다.

어 가치를 구별하는 것이므로, 앞서 분류한 10가지의 천성과 지성에 마음을 더하여 천성과 지성이 상징하는 가치를 만들어보자는 것이다.

| 천성의 가치와 지성의 가치

사람은 마음이 있기 때문에 가치를 구별하는 것이므로 앞에서 살펴보았던 하늘의 성품 즉 천성과 땅의 성품 즉 지성에 사람의 마음을 보태어 가치를 만들면 어떤 가치가 만들어지는지 살펴보기로 한다. 앞에서 10가지 성품을 구별하였으므로 여기에 마음을 더하여 상징하는 가치를 만들면 역시 10가지 종류의 가치를 만들 수 있다. 물론 이 가치도 예시에 불과하다. 그렇기 때문에 구체적 연구를 통해서 더 많은 가치를 만들 수 있다.

〈제1성품의 가치〉

구 분	천성(天性)	지성(地性)
제1성품	열려있음(開)	닫혀있음(閉)
가치관	개방·해방·자유·지혜·혜안·변화·긍정·능동 등	폐쇄·억압·탄압·지식·압박·통제·무지·멈춤·부정·수동 등
뜻	열려있음은 그동안 알지 못했던 미지나 무지의 세계 또는 특권층이나 지혜 있는 사람만 아는 세계를 일반 사람까지 다 알게 되는 세계를 뜻한다. 그러므로 개방·해방·자유·지혜·혜안·변화 등을 상징한다.	닫혀있음은 닫혀있기 때문에 알지 못하고 소통이나 연결이 되지 않는 갇힌 세계를 뜻한다. 그러므로 폐쇄·통제·지식·멈춤 등을 상징한다. 그러나 닫힌 세계에서 열린 세계로 가려면 연구·개발·노력·탐구·전진 등이 필요하다.

열려있음은 개방 · 해방 · 자유 · 지혜 · 변화 등을 상징하고, 닫혀있음은 폐쇄 · 억압 · 탄압 · 지식 · 멈춤 등을 상징한다.

하늘은 열려있다. 열려있으므로 여기에 마음을 더하여 상징하는 가치를 만들면 개방 · 해방 · 자유 · 지혜 · 혜안 · 변화 · 긍정 · 능동 등의 세계를 뜻한다. 반면에 땅은 닫혀있다. 닫혀있음으로 여기에 마음을 더하여 상징하는 가치를 만들면 폐쇄 · 억압 · 탄압 · 지식 · 무지 · 멈춤 · 압박 · 통제 · 부정 · 수동 등의 세계를 뜻한다.[16]

또한 닫힌 땅은 각고의 노력을 통해 조금씩 파낼 수 있는 것과 같이 닫힌 세계는 각고의 노력을 통해 조금씩 열어갈 수 있다. 그러므로 닫혀있는 세계를 열어가는 것을 상징하는 가치를 만들면 연구 · 개발 · 개척 · 개혁 · 공부 · 탐구 · 전진 · 진보 · 혁신 · 혁명 · 용기 · 열정 · 자립 · 독립 등의 세계를 뜻한다.

사람은 짐승과 달리 마음이 있어 가치를 구별하는 것이므로 마음을 열면 천성을 상징하는 가치가 되고 마음을 닫으면 지성을 상징하는 가치가 된다. 조금이라도 닫힌 마음을 천성을 닮도록 열어가는 과정이 수행하는 것이고, 공부하는 것이고, 호연지기를 기르는 것이고, 사람다운 사람이 되기 위해 행하지 않으면 아니 되는 첫 번째 공부이다.[17]

개방 · 해방 · 자유 · 지혜 · 혜안 · 변화 · 긍정 · 능동 등은 세상이 진리

---

16 과거 철학자들은 대부분 사유의 본질을 자유와 통제에서 찾고 있다. 플라톤은 시간과 공간에 따라 달라지지 않는 변함없는 보편적 진리를 "이데아"라고 하고 그것을 찾고자 하였고, 니체는 "신은 죽었다.", "귀족과 노예", "중력의 영" 등의 언어를 통해서 통제 속박 굴레 등의 삶에서 벗어나고자 하였으며, 사르트로도 "인간은 본성을 구성하는 신이 없기 때문에 스스로 인생을 만들어가야 한다."며 실존을 강조하였다. 그들은 천성과 지성을 몰랐기 때문에 천성의 가치와 지성의 가치의 하나인 자유와 통제 사이를 방황하였다고 아니할 수 없다.

17 중용의 첫 구절에서 天命之謂性(천명지위성), 率性之謂道(솔성지위도), 修道之謂敎(수도지위교)라고 했는데, 수도지위교는 도(진리)를 체득하게 하는 것이 敎(교)라고 하였다.

의 세계로 나아감을 뜻한다. 그동안 알지 못했던 미지나 무지의 세계 또는 특권층이나 지혜 있는 사람만 아는 내용을 일반 사람까지 다 알게 되는 것을 뜻한다. 그렇게 되면 세상은 그만큼 열린 것이고, 열린 만큼 보편타당성이 있는 것이고, 그만큼 진리화가 촉진된 것이다.

인류의 역사를 고찰해보면 끊임없이 열리고 개방되어왔다. 그 열림이나 개방은 어느 특정 부분에 한정된 것이 아니라 종교·사상·정치·경제·과학·문화·예술 등 모든 영역에서 이루어졌는데, 다만 공간적 시간적 상황에 따라 열리는 속도가 부분적으로 다르게 나타났을 뿐이다.

열리고 개방되어 가되 천천히 가는 것을 보수라고 하고, 빨리 가는 것을 진보라고 하고, 일시에 한꺼번에 가는 것을 혁신 또는 혁명이라고 한다. 열어가는 방향이 옳다면 혁신 또는 혁명적으로 열어가는 것이 옳은데 방향성이나 그것을 수용할 수 있는 포용성의 한계 때문에 그렇게 되지 않을 뿐이다.

또한 지금까지 인류는 먹고사는 것에 급급하여 물질세계만 발전시켜왔으나 천성과 지성을 이해하면 앞으로 마음세계도 비약적인 발전이 이루어질 수 있다.

닫히고 폐쇄된 곳은 열리고 개방된 곳에 비하여 뒤쳐질 수밖에 없다. 모든 것이 진보하고 진화해 가는데 홀로 현상을 유지하면 경쟁에서 뒤떨어지는 것이므로 종국에는 파멸할 수밖에 없다.

또한 모든 것이 발전하고 전진하고 변화해 가는데 계속해서 닫힌 세계를 유지하는 것은 흐르는 물에 제방을 쌓는 것과 같아서 언젠가 무너질 수밖에 없다. 그렇게 되면 그동안 흐르지 못했던 물이 시공을 초월하기 위하여 급류가 되어 일시에 휘몰아치게 되는 시기가 오는

데, 그때는 그동안 제방 역할을 하였던 위정자들이 치명상[18]을 입지 않을 수 없다.

그러므로 자신이 어떤 위치에서 무엇을 행하던 천성에 맞게 전진·진화·변화·발전시켜 나가지 않으면 뒤처질 수밖에 없다. 가령, 운영하는 식당이 아무리 잘되더라도 끊임없이 장단점을 분석하여 탁하고 어둡고 닫히고 막힌 부분을 개선해나가지 않으면 새로운 식당이나 변화하고 진화하는 식당에 손님을 빼앗겨 종국에는 문을 닫을 수밖에 없다.

2~3만 년 전의 백두산을 상상해보자. 그때 사람들은 그 산에 어떤 위험이 도사리고 있을지 모르기 때문에 함부로 들어가지 않으려 했을 것이다. 그러나 누군가는 위험을 무릅쓰고 그곳을 다녀왔기 때문에 점차 사람들이 그 산을 가보지 않고도 알 수 있게 되었다.

처음 그 산을 오르는 사람은 개발·개척·연구·노력·창의·전진·진보·도전·긍정·적극·용기·열정·자립·독립 등의 성품을 가졌다고 할 수 있고, 그렇게 산을 다녀온 사람으로부터 산의 이모저모를 알고 가는 사람은 선구자가 닦아놓은 길을 가는 것이므로 수동·피동·관리·고수·부정·회피·안주·의지·의탁 등의 성품을 가졌다고 할 수 있다.

나이가 젊을수록 세상을 열어가는 도전의식이 강하고 나이가 들수록 안주하려는 경향이 많은데, 사람이 무엇을 하고 살아가던 머무르

<hr>

18 1789년 프랑스 대혁명이나 우리나라의 동학혁명, 1987년의 6.29선언, 최근 중동 아프리카 지역에서 일고 있는 제스민 혁명 등은 참고 있던 민중이 자유와 평등의 권리를 얻기 위하여 그동안 위정자가 막아두었던 제방을 일시에 무너뜨린 변화라고 할 수 있다.

고 안주하면 탁하고 어두워지고 썩어 멸할 수밖에 없으므로 나이가 들어 도전의식이 떨어진다면 젊은 사람으로 하여금 끊임없이 열어갈 수 있도록 지원해줄 때 공동체가 생명력을 가질 수 있다.

지혜는 천성을 닮은 것이고 지식은 지성을 닮은 것이다. 6.25에 발생한 전쟁이 6.29에 발생하였다면 나흘밖에 차이가 나지 않지만 분명히 다른 전쟁이다. 그 차이로 죽을 사람이 죽지 않고 파괴될 건물이 파괴되지 않고 사람들의 마음도 달라질 수 있다. 만약, 현대 전쟁에 대비하는 사람이 6.25와 같은 전쟁을 가상하고 준비를 한다면 백전백패할 수밖에 없다. 하루가 다르게 세상이 변화하는데 과거에 머물러 있으면 현대 기술을 대적할 수 없기 때문이다.

이순신 장군이 모든 해전에서 승리하였지만 장군이 구사한 전술이 한가지 밖에 없었다면 절대로 23전 23승이라는 전과를 기록할 수 없다. 전쟁마다 혼자만 아는 독특한 전술을 가지고 임했기 때문에 전승할 수 있었다.

"1 + 2 = 3"이라는 공식은 지식이다. 지식은 Off Line이라고 할 수 있고 지혜는 On Line이라고 할 수 있다. 세상은 끊임없이 변화하는데 고정관념에 갇혀 움직이지 않으면 잠시도 쉬지 않고 변화하는 세상[19]에 대처할 수 없다. 지식은 수단에 불과하므로 잠시도 쉬지 않고 변하는 세상에 능동적으로 대처하기 위해서는 응용하거나 덧붙이는 지혜가 필요하다.

지식은 고착되어 있으나 지혜는 고착되어 있지 않다. 고착된 세계

---

19 끊임없이 변화하는 세상을 불가에서는 한 순간도 똑같은 것이 없다는 뜻에서 무상(無常)이라고 한다.

는 누구나 아는 세계이고 고착되지 않은 세계는 소수만이 아는 세계이다. 새로운 세계를 가려면 고착된 세계를 끊임없이 열어가지 않으면 아니 되는데, 그 과정에서 기존의 것을 고수하는 사람과 변화시키려는 사람 사이에 마찰이나 갈등이 있을 수밖에 없다. 그러한 마찰이나 갈등이 있을 때 잠시 목소리가 큰 고수파가 이길 수는 있어도 다른 분야가 계속 열려가기 때문에 영원히 이길 수는 없다.

지금은 무한경쟁 시대라고 말하듯이 경쟁에서 살아남기 위한 방편으로 변화를 찾고 있지만 20세기 중반까지만 해도 변화를 이야기하면 들어주는 사람이 없었다. 특히, 15~17세기 서양의 마녀 사냥은 변화를 싫어하는 극단적인 종교의식의 표본이었다.

문제는 변화를 하되 어떻게 변화해야 하는가이다. 잘못되면 또 다시 변화해야 하는 수고로움이 크기 때문이다. 변화는 지성에서 천성으로 가는 것을 의미한다. 변화하되 천성을 모르고 변화하면 비용과 노력과 시간과 고통을 낭비할 뿐이고, 천성을 알고 변화하면 비용과 노력과 시간과 고통을 최소화할 수 있다.

〈제2성품의 가치〉
색채와 형태가 없는 것은 자연·필연·근본·마음·목적·사명 등을 상징하고, 색채와 형태가 있는 것은 인공·필요·재물·육체·수단·책임 등을 상징한다.

하늘은 색채와 형태가 없고 땅은 색채와 형태가 있다. 색채와 형태가 없는 것과 색채와 형태가 있는 것이 상징하는 가치는 3가지로 나누어 생각해볼 수 있다.

구 분	하늘의 성품(天性)	땅의 성품(地性)
제2성품	색채와 형태가 없음(無形無色)	색채와 형태가 있음(有形有色)
가치관	1. 자연·진실·사실·필연 등 2. 근본·근원·바탕·기초 등 3. 목적·사명·마음·생각 등	1. 인공·거짓·가식·꾸밈·필요 등 2. 재물·권세·명예·애정 등 3. 수단·책임·육체·행동 등
뜻	색채와 형태가 없는 것이 있어 색채와 형태가 있는 것이므로 색채와 형태가 없는 것이 상징하는 가치관은 '있는 그대로'를 뜻하는 본 모습·자연·필연·진실·사실 등이다.	색채와 형태가 있는 것은 색채와 형태가 없는 것이 있어 색채와 형태가 있는 것이므로 색채와 형태가 있는 것이 상징하는 가치관은 인공·필요·거짓·가식·꾸밈 등이다.

첫째, 색채와 형태가 있는 것은 색채와 형태가 없는 것이 있어 드러남으로 색채와 형태가 없는 것이 상징하는 가치는 "있는 그대로" 또는 "있는 그대로"가 뜻하는 자연·진실·사실·진면목·필연 등을 들 수 있고, 색채와 형태가 있는 것이 상징하는 가치는 색채와 형태가 없는 것의 반대가 되는 가치를 뜻하므로 인공·거짓·가식·꾸밈·필요 등을 들 수 있다.

둘째, 색채와 형태가 없는 하늘과 색채와 형태가 있는 땅은 독립적인 것 같지만 결합하여 우주라는 몸을 이루고 있다. 색채와 형태가 없는 바탕·뿌리·근원·기반·기초 위에 색채와 형태가 있는 해·별·달·땅 등이 존재하므로 색채와 형태가 없는 것이 상징하는 가치는 근본·바탕·근원·기반·기초 등이 되고, 색채와 형태가 있는 것이 상징하는 가치는 사람이 살아가는데 필요한 재물·권세·명예·애정 등이 된다.

셋째, 색채와 형태가 없는 것을 위해서 색채와 형태가 있는 것이 존재하므로 색채와 형태가 없는 것이 상징하는 가치는 목적·사명(인생)·마음·생각 등을 들 수 있고, 색채와 형태가 있는 것이 상징하는 가치는 그 반대가 되는 수단·책임·육체·행동 등을 들 수 있다.

천성에 가치를 부여하면 절대적 가치가 되고 지성에 가치를 부여하면 상대적 가치가 된다. 천성의 가치가 목적이면 절대적 목적이 되고 지성의 가치가 수단이면 상대적 목적 또는 상대적 수단이 된다.

자본주의나 공산주의는 토지(지대)를 어떻게 치환하느냐 하는 문제인데 그것을 절대 목적으로 사용하고 그것을 진리처럼 중요시하기 때문에 수많은 생명을 희생시키는 과오를 범하였다. 사람을 위해서 나온 제도인데 제도를 위해서 사람이 쓰인 것이다.

또한 자본주의는 사유재산제를 목적으로 하고 민주주의는 국민을 목적으로 하는데, 자본주의와 민주주의를 함께 사용하면 이상적인 것처럼 보이지만 목적이 상반되기 때문에 충돌을 일으킬 수밖에 없다. 자본주의는 재력 있는 사람이 사람대접을 받기 때문에 필연적으로 사람마다 재물을 쌓기 위하여 수단과 방법을 가리지 않을 수 없고, 민주주의는 국민이 주인이기 때문에 지도자나 공무원은 머슴에 불과하여 국외자Out Side일 수밖에 없다. 국가는 국민을 올바르고 잘되고 행복하게 양육하기 위하여 존재하는데 지도자나 공무원이 중심에 없으면 국민을 리드하지 못하고 국민이 시키는 대로 따라가지 않으면 아니 되는 것이므로 이율배반적인 구조가 된다.

선거철만 되면 출마자들은 좋은 세상을 만들겠다며 수많은 공약들을 발표한다. 공약들은 대부분 물질적인 것에 초점이 맞추어져 있는데 자신들의 재산을 사용하여 그렇게 하겠다는 것도 아니고 국민이 낸 세금을 자신의 생각대로 쓰겠다는 것이다.

색채와 형태가 있는 것은 수단에 해당하므로 이를 사용하기 위하여 목적을 정할 때 최우선적으로 생각해야 할 것은 필연성이다. 꼭 그것을 하지 않으면 아니 되는 사업인가 하는 것이고, 그리고 지금하지 않으면 아니 되는 것인가 하는 것이다.

가령, 인프라에 해당하는 교육·의료·고용·도로·항만·전기 등은 바탕이 되는 사업이므로 선택의 여지가 없어서 필연성이 있다. 그러나 선거철만 되면 발표되는 대부분의 공약들은 필요성은 있지만 선택의 여지가 없는 필연성 있는 것들이 많지 않다.

필연성이 있는 것은 지금 하지 않으면 아니 되지만 필요성이 있는 사업은 필연성이 있는 사업을 최우선적으로 하고 재원이 남으면 또 우선 순위를 정하여 추진하면 된다. 그런데 이런 것을 생각하지 않고 보수든 진보든 경쟁적으로 돈 쓰는 일만 약속하므로 해가 갈수록 국민이 부담해야 할 세금과 채무는 눈덩이처럼 커지고, 그 책임은 모두 후손에게 전가된다.

사람이 만든 물건 가운데 필요가 없는데 만들어놓은 것은 하나도 없다. 마찬가지로 하늘이 사람을 이 세상에 내보낼 때 필요가 없는데 태어나게 한 사람은 하나도 없다. 특히, 세상에서 사람만이 영靈을 가졌다는 것은 어떤 존재보다도 귀중하고 큰 뜻이 있어 태어나게 한 존재라는 사실을 알 수 있다.

그러므로 사람은 항상 "자신이 누구인지", "자신이 왜 이 세상에 태어났는지", "자신이 무엇을 위해서 이 세상을 살아가는지" 등등을 생각하지 않으면 아니 된다. 그렇지 않으면 돈·권력·명예·욕정 등을 목적으로 태어난 도적이나 정신병자처럼 세상을 사는 것이나 다름이 없기 때문이다.

자신의 태어난 사명을 잊은 사람은 평생 거짓·가식·꾸밈의 인생을 살 수 밖에 없다. 거짓·가식·꾸밈을 천성을 실현하는 수단으로 사용하면 죄가 되지 않는데 지성을 취할 목적으로 사용하기 때문에 하늘의 것을 훔친 죄를 짓는 것이다.

색채와 형태가 있는 것은 어느 것도 참 모습이 아니다. 여성들이 시집을 갈 때 미용실에 다녀오면 한결같이 예쁘게 보이는데, 예쁘게 보이는 그 모습이 참 모습이 아니라 가꾸고 꾸미고 가식한 모습이다. 색채와 형태가 있는 것은 색채와 형태에 따라 다르게 보이고, 꾸미고 가식한 정도에 따라 다르게 보이고, 공간적 시간적 상황에 따라 다르게 보인다.

색채와 형태가 있는 것이 드러나는 것도 색채와 형태가 없는 것이 있기 때문이다. 색채와 형태가 없는 하늘이 있으므로 색채와 형태가 있는 지성을 닮은 것이 본 모습을 드러낸다. 그래서 색채와 형태가 없는 것을 화지에 비유하면 그 위에 점点 하나 찍거나 선線 하나 그으면 색채와 형태가 있는 것이 된다. 법률을 만들 때 점 하나 찍는 것과 안 찍는 것, 띄어 쓰는 것과 띄어 쓰지 않는 것에 따라 문장의 해석이 달라지는 것과 같이, 색채와 형태가 없는 하늘이 있기 때문에 색채와 형태가 있는 땅을 닮은 것이 빠짐없이 드러난다.

〈제3성품의 가치〉

한계가 없는 것은 절대絕對를 상징하고, 한계가 있는 것은 상대相對를 상징한다.

구 분	하늘의 성품(天性)	땅의 성품(地性)
제3성품	한계가 없음(無限)	한계가 있음(有限)
가치관	절대(絕對), 으뜸	상대(相對), 버금
뜻	하늘은 절대이므로 큰 지혜·큰 덕·큰 힘·큰 재력·큰 권세·큰 명예 등을 상징하고, 사람의 그 지혜나 덕·힘·재력·권세·명예 등은 모두 하늘로부터 받은 것이다.	땅은 상대이므로 작은 지혜·작은 덕·작은 힘·작은 재력·작은 권세·작은 명예 등을 상징하고, 사람은 그것을 하늘로부터 받았기 때문에 겸양·겸손·미덕·검소·절약·과묵 등을 실천하지 않으면 아니 된다.

하늘은 열려있고 색채와 형태가 없어 한계가 없다. 열림·높이·넓이·깊이·속도·맑음·밝음·영원성·불변성 등 모든 면에서 한계가 없기 때문에 상징하는 가치는 절대絕對이다.

우주가 쉼 없이 움직이고 있으므로 삼라만상이 살아있는데, 그 에너지가 하늘만큼 큰 것이 없으므로 절대이고, 그 에너지가 영원히 고갈되지 않기 때문에 절대이고, 지혜·덕·힘·재력·권세·명예 등이 하늘보다 큰 것이 없으므로 절대이고, 아무 대가를 바라지 않고 만물만상을 성장·발육·발전시키고 있으므로 사랑·자비·인의 등이 절대이다.

과거 성인들은 하늘의 이러한 성품을 보고 사랑·자비·인의 등을 깨달아 사람들을 가르쳤으며, 지금 세상 사람들이 베푸는 사랑·자비·인의 등은 하늘로부터 받은 것의 일부를 나눠주는 것에 불과하므로 사실 미미한 것이다. 그럼에도 불구하고 이것을 실천하면 하늘 전체가 건강하고 생명력이 있고 행복하고 평화를 이룰 수 있다.[20]

---

20 옛 성인들은 온 세상이 건강하고 행복하고 평화롭고 조화를 이루면 하늘은 먹지 않고도 영원히 사는 감로수(甘露水)수를 내린다고 하였다.

하늘이 크다는 것은 큰 지혜·큰 덕·큰 힘·큰 재력·큰 권세·큰 명예 등을 대표하거나 상징하고, 땅이 작다는 것은 작은 지혜·작은 덕·작은 힘·작은 재력·작은 권세·작은 명예 등을 대표하거나 상징한다. 하늘은 모든 면에서 절대이기 때문에 가진 것을 땅에 베풀기만 하고, 땅은 하늘에 비해서는 작지만 하늘로부터 받은 것을 땅에 바탕을 둔 존재들에게 다시 베풀기만 한다.

하늘이 땅에 베푸는 것이나 땅이 사람에게 베푸는 것은 대가를 바라고 하는 것이 아니므로 성인들은 이러한 베풂의 크기를 깨닫고 부모가 자식을 양육하거나 나라가 국민을 양육하되 조건이나 대가를 바라지 말라고 하였다. 그러나 세상은 하늘이나 땅이 베풀어 주는 의미를 모르고 자신만 살겠다고 베푸는 데 인색하다. 베푸는 데 조건을 달거나 대가를 요구하고, 정당하게 일한 대가마저 주지 않고, 편 가르거나 감시하거나 거짓으로 왜곡하고, 그것도 모자라 생명까지 살상해가며 빼앗는다.

하늘이 절대라는 것은 절대생명이라는 뜻이다. 인류가 찾던 절대자이다. 그래서 하늘은 모든 것을 베풀기만 하고 땅은 하늘의 뜻에 따라 뭇 생명을 기르기만 한다. 그런데 사람들은 하늘이나 땅을 생명으로 생각하지 않고 원망하고 훼손하고 폄훼하고 오염시키고 경계를 만들어 영역을 구축하고 내 것과 네 것을 가려 차별화한다.

하늘이나 땅은 편 가름하지 않으므로 공명정대한데 사람은 편을 갈라 다투고 빼앗고 비방하고 혹세무민하고 권모술수를 부린다. 자신을 모르면 자신도 자기 것이 아니므로 자신의 것은 아무 것도 없는데, 하늘과 땅을 자신이 창조라도 한 것인 양 남보다 더 많이 가지기 위하여 주위 사람들에게 고통과 슬픔과 죽음을 안겨준다.

하늘과 땅은 잠시잠깐의 쉼도 없이 만물을 양육하기 위하여 끊임없이 지혜·덕·힘·재물·권세 등을 무상으로 베풀고 있는데, 사람은 하늘과 땅의 것을 독차지 하는 방법으로 영역(법. 경계 등)을 만들고, 그것을 지키는 방법으로 짐승처럼 악을 쓰거나 죽고살기로 다투고, 그렇게 하여 얻은 것을 사치·낭비·음주·가무 등으로 헛되이 탕진한다.

하늘 앞에서는 모든 것이 미미하기 짝이 없는 존재이기 때문에 항상 배우는 자세로 임하지 않으면 아니 된다. 특히, 사람은 하늘과 땅이 있어 존재하고, 하늘과 땅으로부터 받은 것으로 먹고 살고, 하늘로부터 영을 받은 존재이므로 하늘과 땅이 창조한 생명을 아끼고 가꾸고 보살피고 보호하지 않으면 아니 된다. 어떤 생명도 필요하기 때문에 창조된 것이고, 그 생명이 있어 나도 존재하는 것이므로, 모든 존재가 자기 사명을 다하도록 하는 것이 사람의 사명이고 역할이다.

내세우고 자랑하고 뽐내고 과시하는 것은 하늘과 땅을 모르는 어리석은 짓이므로 겸양·겸손·미덕·검소·절약 등을 몸에 익히지 않으면 아니 된다. 사실 이렇게 생명을 주고 길러주는 존재를 모르고 날마다 죄만 짓는 인간들을 보면 일시에 끝장내버릴 법도 한데, 하늘은 만물을 낳아준 부모이기 때문에 자식들이 하루 빨리 헛된 꿈에서 깨어나 하늘 사람으로 돌아올 날을 학수고대하고 있음을 깨달아야 한다.

〈제4성품의 가치〉

맑음과 밝음은 순수·희망·승리·성공·건강 등을 상징하고, 탁함과 어두움은 혼탁·혼란·암울·패배·실패·병약 등을 상징한다.

구 분	하늘의 성품(天性)	땅의 성품(地性)
제4성품	맑음(淸), 밝음(明)	탁함(濁), 어두움(暗)
가치관	순수·희망·승리·성공·건강·따뜻함·긍정·능동 등을 상징	혼탁·암울·패배·실패·병약·차가움·부정·수동 등을 상징
뜻	맑고 밝으면 건강 경쾌 행복 따뜻함이 활성화되어 모든 기능이 정상적으로 작동이 됨으로, 맑음과 밝음은 있는 그대로 드러냄·순수·희망·승리·성공·건강·따뜻함·긍정·열정·근면·성실·능동 등을 상징한다.	탁하고 어두운 상태가 계속되면 앞이 보이지 않고 두렵기 때문에 우울·고독·폭음·방탕·자살 등을 유발하게 됨으로, 탁함과 어두움은 혼탁·혼란·암울·우울·패배·실패·병약·차가움·부정·냉정·불성실·수동 등을 상징한다.

하늘은 맑고 밝다. 하늘의 맑음과 밝음은 절대이기 때문에 그보다 맑지 못하고 밝지 못한 것을 모두 드러낸다. 하늘은 맑고 밝기 때문에 하늘 안에 존재하는 모든 것이 건강하고 싱싱하고 생명력이 있다.

사람은 마음이 천성을 닮아 맑고 밝을수록 순수하고, 근심 걱정거리가 없고, 희망과 자유와 행복을 느낄 수 있고, 지혜가 솟아 하는 일마다 성공하고 승리하는 삶을 살 수 있다. 지성을 닮은 육신도 천성을 닮아 맑고 밝을수록 건강하고 경쾌하고 따뜻하고 활성화되고, 모든 기능이 정상적으로 작동이 된다.

그러므로 맑음과 밝음이 상징하는 가치는 순수·순결·희망·승리·성공·건강·긍정·열정·능동·따뜻함·적극성·부지런함 등을 들 수 있다. 마음이나 육신이 맑고 밝을수록 천성을 닮는 것이므로 상징과 같은 현상이 일어나 성공하고 승리하는 삶을 살 수 있고, 그림·음악·미술 등을 비롯하여 자신이 하는 모든 것이 맑고 밝을수록 가치가 있고 생명력이 있고 경쟁력이 있다.

땅은 탁하고 어둡다. 해와 달과 같은 빛이 없다면 탁하고 어둡기 때문에 자신의 존재도 알 수 없다. 탁하고 어두우면 사람은 물론 동식물도 앞을 볼 수 없고 그 상태가 계속되면 두렵고 우울하고 침울하고 활동성과 생명력을 잃는다.

사람의 마음이 탁하고 어두우면 답답하고 불안하고 근심걱정이 많아지고 앞이 보이지 않고 암울하여 자신감을 잃는다. 육신이 탁하고 어두우면 무겁고 차가워지고 게을러지고 활동성이나 생명력을 잃기 때문에 제 기능이 정상적으로 작동되지 않는다.

그러므로 탁함과 어두움이 상징하는 가치관은 혼탁·혼란·암울·우울·패배·실패·병약·차가움·부정·냉정·게으름·수동·소극성 등을 들 수 있다. 마음이나 육신이 탁하고 어두우면 지성을 닮은 것이므로 이러한 상징과 같은 현상이 일어난다. 매사 기운이 없고 희망이 없고 게으르기 때문에 필연적으로 패배하거나 파멸하는 삶을 살 수밖에 없고, 그림·음악·미술 등을 비롯하여 모든 것이 탁하고 어두울수록 가치가 없으므로 생명력과 경쟁력을 잃을 수밖에 없다.

하늘은 맑은 생명이고 밝은 생명이다. 반면에 땅은 탁한 생명이고 어두운 생명이다. 땅은 탁하고 어두우나 하늘의 뜻을 따라 끊임없이 움직이고 변화함으로써 맑음과 밝음을 유지하고 생명력을 얻는다.

맑음과 밝음 또는 탁함과 어두움을 10분위로 구분하여 절대적으로 맑고 밝은 천성을 닮은 상태를 0(영)이라 하고 탁하고 어두워 완전히 지성을 닮은 상태를 10(열)이라 할 수 있다. 사물의 탁함과 어두움, 맑음과 밝음의 정도를 이렇게 10분위로 구분하면 지성을 닮은 것의 상대적 가치를 평가해볼 수 있다. 가령, 사람의 하는 모습을 보고 이 사람은 6만큼 맑은 사람 또는 4만큼 탁한 사람, 저 사람은 3만큼 밝은 사람 또는 7만큼 어두운 사람, 저 사람은 2만큼 열린 사람 또는 8만큼 닫힌 사람 등으로 분별하여 됨됨이를 가늠해볼 수 있다.

사람의 육신은 태생적으로 지성을 닮아 탁하고 어둡다. 육신이 지성을 닮은 것이라 하여 그 상태로 안주하면 그만큼 빨리 땅으로 돌아간다. 땅은 지성을 가진 것이나 천성을 가진 하늘의 뜻을 따라 끊임없이 움직이고 변화함으로써 생명력을 얻는 것과 같이, 사람의 육신도 천성이나 천성이 상징하는 가치를 따라 끊임없이 움직이고 변화할 때 건강한 생명력을 유지할 수 있고, 육신의 사명을 다할 수 있다.

우울·고독·폭음·방탕·자살 등은 지성의 세계에 빠진 사람에게서 일어난다. 평소 탁하고 어둡고 우울한 것을 좋아하는 사람은 부정보다 긍정, 소극보다 적극, 수동보다 능동, 냉정보다 열정을 가지도록 노력해야 한다. 탁하고 어둡고 무겁고 굳은 지성을 버리고 맑고 밝고 가볍고 열린 천성을 따를 때 건강과 행복과 성공을 기대할 수 있다. 생명을 파멸시키는 지성에서 벗어나려면 항상 천성의 의미를 생각하며 많이 돌아다니고, 견문을 넓히고, 맑고 밝은 영화나 만화 등을 보거나, 문학 음악 그림 또는 숲 등과 가까이 하는 노력이 필요하다.

맑음과 밝음을 청렴결백과 연관시켜 주고받지 않는 것, 또는 "너는 너, 나는 나" 등의 이해타산을 가리는 것으로 이해할 수 있는데, 재물은 생명을 위해서 수단으로 쓰는 것이므로 사람을 살리거나 사람마다 자신의 사명을 다하도록 사용하는 것은 죄가 되지 않는다.

가령, 청소원으로 일하는 저소득자 중에는 먹고살기 힘든 가정도 많은데 가족 중 누군가 큰 병이라도 발생하면 그 일마저 그만두거나 소홀히 할 수밖에 없다. 그렇게 생활이 어려운 사람에게 인간다운 생활을 영위하도록 적정한 보수를 주거나 보수 외의 병원비를 나누는 것 등은 그 사람이 이 세상에 태어난 사명을 다하도록 돕는 것이므로 천성의 이치를 따르는 것이 된다.

그러나 생활이 어렵지 않은 사람끼리 주고받는 것은 재산을 편애·편파·편중·편협·편향되게 관리하는 것이므로 지성을 따르는 것이 된다. 생활이 어려워 자기 사명을 다하지 못하는 사람을 돕는 것은 죄가 되지 않으나, 재산을 함부로 탕진하는 사람이나 생활하는데 아무런 지장이 없는 사람에게 재물을 나누는 것은 하늘의 재산을 관리하는 관리자로서 사명을 망각한 것이므로 죄인이나 다름이 없다.

맑음과 밝음은 건강·긍정·열정 등을 상징하고 교류나 거래를 활성화시기는 것을 뜻하는데, 이깃을 이해타산으로 이해하면 교류나 서래를 위축 또는 중단시키는 결과를 낳으므로 잘못된 해석이다.

사람이 처음 세상에 태어날 때는 마음과 육신이 맑고 밝기 때문에 천성을 닮은 상태라고 할 수 있다. 그런데 나이를 먹으면 먹을수록 세상으로부터 보고 듣고 먹고 마시고 들이쉬고 느끼는 것 등이 맑지 못하고 밝지 못한 것이 많기 때문에 마음과 육신에 탁하고 어두운 것이 쌓이게 된다. 마음에 쌓이면 마음의 병으로 나타나고 육신에 쌓이면 육신의 병으로 나타난다. 그렇게 되면 마음이나 육신이 무겁고 답답하고 아프고 차가울 수밖에 없는데, 탁하고 어두운 것이 쌓여 그러는 것이므로 맑고 밝은 상태로 되돌리는 노력을 다하지 않으면 아니 된다. 약을 먹거나 단식을 하거나 명상을 하거나 단전호흡을 하거나 침 또는 뜸을 뜨거나 달리기, 등산, 산책, 여행 등을 통해서 그것을 털어

내야 한다.

또한 어제까지 맑고 밝은 모습을 보이던 사람이 오늘 갑자기 탁하고 어두운 모습을 보이면 분명히 어딘가 문제가 있는 것이므로 지혜가 있는 상사라면 하루 일과를 시작하기 전에 직원들의 모습을 살펴보고 평소와 달리 탁하고 어두운 모습을 보이는 사람이 있으면 위험한 작업이나 중요한 거래관계 계약 등을 잠시 다른 사람이 맡아보도록 배려하는 것이 좋다. 그렇지 않으면 탁하고 어두운 마음이 생각을 지배하기 때문에 엉뚱한 생각을 하다가 안전사고를 일으키거나 하자있는 계약을 체결하여 낭패를 볼 수도 있기 때문이다.

우리 주위를 돌아보면 아무런 생각 없이 남을 왕따시키거나 폭력을 행사하거나 고통을 주는 행위를 함부로 저지르는 사람이 많고, 국가도 국민에게 충격적인 일을 대수롭지 않게 벌이기도 한다. 사람의 마음에 탁하고 어두운 그림자가 끼면 평생을 두고 그 사람뿐만 아니라 주위 사람들까지 힘들게 하고 사회에 정신적 물질적 피해를 주는 것인데 그런 무서움을 모르고 남을 괴롭히는 일을 재미삼아 하는 자도 있다. 서양에서 종종 발생하는 총기 난사사건이나 평화를 짓밟는 전쟁 폭력 소요 등 사건사고는 그것을 주도하는 사람의 마음이 탁하고 어둡고 답답하고 괴롭기 때문에 그것을 해소하기 위하여 발생한다는 사실을 잊어서는 아니 된다.

〈제5성품의 가치〉

전체는 공동체共同體·한몸一體·연결·소통·공유·공생·존재 등을 상징하고, 부분은 요소·일부·분리·분열·분석·불통·독단·사유·소유 등을 상징한다.

구 분	하늘의 성품(天性)	땅의 성품(地性)
제5성품	전체(全體)	부분(部分)
가치관	공동체·한몸·연결·소통·공생·공영·공동·공유·존재 등	요소·나뉨·분열·분석·분화·전문·개인·사유·소유 등
뜻	색채와 형태가 없는 바탕과 색채와 형태가 있는 바탕이 결합하여 큰 생명을 이루고, 색채와 형태가 없는 세계와 색채와 형태가 있는 세계가 모여 큰 세계를 이루는 것이므로, 전체가 상징하는 가치는 공동체·한 몸·연결·소통·공생·공영·공동·공유·존재 등이다.	하늘은 색채와 형태가 없으나 땅·해·별·달·사람·동식물 등은 색채와 형태가 있고, 색채와 형태를 가진 존재는 공동체를 구성하는 부분의 역할을 하는 것이므로, 부분이 상징하는 가치는 요소·나뉨·분리·불통·분열·분석·분화·전문·개인·사유·소유 등이다.

색채와 형태가 없는 하늘은 땅을 비롯한 색채와 형태를 가진 모든 것을 품에 안고 있을 뿐만 아니라, 영靈이 있어 색채와 형태가 없는 하늘과 색채와 형태가 있는 모든 부분을 연결시켜주고, 작동시켜주고, 생성·발육·소멸시켜 주고 있다.

하늘이 색채와 형태가 있는 존재를 포용하고 연결시켜주는 것은 마치 사람에게 신경과 혈관이 있어 육체와 눈·귀·코·입·손·발 등을 연결시켜주고 있는 것과 같은데, 우리가 사는 세상은 이렇게 색채와 형태가 없는 생명과 색채와 형태가 있는 생명이 결합하여 큰 생명을 이루고, 색채와 형태가 없는 세계와 색채와 형태가 있는 세계가 모여 큰 세계를 이룬다.

그러므로 전체가 상징하는 가치는 공동체共同體·한몸一體·연결·소통·공생·공영·공동·공유·존재(프롬의 분류양식) 등이다.

반면에 하늘은 색채와 형태가 없으나 땅·해·별·달·사람·동식물 등 색채와 형태가 있는 존재와 더불어 생명·세계·공동체를 이룬다.

따라서 색채와 형태를 가진 존재는 공동체를 구성하는 부분의 역할을 하므로, 부분이 상징하는 가치는 요소·나눔·분리·분열·분석·분화·전문·개인·사유·소유(프롬의 분류양식) 등이다.

같은 하늘에서는 너와 내가 없고, 네 것 내 것이 없고, 네 나라 내 나라가 없다. 사람의 몸은 육신과 신경과 혈관으로 연결되어 있기 때문에 어느 부분을 찔러도 온 몸으로 아픔을 느끼는 것과 같이, 하늘 세상은 성性과 영靈과 정精[21]이 색채와 형태가 없는 부분과 색채와 형태가 있는 부분을 연결하고 있으므로 모든 사람·모든 조직·모든 나라의 7정[22]까지 다 알고 있다.

또한 사람은 색채와 형태를 가진 빛이 세상에서 가장 빠른 것으로 알고 있지만 색채와 형태가 없는 영(0)은 시공을 초월한다. 앉은 자리에서 몇 십 년 몇 백 년 전의 일을 보여주는가 하면, 몇 십 년 몇 백 년 후의 미래를 보여주기도 한다. 그래서 아무리 뛰고 나는 존재도 하늘을 벗어날 수 없고, 하늘과 연결되지 않은 상태로 살아갈 수 없다.

그러므로 하늘을 알고 하늘을 따르는 것은 순천順天이고, 하늘을 모르고 하늘이나 땅을 탐내는 것은 역천逆天이다. 인간이 추구하는 종교 사상 철학 종교 정치 경제 과학 문화 예술도 하늘을 위해서 하면 순천이고 하늘을 모르고 하면 역천이다. 역천은 하늘에 살면서 하는 일마다 하늘을 나누고 쪼개고 파괴하고 오염시키는 자를 말하므로 공상, 망상, 우상, 정신병자가 꿈꾸는 세상이다.

---

21 사람들은 이성과 감성과 영성을 구별하여 설명하는데, 천성(性)을 이성, 지성(精)을 감성, 영성(命)을 영성에 대비시켜 그 관계를 생각하면 의미 있는 답을 얻을 수 있을 것이다.

22 인간의 감정에 속하는 희노애락애오욕(喜怒哀樂愛惡慾)을 이르는 말이다.

하늘은 전체 공동체이고 하늘을 제외한 그 밖의 존재는 부분 공동체이다. 하늘 공동체가 있어 부분 공동체가 있고, 부분 공동체가 모여 하늘 공동체를 이룬다. 개인·가정·지자체(기업, 단체 등 포함)·나라 등은 절대 공동체에 속하는 상대 공동체이고, 전체 공동체에 속하는 부분 공동체이다.

가정은 개인 공동체를 포함하는 큰 공동체이고, 국가는 가정이나 기업 등 공동체를 포함하는 더 큰 공동체이다. 어느 공동체가 되었든 부분이 되는 존재가 모여 전체가 되는 큰 공동체를 이루는 것이므로 부분이 되는 존재 하나하나가 모두 주인이다.

사람의 몸은 눈·귀·코·입·손·발 등이 모여 이루는 공동체이기 때문에 그 요소 하나하나가 주인이고, 가정 공동체는 조부모·부모·자녀 등 가족 구성원이 모여 이루는 공동체이기 때문에 가족 한 사람 한 사람이 모두 주인이고, 기업 공동체는 사용자 근로자 자본가 등이 모여 이루는 공동체이기 때문에 그 구성원 하나하나가 모두 주인이고, 국가 공동체는 국민·정치인·공무원 등이 모여 이루는 공동체이기 때문에 그 구성원 하나하나가 모두 주인이고, 하늘 공동체는 땅·해·별·달·사람·동식물 등이 모여 이루는 공동체이기 때문에 그 구성 요소 하나하나가 모두 주인이다.

가장 이해하기 쉬운 바람직한 공동체 모형으로 가정을 들 수 있다. 가정은 가족이 함께 살아가는 공동체로서 가장은 생각하는 기능을 하고 가족은 행동하는 기능을 한다. 부모다운 부모는 모든 가족이 건강하고 안전하고 배고프지 않고 행복하게 양육하려고 노력할 것이고, 부모답지 못한 부모라면 가족이 어떻게 되던 자신의 안전이나 쾌락이나 행복만 쫓으려 할 것이다. 또한 참된 가정은 가족이 서로서로 잘되도록 아끼고 가꾸고 보살피고 겸손하고 보호하고 근검절약한다. 그래서 참된 가정은 가족 구성원 하나하나가 모두 주인이다.

국가 공동체도 공직자는 생각하는 기능을 담당하므로 가정에서 부모와 같고, 국민은 행동하는 기능을 담당하므로 가정에서 자식과 같다. 정치인이나 공직자는 국민을 자식같이 생각하고 모든 국민이 건강하고 안전하고 행복하게 살아가도록 만들어주는 일을 한다. 국가는 그것을 전문적으로 하기 위해 입법 사법 행정으로 나뉘고, 정부도 주어진 사명과 역할을 다할 수 있도록 여러 부처로 나뉜다. 그래서 국가 공동체는 공동체를 구성하는 모든 사람이 다 주인이다.

가정에서 자식이 사람 노릇을 못하면 혼을 내거나 매를 들어 사람다운 사람을 만들기 위하여 훈육하는 것과 같이 국가는 사기 폭행 협박 강탈 살상 부정부패 등을 저지르는 자에 대해서는 격리를 해서라도 다른 사람들이 더 이상 피해를 입지 않도록 해야 하고, 격리를 시켰더라도 사람다운 사람이 되도록 교정해나가야 한다.

에리히 프롬은 인간의 삶을 소유양식과 존재양식으로 구분하고 인류에게 존재양식을 따르라고 권유하였다. 프롬의 존재양식은 자칫 공산共産으로 오해되기 쉽다. 자본주의는 토지(지대)를 개인이 소유할 수 있는 사유私有재산 제도이고, 공산주의는 토지를 개인이 소유할 수 없는 공산共産재산 제도이기 때문이다.

그러나 토지나 재물은 본래 형상이 없는 하늘의 것이기 때문에 관리의 주체만 형상이 있는 땅 → 나라 → 지자체 → 가정 → 개인의 내림차순으로 위임된 것으로 보아야 한다. 그런 면에서 프롬의 존재양식은 사유도 아니고 공산도 아닌 공유公有라고 보아야 할 것이다. 모든 것이 하늘의 것이고, 국가나 지자체나 기업이나 가정 등은 하늘을 대리하여 하늘사람을 관리하는 역할을 맡은 것뿐이다.

그럼에도 불구하고 프롬은 정작 하늘이 절대라는 사실을 몰랐기 때문에 생명·본성·사명·공동체 등의 의미를 담아내지 못하고 천성과 지성이 상징하는 수많은 가치 중 존재와 소유로 세상을 구분하여 존재를 따르는 삶이 바르다고 주장하였다.

모든 존재는 하늘이 있어 존재하고 천성을 닮은 모습과 지성을 닮은 모습이 결합하여 공동체(생명)를 이루고 있는데, 천성을 모르고 유토피아를 찾은 것이라고 할 수 있다. 그동안 인류가 공산, 공동, 공생, 공영, 공존 등의 실험을 많이 하였지만 모두 실패한 것도 여기서 답을 찾을 수 있다.

〈제6성품의 가치〉
정靜과 공空은 공간·뿌리·바탕·믿음·영원 등을 상징하고, 동動과 시時는 시간·줄기·가공·거짓·수명 등을 상징한다.

정靜은 고요한 것이고 공空은 텅 비어 있는 것이다. 고요하고 비어 있는 것은 아무것도 없어 허허롭기 때문에 고요함만 있는 상태이다. 고요하고 비어 있음은 고요하지 않고 비어 있지 않는 것의 공간·바탕·뿌리·근원이 됨으로 고요하지 못하고 비어 있지 않은 것을 모두 드러낸다. 그래서 정과 공은 공간·뿌리·바탕 등을 상징하고, 또한 고요하고 비어 있는 것은 영원히 변하지 않으므로 영원·영생·불멸·믿음 등을 상징한다.

구 분	하늘의 성품(天性)	땅의 성품(地性)
제6성품	정(靜), 공(空)	움직임(動), 시(時)
가치관	1. 공간·뿌리·바탕·믿음·영원·불멸 등을 상징 2. 색채와 형태가 없는 공간·바탕·근본·믿음 등을 상징	1. 시간·줄기·가공·거짓·꾸밈·가식·불신·수명·한계 등을 상징 2. 색채와 형태가 있는 공간·바탕·근본·믿음 등을 상징
뜻	고요하고 비어 있음은 고요하지 않고 비어 있지 않는 것이 존재할 수 있는 바탕이 됨으로 공간·바탕·뿌리·근원 등을 상징하고, 또한 고요하고 비어 있는 것은 영원히 변하지 않으므로 영원·영생·불멸·믿음 등을 상징한다.	변화의 시작점은 씨앗 또는 뿌리를 상징하고, 움직임은 줄기나 가지·꽃·열매를 상징한다. 또한 정(靜)과 공(空)의 상징과 반대가 되는 거짓·가식·꾸밈·혼탁·흔적·발자취 등을 상징하고, 언젠가는 끝이 있으므로 한계·수명·불신 등을 상징한다.

동動은 움직이는 것이고 시時는 때를 나타내는 것이다. 동이나 시는 아무것도 없는 허허로운 바탕에 색채와 형태가 있는 것이 움직이는 현상을 말한다. 움직이는 것은 움직인 만큼 변화가 있는 것이므로 그 크기만큼 때를 나타낸다. 고요하고 텅 빈 하늘에 움직이는 것이 있어 움직인 만큼 변화가 나타나는데, 허허로운 텅 빈 바탕을 흰색 화지에 비유할 경우 땅은 그 위에 점 하나를 찍은 것과 같고, 움직임은 그 점에서 시작하여 끝없이 이어지는 선의 그림과 같다. 움직이지 않는다면 점에 불과하나 움직이기 때문에 선의 발자취를 남긴다. 고요하고 허허로운 바탕에서는 소리, 숨, 벌레 울음 등 미세한 움직임조차 모두 드러남으로 동과 시는 바탕의 한 점에서 시원하여 끝없이 뻗어가는 줄기·가지·탑 등을 상징한다. 시작점은 씨앗 또는 뿌리를 상징하고 움직임은 줄기나 가지나 꽃 또는 열매를 상징한다. 동과 시는 정과 공이 상징하는 것과 반대가 되는 거짓·가식·꾸밈·혼탁·흔적·발

자취 등을 상징하고, 움직이는 것은 언젠가는 끝이 있으므로 한계·수명·불신 등을 상징한다.

하늘은 색채와 형태가 없는 공간·바탕·근본·믿음 등을 상징하고 땅은 색채와 형태가 있는 공간·바탕·근본·믿음 등을 상징한다. 하늘은 천지만물이 살아가는 1차적 공간·바탕·근본·믿음이 되고, 땅은 땅에서 살아가는 색채와 형태가 있는 것이 살아가는 2차적 공간·바탕·근본·믿음이 되는데, 하늘은 그것이 절대이고 땅은 그것이 상대이다.

하늘은 허허롭고 텅 빈 상태이므로 만물만상이 걸림이 없이 오고가고, 그 상태가 영원히 변하지 않으므로 세상만물이 절대적으로 믿고 미래를 준비한다. 반면에 땅은 꽉 막혀 굳은 상태이고, 순환하되 규칙적으로 움직이며, 지진이나 풍수해 등의 불규칙성이 계속되지 않기 때문에 뭇 생명들이 믿고 미래를 준비한다. 땅은 변화하되 규칙적으로 순환하므로 뭇 생명이 믿고 봄에는 소생하고 여름에는 번성하고 가을에는 결실하고 겨울에는 새 생명을 잉태한다.

홍범구주洪範九疇는 하늘과 땅이 움직이는 이치를 가르친다. 하늘을 양陽으로 땅을 음陰으로 보고 그것을 구성하는 물질이 목木·화火·토土·금金·수水의 5가지라고 한다. 또한 하늘과 땅의 움직임이 목木·화火·토土·금金·수水 오행五行의 이치로 변화한다고 한다. 양의 목화토금수는 공간(동서남북)을 말하고 음의 목화토금수는 시간(봄 여름 가을 겨울)을 말하며, 양의 토는 색채와 형태가 없는 하늘 바탕을 말하고 음의 토는 색채와 형태가 있는 땅의 바탕을 말한다.

공자 성인은 오행의 원리를 궁구하고 오상五常을 창안하였는데 목

木은 인仁, 화火는 예禮, 토土는 신信, 금金은 의義, 수水는 지智를 상징
한다.[23] 봄은 만물이 소생하는 때이므로 어린 생명은 인仁으로 키워야
한다는 것이고, 여름은 모든 생명이 번창하여 개체수가 많아지는 때
이므로 평화를 유지하려면 예禮를 갖춰야 한다는 것이고, 가을은 결
실기를 맞아 모든 생명이 추풍낙엽처럼 떨어지는 때이므로 서로 돕는
의로움義이 없으면 살아남기 어렵다는 것이고, 겨울은 다가오는 새로
운 세상을 살아갈 새 생명을 잉태하는 때이므로 지혜智가 없으면 종족
을 번식시킬 수 없다는 것이다.

또한 신뢰(信)가 없을 경우 인의예지가 모두 속여먹기 위한 방편으
로 사용될 수 있으므로 오상 가운데 신뢰 즉 믿음을 상징하는 토土를
가장 중요하다고 하였다.

세상의 변화는 움직임으로부터 시작된다. 어떤 움직임은 낳고 기르
고 아끼고 보호하고 절약하고 겸손하고 창의적이고 능동적이고 인내
가 있으나, 어떤 움직임은 뺏고 훔치고 부정부패하고 괴롭히고 폭행
하고 살상하고 화를 내고 불손하고 꾸미고 가식하고 수동적이고 타동
적이고 참을성이 없다. 천성을 가진 사람은 전자와 같고 지성을 가진
사람은 후자와 같다. 전자와 같이 움직이는 사람을 주인이라고 하고
후자와 같이 움직이는 사람을 도적 또는 정신병자라고 한다.

움직이기 때문에 변화가 일어나므로 옛 사람들은 움직임을 긍정적

23 오상(五常)은 유교에서의 인(仁)·의(義)·예(禮)·지(智)·신(信)의 다섯 덕목(德目)을 말한다. 공
   자는 인간의 덕으로서 인을 중시하여 지(知) 용(勇)과 아울러 그 소중함을 설명했으나, 맹자는 인
   에 의(義)를 더하고 또 예·지를 넣어 인·의·예·지를 인간의 4개 덕목이라 했다. 그리고 한
   (漢)의 동중서(董仲舒)는 "오행설(五行說)에 바탕을 두고 여기에 신(信)을 더해 오상설(五常說)을
   확립했다."고 기록하고 있다. 그러나 오행에 대한 기록이나 활용이 공자 이전부터 활발했고, 공
   자도 오행에 정통했고 이를 바탕으로 주역(周易)에 주해를 붙였으며, 유교가 공자로부터 비롯되
   었음에 비추어 여기서는 공자의 창의물로 간주하였다(두산백과 등 참조).

으로 이끌기 위하여 행할 것과 행하지 않을 것, 행하더라도 "길례·흉례·빈례·군례·가례"[24](이경숙 완역, 2006.4쇄, 도덕경, 도서출판명상, p17) 등과 같이 공간적 시간적 상황에 따라 행동을 달리하도록 예법을 만들어 질서를 세웠다. 인류가 사용하는 모든 법이나 규율은 공동체가 공생, 공영, 공존하는 방법으로 움직임(변화)에 질서를 세워주고자 만든 것이다.

사람은 마음이 육체를 움직여 변화가 일어나는데 마음에서 생각이 나고 육체에서 행동이 나는 이치를, 학술적인 의미로 바꾸면 생각은 정책을 형성(계획)하는 과정이고, 행동은 만들어진 정책을 실행(집행)하는 과정이고, 일은 실천하여 얻은 결과물(업적이나 실적)이고, 마음은 계획 → 실행 → 결과로 이어지는 전 과정을 피드백feedback하는 과정이라고 할 수 있다. 정책을 만들고 집행하고 결과를 평가하는 모든 과정을 지배하는 것이 마음이다. 정책의 시작이 마음에서 비롯되는 것이므로 사람은 무슨 일을 하기에 앞서 마음을 천성에 두고 공명정대한 계획을 세워야 하고, 집행할 때도 천성의 마음을 잃지 않고 초지일관하는 자세로 일을 추진하고 결과를 기다리는 진인사대천명盡人事待天命의 자세를 가져야 한다.

사람이 어떤 분야에서 무슨 일을 하던 마음을 천성과 같은 상태로 두면 6각(청각·후각·시각·미각·촉각·생각)을 넘어 지혜의 영성靈性을 느낄 수 있으며, 그런 사람은 능히 세기를 이끌어가는 큰 스승으로 부족함이 없다.

---

24 공자가 평생에 걸쳐 옛날의 예(禮)의 원형을 찾아 복원하고자 했는데 그것이 은나라의 순(舜) 임금이 만든 오례(五禮)였다고 한다.

<제7성품의 가치>

성性은 생명(인생)·사명·천성·본성 등을 상징하고, 이理는 이치·인과因果·원리·논리·법도·이유 등을 상징한다.

구 분	하늘의 성품(天性)	땅의 성품(地性)
제7성품	성(性)	리(理)
가치관	생명·사명·천성·본성 등을 상징	이치·인과·원리·법도 등을 상징
뜻	존재하는 것은 모두 하늘의 성(性) 즉 천성(天性)을 가지고 있다. 그것이 뜻하는 것은 하늘에 바탕을 두었다는 것이고, 하늘로부터 비롯되었다는 것이고, 하늘이 부여한 사명이나 역할을 다하기 위해 태어났다는 것이다.	이(理)는 법칙을 가진 움직임을 뜻한다. 법칙이 있다는 것은 이치(理致)가 있다는 것이고, 이치가 있다는 것은 인과(因果)가 있다는 것이고, 인과가 있다는 것은 천지만물 어느 것 하나도 임의로 존재하지 않는다는 것이다. 이것이 뜻하는 것은 세상이 이치와 인과로 연결되지 않은 것이 없음에 비추어 고도의 목적을 가지고 있다는 것이다.

존재하는 것은 모두 하늘에 바탕을 두지 않은 것이 없으므로 모든 존재가 하늘의 성性을 가지고 있다. 땅의 성품을 지성地性이라 하고 사람의 성품을 인성人性이라 하고 신의 성품을 신성神性이라고 하는 것은 그것이 모두 하늘에 바탕을 두고 있다는 것이고, 하늘로부터 비롯되었다는 것이고, 하늘이 부여한 사명이나 역할을 위해 태어났다는 것이다.

성性이란 말은 생명이라는 뜻과 사명이라는 뜻을 함께 가지고 있으므로 본래 우리가 사물을 부를 때는 사람이라는 생명, 산이라는 생명, 강이라는 생명, 신이라는 생명 등과 같이 "~이라는 생명"을 붙여 불러야 한다. 그러나 그렇게 부를 경우 생명이라는 말이 공통적으로 들어

가고 말이 길어지기 때문에 사람·산·강·신 등으로 줄여 부르는 것이다.

그런데 오랜 세월을 그렇게 살다 보니 인류가 생략하지 않은 언어에서 나오는 생명이나 사명과 같은 의미를 잊어버렸다. 사람이 사람다워야 하고 군인이 군인다워야 하고 산이 산다워야 하고 신이 신다워야 하는데, 사람답지 못하고 군인답지 못하고 산답지 못하고 신답지 못하게 된 것이다. 다른 말로는 자기 성품을 잃은 것이고 자기 사명을 잃은 것이고 자기 존재가치를 상실한 것이고 자기 본성을 잊은 것이다.

생명과 사명을 생각할 때 하찮게 보이는 사물도 목적(필요·사명·역할·용도)이 있어 존재하는 생명이라는 것을 읽을 수 있다. 우리가 「홍길동」이라는 이름을 부를 때는 단순히 이름만 부르는 것이 아니라 「홍길동」이라는 생명과 「홍길동」이 이 세상에 태어만 사명을 함께 부르는 것이다.

그러므로 우리가 어떤 존재의 이름을 읽거나 들을 때는 항상 그 생명과 그 사명을 한꺼번에 생각하지 않으면 아니 된다. 나무 한그루도 생명과 사명이 있는 것이므로 성이 상징하는 가치관은 천성·본성·생명·인생·사명(역할) 등을 나타낸다.

땅은 스스로 빛을 내지 못하므로 양에 해당하는 해와 음에 해당하는 달로부터 빛을 받아 역사歷史한다. 땅의 움직임을 가리키는 말이 시時인데, 시는 규칙적인 움직임과 불규칙적인 움직임을 모두 포함하는 개념이나, 이理는 규칙적인 움직임, 즉 법칙을 가진 움직임만을 가리키는 개념이다.

규칙적으로 움직이는 것은 이치理致가 있고, 이치가 있는 것은 인과

因果가 있고, 인과가 있는 것은 어느 것 하나라도 임의로 존재하는 것이 아니라 서로 연결되어 존재하고, 원인 없이 존재하는 것이 아니므로 시작이 있으면 반드시 끝이 있다.

사람이 볼 때 비바람이 불고 천둥번개가 치고 눈비가 오는 것은 이치가 없는 것 같아 보이지만, 지구가 자전과 공전을 통하여 양(태양)과 음(달)의 빛을 받으면 온도차가 생기고, 기압차가 발생하고, 바람이 불고, 수증기를 이동시켜 자연조화가 일어난다. 인간의 눈으로 보면 이치가 없는 것 같아 보이지만 하늘의 눈으로 보면 이치가 없는 것이 없다.

이것은 세상이 이치와 인과로 연결되지 않은 것이 없음에 비추어 세상을 움직이는 근원이 되는 존재는 고도의 목적을 가지고 있다는 것을 의미하며, 그러므로 이理가 상징하는 가치는 땅이 하늘의 뜻을 따라 움직이는 이치理致·인과因果·원리原理·법도法道·법칙法則·논리論理·이유理由 등을 말한다고 할 수 있으며, 사람이 연구하고 공부하고 학문을 하는 것도 이것을 알고자 함이다.

석가모니 성인이 깨달음을 얻고 영산회상靈山會上에서 처음 설법을 할 때 연꽃 한 송이를 들고 대중에게 보이며 삼라만상이 인과因果의 원리로 되어있음을 설명하였으나, 가섭존자 외에 아무도 알아듣는 사람이 없자 계획을 바꾸어 알아듣기 쉬운 것부터 단계를 만들어 가르쳤다고 전한다.

불가에서만 인과를 말하는 것이 아니라 성경(발행인 김주병, 1971, 공동번역신약성서, 대한성서공회)도 "내가 한 말은 영적인 것이며 생명의 말이다(요한복음 6:63-64).", "좋은 나무는 좋은 열매를 맺고 나쁜 나무는 나쁜 열매를 맺기 마련이다(마태오 7:17-18, 루카 6:43).", "원수를 사랑하라(마태복음 5:33, 루카 6:27-28, 32-36).", "누가 당신의 오른쪽 뺨을 치는 사람이 있거든 왼쪽 뺨마저 맞더라도 싸우지 말라(마태복음 5:39, 루카 6:29-30).", "여자에게 출산의 고통을 준 것은 원죄가 있기 때문이다(창세기 3:16, 로마 5:12)." 등의 말은 모두 인과因果의 법칙을 염두에 두고 한 말이다.

우리말에도 "콩 심은 데 콩 나고 팥 심은 데 팥이 난다."는 말이 있고, 단군 천제도 5,000년 전에 홍익인간弘益人間 제세이화濟世理化의 이념을 국시로 삼아 세상을 이치 대로 다스려 사람들을 널리 유익하게 하겠다고 한 것도 모두 인과를 가르치는 말이다. 특히, 단군의 국시는 지금도 그 이념을 실천하지 못하는 현실에 비추어 그 사상이 얼마나 원대하고 완전하고 위대하고 컸는지 짐작할 수 있다.

대부분 사람들은 일을 할 때 수박 겉핥기 식으로 문제점만 파악하고 대책을 세우는데, 사람의 눈으로 바라볼 때는 세상 만물이 독립적으로 존재하는 것 같지만 하늘과 땅과 사람이 한 몸이므로 이치와 인과로 연결되어 있지 않은 것이 없고, 따라서 이치와 인과로서 작동되지 않는 것이 없기 때문에 일을 하거나 학문을 할 때는 항상 더 근본적인 답을 얻으려고 노력하지 않으면 아니 된다.

왜 그렇지?, 왜 그런 일이 발생하지?, 무엇이 원인이지? 등과 같이 원인·근원·바탕·뿌리를 묻고 물어 가장 근본이 되는 잘못된 원인이나 이유 또는 원리를 파악하여 대안을 만들지 않으면 임시방편 또는 미봉책으로 일하는 것이 되고, 그렇게 문제를 해결하면 근본적인 문제는 쌓이고 쌓여 더 큰 문제로 비화하게 된다.

지금은 행동과학의 영향으로 문제가 발생해야 일하기 때문에 비용만 많이 들고 근본적인 문제는 해결되지 않아 얼마 지나지 않아 도로 아미타불이 되어 문제가 확대 재생산되곤 한다. 문제란 지성을 닮아가는 수렴현상으로 갈수록 탁하고 어둡고 막히고 굳어 단단해지기 때문에 문제가 있다. 그래서 문제를 따라 일을 하면 미래를 앞서가지 못하고 뒤따라가는 것을 의미한다. 앞서가는 경우가 주主이면 뒤따라가는 경우는 종從이므로 문제를 따라 일을 하면 영원히 앞서가는 사람이나 조직이나 나라의 종노릇에서 벗어날 수 없다.

하늘은 텅 빈 공간(천성, 자유)이고 해 별 달 지구 등은 그 공간을 움직이는 시간(지성, 통제)이다. 움직이는 것들이 통일된 법칙을 가지고 있다면 문제가 없으나 임의로 움직인다면 시간과 시간이 충돌을 일으킬 수밖에 없다. 사람이 살아가는 세상에 규율이 없다면 움직임이 무질서할 수밖에 없어 무법천지가 될 수밖에 없기 때문에 최소한의 질서를 만들어준 것이 규제이다.

그러나 규제가 거미줄처럼 엉켜있다면 통제 압박 억압이 심하여 한 발짝도 움직일 수 없기 때문에 하지 않음만 못하다. 하늘에는 수많은 땅(시간)이 존재하지만 하늘은 오직 진의 이치만을 따르도록 하여 규제한다. 또한 땅에 사는 온갖 동식물을 온도溫度만으로 규제한다. 이와 같이 규제는 누구나 알 수 있고 간결해야 한다. 인간의 규제도 이와 같이 모든 것을 포용하는 큰 원리만을 따르도록 함으로써 간결하

게 하는 것이 옳다.[25]

움직이고 변화하면 반드시 결과가 있으므로 당연히 책임도 함께 져야 한다. 그러나 대부분의 사람들은 좋은 결과물에 대해서는 자신을 내세우나 사건사고 등에 대해서는 감추거나 책임 돌리기에 급급하다. 재임기간에 문제가 발생하지 않도록 미봉책을 쓰고, 발생한 문제를 해결한 후에는 일 많이 했다고 승진·포상·기구 확장 등을 요구한다.

역사가 길다는 것은 경험(시행착오)이 충분하다는 것이고, 근본을 이해할 수 있는 능력이 크다는 것이고, 누구보다 문제해결도 완전하고 완벽하게 해낼 수 있다는 뜻이다.

최근 한국이 빠르게 발전하고 한류바람이 부는 것은 우리 몸에 천성을 깨달을 수 있는 DNA가 잠재되어 있어 자신도 모르는 가운데 작동하고 있기 때문이다. 한국인의 역사나 문화 풍습 언어 등의 삶 속에 천성·영성·공동체 등의 씨앗이 있으나 그것을 잊어버렸기 때문에 하강만 해오던 역사가 일제 강점기 이후 대반전을 하고 있는 것이다.

지금까지는 그 잠재된 의식이 무엇인지 모르고 살아왔지만 이제 그것이 천성이라는 사실을 알았다면 앞으로 이를 적극 개발하고 활용하고 응용하면 지속적인 한류바람을 이어갈 수 있고, 하늘과 땅의 참 주인으로서 거듭날 수 있고, 천성에 맞게 세상을 경영해나갈 수 있다.

----

25 무왕(武王)을 도와 은나라를 폐망시키고 주나라를 세운 공신 태공망에게 제(齊)의 땅을 하사하였고, 무왕의 아우 주공(周公) 단(旦)에게는 노(魯)의 땅을 하사하였다. 주공은 무왕을 도와 수도에 남아 정사를 돌보고 있을 때, 태공망 여상은 군신의 예를 간소화하고 부임한지 5개월 만에 나랏일을 보고하였고, 주공을 대신하여 노의 땅에 부임한 아들 백금은 규범을 제정비하고 3년 만에 나랏일을 보고하였다. 이것을 두고 주공은 "우리 노나라가 언젠가는 제나라의 속국이 될 수밖에 없겠구나." 하고 한탄하였다고 한다.

<제8성품의 가치>

참眞은 영·참 생명·법신불 등을 상징하고, 사邪는 혼·거짓(겉)생명·보신불·응신불 등을 상징한다.

구 분	하늘의 성품(天性)	땅의 성품(地性)
제8성품	진(眞)	사(邪)
가치관	참 생명, 영(靈), 불(佛), 법신불	겉 생명, 혼(魂), 보신불, 응신불
뜻	하늘(자연)은 끊임없이 움직이고 변화한다. 땅을 움직이게 하는 힘(에너지)도 엄청난 것이지만 우주 전체를 움직이게 하는 힘은 상상할 수도 없이 크다. 이렇게 전지전능한 힘으로 천지만물을 낳고 기르고 살아 움직이게 하고 부상당한 상처를 아물게 하는 존재가 진(眞)이며, 이 존재를 각 종교에서는 영체, 근본체, 법신불, 절대자, 하느님 등 다양하게 부른다.	우주는 하늘과 땅이 천성과 지성의 이치로 되어있고, 땅은 물과 흙이 천성과 지성의 이치로 되어있고, 사람은 마음과 육체 그리고 영과 혼이 천성과 지성의 이치로 되어 있다. 마찬가지로 진이 영·불, 참 생명·법신불 등을 상징하기 때문에 사(邪)는 그 반대가 되는 혼(魂)·마(魔)·거짓 생명·보신불·응신불(화신불) 등을 말하는 것이라고 할 수 있다.

1990년대에 "모두가 도둑놈이다."라는 뜻으로 "민나 도로무 데슈."라는 일본 말이 크게 회자된 적이 있고, 가수 신신애씨가 "여기도 짜가, 저기도 짜가"라고 부르던 노래가 크게 유행한 적이 있으며, 또한 도둑질하다 걸린 죄수가 "유전 무죄, 무전 유죄"라는 말로 사회에 소용돌이를 일으킨 적이 있다.

그러나 세상은 예나 지금이나 크게 나아진 것이 없다. 오히려 사건 사고나 범죄건수가 계속해서 증가하고, 규모도 대형화되고 있음에 비추어 더 사악邪惡해지고 있다는 느낌을 지울 수 없다. 언론은 그런 썩어빠지고 정신이 나간 사람들의 이야기를 중개하는 데 여념이 없다. 세상을 하나하나 뜯어놓고 보면 정말 썩지 않은 곳이 없고 정신을 잃지 않은 곳이 없다.

「도가니」라는 영화는 장애인 시설학교에서 교장 등이 장애인 아이를 성폭행한 사실을 그리고 있다. 그 사건이 세상에 드러난 후 7년이 지나 영화로 상영되고 이를 관람한 사람들에 의해서 논란이 커지자 관계기관에서 학교를 폐교 조치하였다고 한다. 또한 그때까지 연루자들 가운데 제대로 사법처리 하나 받은 사람도 없다고 한다. 발생부터 처리까지 믿음이 가는 구석이 하나도 없다. 썩은 우물에서 사는 물고기는 썩은 물에서 사는지 맑은 물에서 사는지 모르는 것과 같이, 세상은 천성이나 진을 모르고 지성이나 사를 쫓는 일에 익숙하여 옳고 그름이 마비된 중독 상태로 살아간다.

사람들은 참하다·참말·참 세상·참 부모·참 세상·참 사랑·진짜 등과 같이 말을 할 때마다 "참"이라는 단어를 많이 사용한다. 맞선보는 자리에서 예쁘고 착한 아가씨를 만나면 "정말"이라는 말과 "참"이라는 말을 섞어 "저 색시 정말 참하게 생겼다."고 한다. 한국만 그런 것이 아니라 서양 사람들도 진실을 가리키는 "really"나 "true" 등의 말을 자주 쓴다고 하는데, 참眞이나 정正의 의미를 바로 알고 쓰는 사람은 없는 것 같다.

참이나 정을 모르면 참 세상이나 바른 세상을 만들어갈 수 없으므로 정신병자가 사는 세상에서 결코 탈출할 수 없다. 학문이나 과학 등이 아무리 발전하더라도 참이나 정을 깨닫지 못하면 생명을 살상하는 도구로 사용될 뿐이다. 이미 설명했던 바와 같이 참은 참 생명 그리고 사는 거짓 생명의 줄인 말이다.

어느 성인이 말씀하신 "나의 말은 생명의 말이다." 또는 "나의 말은 하나도 땅에 떨어지지 않는다."는 말도 땅(지성)의 반대가 되는 하늘(천성)의 말이라는 뜻이고, 참 생명을 뜻하는 참말이라는 뜻이다.

태양계는 태양을 중심에 두고 지구를 비롯하여 혹성들이 태양 주위를 돌고 있으나 어느 혹성도 자기 궤도를 이탈하는 법이 없다. 태양을 진眞에 비유하면 혹성들을 사邪에 비유할 수 있고, 혹성들이 태양을 이탈하지 않고 항상 태양의 주위를 도는 것은 정正을 행하는 것에 비유할 수 있다.

사람은 영靈이 있어 변화의 시작이 이 존재로부터 비롯되기 때문에 이 생명을 생명의 생명 즉 참 생명이라 하는데 생명이라는 말을 빼면 진(참)이 된다. 따라서 사람의 마음이 진을 떠나지 않으면 무슨 일을 하더라도 진眞을 위해서 하는 것이므로 정正으로 인생을 살고, 진을 잠시라도 망각하면 아무리 좋은 일을 하더라도 사를 위해서 하는 것이므로 부정不正으로 인생을 산다.

마음이 진에 있으면 진심眞心[26]이고 진을 모르거나 알고도 행하지 않으면 사심邪心이다. 진을 위해서 살지 않으면, 가령 재물을 탐할 목적으로 인생을 사는 것이고, 그렇게 해서 모은 재물을 나중에 일부 나누어 준다 하더라도 선악과善惡果를 따먹는 것에 불과하다[27]는

26 불가에서 말하는 진심(眞心)의 의미를 이해하고자 한다면, 밀알기획실(1984), 벼랑 끝에서 길을 묻는 그대에게, 도서출판 밀알, 293~249쪽(普照眞心直說)을 참조.

27 2011.12.15. 제4차 충남고용포럼의 발제자 민주노총 소속 한국노동복지센터 이사는 「노동조합의 사회공헌활동 현황과 방향」에서 "재벌총수나 정치인들의 재산기부 배경을 순수하게 받아들이기 어려운 것이 현실이며, 재단으로 기부하는 방식에 대한 의문도 적지 않다."고 말했다. 연구자는 '그렇다면 노동조합이 하는 사회공헌활동은 그들과 달리 순수하다고 할 수 있는가?'라고 되물은 적이 있다. 진의 마음이 아니면 어느 누가 아무리 좋은 일을 하더라도 거짓·가식·꾸밈이 숨어있고, 속과 겉이 다른 일을 할 뿐이다.

것이다.

사람들은 의사나 약이 아프거나 부상당한 것을 치유시키는 것으로 알고 있겠지만 빨리 치유될 수 있도록 도와주는 조력자의 역할에 불과하다. 진정한 치유는 하늘(자연)이 만물을 탄생하게 하고 성장하게 하고 훼손되거나 부상을 당하면 원래의 상태로 되돌려놓는 것을 말한다. 또한 자연은 콩을 심으면 콩이 나오게 하고 팥을 심으면 팥이 나오게 한다. 콩을 심었는데 팥이 나거나 팥을 심었는데 콩이 나오는 것이 아니므로 뿌린 대로 거두게 한다.

거대한 우주는 이렇게 끊임없이 움직이고 변화한다. 땅을 움직이게 하는 에너지도 엄청난 것이지만 우주 전체를 움직이게 하는 에너지는 상상할 수도 없이 크다. 이렇게 전지전능한 힘으로 천지만물을 낳고 기르고 살아 움직이게 하는 에너지 역할을 하는 존재가 진眞이며, 이 존재를 각 종교에서는 영체靈體, 근본체根本體, 법신불法身佛, 절대자, 하느님 등 다양하게 부른다.[28]

서양 철학은 생명이 무엇인가에 대하여 실체가 아닌 과정으로 본다고 하는데, 우리 고전 삼일신고는 성性·명命·정精을 참 생명眞이라고 가르쳐주고 있다. 서양에서 생명을 과정으로 본다면 명命에 해당하는 영靈만을 생명으로 보는 듯하나, 마음도 모르면서 영까지 알았다고 할 수는 없을 것이므로 끊임없이 움직이는 자연현상을 과정으로 생각한 듯하다.

영은 하늘(보이지 않는 세계)의 성과 땅(보이는 세계)의 정을 연결하여 우

---

28 하늘은 에너지를 오직 이치 대로 사용하기 때문에 이를 법(法) 또는 도(道)라고 이름할 수 있으며, 법이나 도를 깨달았다는 것은 하늘이 움직이는 이치를 이해하였다는 것이므로 진의 이치(진리)를 이해하였다는 것과 같다.

주를 참되게 작동시키는 역할을 하므로 명命이다. 하늘의 진과 땅의 진 그리고 하늘과 땅을 연결하는 진이 합하여 3위 일체가 되는 생명이 우주이고, 그 축소판이 사람이고, 하늘과 땅과 사람을 연결하여 작동시키는 원리가 이理이므로, 진의 이치 즉 참 생명의 이치를 진리眞理라고 한다.

반면에 사邪는 겉(거짓) 생명, 혼魂, 신神, 보신불 또는 응신불 등을 일컫는 말이다. 우주는 천성과 같은 존재와 지성과 같은 존재가 짝을 이루고, 지성과 같은 존재가 있기 때문에 천성과 같은 존재가 자신을 드러낼 수 있으며, 목적하는 뜻을 실현할 수 있다.

우주는 하늘과 땅이 천성과 지성의 이치로 되어있고, 땅은 물과 흙이 천성과 지성의 이치로 되어있고, 사람은 마음과 육체 그리고 영과 혼이 천성과 지성의 이치로 되어 있다.

천성과 같은 생명은 스스로 변화를 하나 형상이 없고 지성과 같은 생명은 스스로 변화할 수 없으나 형상이 있기 때문에, 천성과 같은 생명이 생명을 낳고 지성과 같은 생명이 생명을 양육한다. 하늘은 형상이 없는데 변화를 낳고 땅은 형상이 있는데 변화를 기르는 것과 같이, 사람도 형상이 없는 마음과 영이 변화를 낳고 형상이 있는 육체와 혼이 변화를 기른다. "아버지가 나를 낳으시고 어머니가 나를 길러주셨다."는 말은 여기서 나온 말이다.

사람마다 땅의 정기를 받은 혼이 성장하는데, 육신을 버리면 더 이상 이 세상 사람이 아니므로 이 혼이 저 세상에서 신이나 귀 또는 사탄의 역할을 한다. 이 세상에 살면서 좋은 일을 많이 한 혼들은 저 세상에서도 사람 살리는 일을 하나 죄를 많이 지은 혼들은 저 세상에서도 사람 괴롭히는 일을 한다.

땅은 하늘의 법도만을 따르기 때문에 정正으로 행하는 것과 같이, 본래 사는 진의 짝으로서 진을 꽃피우기 위하여 존재한다. 그래서 사람이 진을 따르면 정으로 행하고 진을 따르지 않으면 부정으로 행하는데, 현실에서는 사를 위해서 인생을 사는 사람이 많기 때문에 죄를 먹고사는 삶을 살고 있다. 진을 잊고 사를 위하여 인생을 살기 때문에 아무리 좋은 일을 하더라도 선악과를 따 먹는 결과 밖에 얻을 수 없고, 이것을 모르기 때문에 왜곡된 인생을 살고 있다.

〈제9성품의 가치〉

주主는 주인·목표·태양·아버지·근본 등을 상징하고 종從은 복僕·수단·달·어머니·줄기 등을 상징한다.

구 분	하늘의 성품(天性)	땅의 성품(地性)
제9성품	주(主)	종(從)
가치관	주인·목표·태양(日)·아버지·근본 등	복(僕)·수단·달(月)·어머니·줄기 등
뜻	주는 중심이나 구심체 등을 뜻하므로 그것이 상징하는 것은 주인(主人)·목표·중심·태양·지혜·뿌리·씨앗·아버지·조상 등이다.	종(從)이 상징하는 것은 주를 성실히 따르는 것을 의미하는 복(僕)·수단·변두리·주변·종속·달·지식·가지나 줄기·논밭·어머니·자손 등이다.

하늘은 모든 면에서 절대이기 때문에 세상 모든 것이 비롯되는 근원·바탕·뿌리·씨앗으로 작용한다. 하늘이 주는 것은 무한하다. 가진 것을 모두 베풀기만 하기 때문에 가정에서 그 이치를 찾으면 아버지의 역할에 비유할 수 있다.

땅은 하늘과 비교할 때 모든 면에서 비교가 되지 않을 정도로 작다. 하늘을 벗어날 수 없고, 하늘이 만들어놓은 법도만을 따르고 있다. 오직 하늘로부터 받은 것을 간수하고 배태시키고 발아시키고 길러내고 양육하는 일만 함으로 가정에서 그 이치를 찾으면 어머니의 역할에 비유할 수 있다.

가정에서 아버지가 어머니에게 주는 것은 그것이 무엇이든 씨앗·밑천·뿌리가 된다. 어머니는 아버지로부터 받은 것을 잘 간수하여 온 가족과 함께 먹고 살도록 할 뿐만 아니라, 아무리 적은 것이라도 미래를 위하여 씨앗(저축)으로 남겨놓는다.

그래서 주主가 상징하는 것은 주인主人·목표·중심·구심·태양日·지혜·씨앗·뿌리·아버지·조상 등이 되고, 종從이 상징하는 것은 주를 성실히 따르는 것을 의미하는 복僕·수단·변두리·주변·종속·달月·지식·기둥·논밭·가지나 줄기·어머니·자손 등이 된다.

주主와 종從은 사람이나 사물에 공통적으로 사용되는 말이고, 주인主人은 사람에게 사용되는 말이다. 주인은 주主에 사람人을 덧붙인 말로 주인의 반대말은 종·하인·노예가 된다. 이때 종은 따를 종從을 쓰는 것이 아니라 종 복僕자를 쓴다.

참 주인은 어떤 세계(공동체)가 되었던 그 세계가 잘되도록 하기 위하여 아끼고 가꾸고 보살피고 보호하고 절약하고 검소하고 근면하고 겸손한 행위 등을 하여 그 구성원 모두가 잘되게 만들려고 노력하는 사람을 일컫고, 거짓된 주인은 어떤 세계(공동체)가 되었던 그 세계가 어떻게 되든 상관하지 않고 편 가르고 뺏고 도둑질하고 부정하고 더럽히고 방치하고 낭비하고 훼손하고 사치하고 깨뜨리고 불손한 행위

등으로 자신만 살고자 노력한다.

주인을 따르는 종僕도 진심으로 행하는 자는 주인의 뜻하는 바를 성실히 수행하고, 사심으로 행하는 자는 주인을 속여 자신의 이득만을 취한다. 그래서 거짓된 주인과 거짓된 복은 「도적」이다. 그런 사람이 말하는 내 것·내 주장·내 의견·내 땅·내 나라 등은 공공연히 도둑질하겠다고 선언하는 말이라고 할 수 있다.

정치인들은 곧잘 이 나라의 주인은 국민이고 공직자는 머슴이라고 한다. 그런데 현실에서는 국민이 잘못할 경우 머슴이라는 공직자가 주인이 되는 국민을 감옥에 가둔다. 선거할 때는 머슴이라던 정치인이 당선된 후에는 주인이 되어 국민 위에 군림한다. 국민을 올바르게 이끌어야 할 정치인이나 공직자가 이렇게 간단한 것조차 바르게 정립된 시각을 가진 사람이 많지 않다.

국가 공동체는 국민만이 아니라 지도자나 공무원도 공동체를 구성하는 일원이므로 함께 주인이다. 주인은 공동체에 속하는 모든 존재가 어떻게든 잘 되도록 노력하고, 주인이 아닌 자는 공동체가 어떻게 되든 자신만 살기 위하여 노력한다. 공직자가 봉사자에 불과하다면 힘들고 괴로운 일에 앞장설 필요가 없다. 힘닿는 대로 봉사하면 되는 것이지 죽음까지 감내할 필요가 없기 때문이다.

속 다르고 겉 다른 이중성을 보이는 사람은 진을 모르는 자이다. 진을 아는 사람은 참 주인이므로 정치인·공무원·국민을 구별하지 않고 자신의 부모나 자식 또는 형제자매처럼 정성을 다하고, 진을 모르는 사람은 어떤 사람이든 자신의 목적을 달성하는 도구로 이용할 뿐이다.

포클레인을 처음 만든 사람은 지혜智慧가 있는 사람이고 두 번째부터 만드는 사람은 지식知識이 있는 사람이다. 처음 포클레인을 만든 사람은 하는 일 없이 로열티royalty만 받아서 먹고 살 수 있으나, 두 번째부터 만드는 사람은 자본을 투자하고, 공장을 짓고, 근로자를 고용하여 물건을 만들어 팔아야 먹고 살 수 있다.

포클레인이 없을 때는 10일 걸려서 할 일을 포클레인이 있을 때는 하루에 끝낼 수 있기 때문에 시간이 일정하다면 공간을 단축할 수 있고, 공간이 일정하다면 시간을 단축할 수 있다.

그러므로 포클레인을 개발한 사람이나 가지고 있는 사람을 주主라고 하면 그 기술을 배우거나 포클레인이 필요하여 빌려 쓰는 사람은 종從이라고 할 수 있다. 포클레인이 있으면 시공을 단축하여 미래의 것을 앞당겨 사용할 수 있으므로 과학이 앞선 나라는 주主의 역할을 하고, 뒤처진 나라는 종從의 역할을 한다.

밀레니엄 시대 이전의 한국은 미·영·일·프·독 등이 주도하는 핵융합발전(인공태양) 연구에 동참하기 위하여 교섭을 벌였지만 받아주지 않아 K-STAR라는 이름으로 독자적 연구를 시작하였다고 한다. 세계 공동연구팀이 실패를 거듭하는 동안 K-STAR가 큰 진전을 이루자 지금은 그 공동연구팀에서 한국과 함께 연구를 하자며 과제를 준다고 한다. 주종관계가 무엇을 뜻하는지 알려주는 좋은 사례이다.

하늘과 땅에서 하늘이 주가 되고, 물과 흙 중에서 물이 주가 되고, 마음과 육체 중에서 마음이 주가 되고, 영과 혼 중에서 영이 주가 된다. 천성은 주종관계가 절대이고 불변이고 영원한 것이나, 지성에 해당하는 것은 주종관계가 상대이고 변하고 언젠가는 멸하는 것이다.

그러나 주가 되는 존재와 종이 되는 존재는 서로 별개가 아니라 서로 짝을 이룬다. 주가 되는 생명이 있어 종이 되는 생명이 있는 것이지만, 종이 되는 생명이 없으면 주가 되는 생명도 자신의 존재를 드러낼 수가 없다.

주가 되는 생명(절대. 마음)이 아무리 좋은 생각을 가지고 있더라도 종이 되는 생명(상대, 육체)이 행동으로 뒷받침해 주지 않으면 그 뜻을 이룰 수 없다. 종이 되는 생명은 부분이고 작은 존재에 불과하지만 종이 되는 생명이 모여 전체가 되는 큰 생명(한 몸)을 이루는 것이므로, 작은 생명 하나하나가 건강하고 자기 사명을 다할 때 큰 생명도 건강하고 주어진 사명을 다할 수 있다.

〈제10성품의 가치〉

양陽은 천성을 닮은 것, 변화를 주도하는 것, 빛 등을 상징하고, 음陰은 지성을 닮은 것, 변화를 따라가는 것, 그림자 등을 상징한다.

구 분	하늘의 성품(天性)	땅의 성품(地性)
제10성품	양(陽)	음(陰)
가치관	천성, 변화를 주도하는 것, 빛, 따뜻함 등	지성, 변화를 따라가는 것, 그림자, 차가움 등
뜻	양과 음은 성품·성질·성격 등 성(性)이 정반대가 되는 것을 통칭하는 개념이다. 천성과 같거나 닮은 것을 양이라 하고 지성과 같거나 닮은 것을 음이라고 한다. 양이 상징하는 가치관은 천성, 변화를 주도하는 것, 빛, 따뜻함, 목적, 자율(自律) 등을 의미한다.	지성을 닮은 존재는 천성을 위하여 수단으로 사용되어야 하며, 목적으로 사용되면 주객이 전도된다. 음이 상징하는 가치관은 양과 반대이거나 양을 따르지 않으면 아니 되는 것으로 지성, 변화를 따라가는 것, 그림자, 차가움, 수단, 타율(他律) 등을 의미한다.

양과 음은 성품·성질·성격 등 성性이 정반대가 되는 것을 통칭하

는 개념이다. 천성과 같거나 닮은 것을 양이라 하고 지성과 같거나 닮은 것을 음이라고 한다. 그러나 중요한 것은 하늘과 땅이 정반대의 성품을 가지고 있지만 서로 별개의 것이 아니라 짝으로서 한 몸을 이루고 있다는 사실이다. 하늘과 땅이 짝으로 한 몸을 이루고, 해와 달이 짝으로 한 몸을 이루고, 물과 흙이 짝으로 한 몸을 이루고, 마음과 육신 그리고 영과 혼이 짝으로 한 몸을 이룬다.

창조섭리가 양과 음으로 짝을 이루도록 하였기 때문에 누구나 이 이치를 알면 쉽게 세상을 읽을 수 있고, 쉽게 진리에 접근할 수 있고, 쉽게 창조주의 뜻을 읽을 수 있고, 쉽게 보편타당성 있는 답을 구할 수 있다. 암수가 한 몸을 이루는 꽃도 있지만 은행나무처럼 떨어져 짝을 이루는 것도 있는 것처럼, 하늘과 땅과 사람이 서로 떨어져 연관이 없는 것처럼 보이지만 축소하여 보면 석가모니 성인이 들고 있던 연꽃처럼 한 몸을 이루고 탄생(생성)·번식(번창)·발전(진보)·변화(진화)를 반복하고 있다.

아버지는 양이고 어머니는 음이다. 아버지를 밖外에 비유하면 어머니는 안安, 內에 비유할 수 있는데, 그것은 (지금의 환경이 과거와는 많이 다르지만) 아버지가 밖에서 활동하는 것을 의미하고 어머니는 안에서 활동하는 것을 의미한다. 밖은 미지의 세계이고 불안정한 세계이고 위험한 세계인데, 안은 아는 세계이고 안정된 세계이고 안전한 세계이다.

아버지가 밖에 나가서 먹고 살 수 있는 벌이를 해오면 어머니는 안에서 그것을 아끼고 나누고 저축하며 생계를 꾸려 살아간다. 하늘이 땅을 포용하듯이 아버지가 어머니를 포용하고, 땅이 하늘의 법도를 벗어나지 않는 것과 같이 어머니가 아버지의 뜻에 순종할 때 올바른 가정을 이룰 수 있다.

서교의 구약 창세기편에 "조물주가 남자의 갈비뼈 하나를 취하여 여자를 만들었다."고 함은, 하늘을 남자에 비유하고 땅을 여자에 비유하여 남자가 여자를 포용하지 않으면 아니 되고 여자는 남자에 순종하지 않으면 아니 되는 가르침을 전하려는 이야기로 풀이된다.

또한 「주 기도문」에서 "하늘에 계신 우리 아버지"는 "아버지와 같으신 하늘이시여"라고 표현되었던 것이나, 신을 절대자로 이해할 때 그 말이 성립되지 않기 때문에 후세 사람 누군가가 그것을 변경해놓은 것이 아닌가 생각된다.

사람의 본성에 대하여 맹자는 인의仁義에 바탕을 둔 성선설性善說을 주장하고, 순자는 성악설性惡說을 주장하고, 고자는 무선악無善惡을 주장하였다고 하는데, 이러한 주장은 본질을 벗어난 것이라고 아니할 수 없다. 왜냐하면 천성이나 지성에 가치를 부여하면 많은 언어가 만들어지는데, 생명에 유리한 내용 또는 불리한 내용 또는 중립적인 내용 등 일부만 골라 주장하는 것에 불과하기 때문이다.

사람의 마음은 하늘과 같은 영역이기 때문에 본성을 알기 위해서는 천성을 이해하지 않으면 아니 된다. 마음이 천성을 닮으면 색채와 형태가 없고 지성을 닮으면 색채와 형태가 있다. 성선·성악·무선악 등은 천성에 가치를 부여한 개념이므로 이미 지성으로 변한 개념이다.

본성은 천성과 같이 열리고 무형무색이고 무한하고 맑고 밝은 것이다. 가치를 부여하면 지성을 닮은 것이 되는 것이므로, 가치를 부여했으면 그 가치가 천성을 닮도록 할 때 가치다운 가치가 되고, 본성을 지키는 것이다. 말하자면 "천성"과 "천성의 가치"는 분명히 구별해서 사용해야 한다.

필자가 쓰는 이 글도 지성을 닮은 것이지만 천성이나 천성의 이치를 밝히는 데 목적을 두고 있으므로 천성을 따르고 있다. 이 말이 뜻하는 것은 지성을 닮은 존재는 천성을 위하여 수단으로 사용되어야 하며, 만약 목적으로 사용되면 주객이 전도된다는 것이다.

세상을 빛으로 표현하면 하늘은 맑고 밝고 열려 투명한 양의 빛이고, 땅은 하늘이라는 빛이 있어 드러나는 색채와 형태가 있는 음의 빛이다. 무형무색의 빛이 있어 유형유색의 빛이 드러나는데 사람은 그 차이 때문에 사물의 빛(시그널)을 읽을 수 있다.

자동차는 앞을 비추는 전조등도 있지만 방향을 알리는 깜빡이, 멈춤을 알리는 브레이크, 실내를 비추는 조명등이 있다. 공장에 가보면 주의를 환기시키는 노랑, 위험을 알리는 빨강, 정상 작업을 알리는 녹색등이 있다. 비행기 조종석은 수많은 계기판과 표시등으로 이루어져 있다.

사물이 보여주는 빛이 무슨 시그널인가 하는 것은 그것을 읽어낼 수 있는 자의 몫이다. 관상쟁이는 사람의 얼굴, 사주쟁이는 태어난 연월일시, 점쟁이는 잡신雜神, 조류학자는 새, 곤충학자는 곤충, 북한 전문가는 북한이 보여주는 빛을 읽고 그것을 분석하여 우리가 사용할 수 있는 정보로 가치화한다.

지진이 일어날 것을 알고 피하는 동물이 있듯이 전쟁이 발생할 것을 알고 대비하는 사람도 있고, 부모·직장상사·친구·이성 등이 보여주는 언어·눈치·선물·돈 등의 시그널을 파악하여 능수능란하게 처세하는 사람도 있다.

존재(사람·동물·식물·바위·물 등)의 맑음·밝음·열림·큼 등의 빛을 보고 성품·성질·성격·개성·적성 등을 파악할 수 있으면 남다른 눈을 가졌다고 할 수 있다.

　가정에서 식단을 꾸밀 때 어제나 오늘이나 내일의 식단이 똑같다면 식구들이 식욕을 잃지 않을 수 없다. 국 하나를 끓이고 반찬 한 가지를 만들더라도 어제와 오늘 그리고 내일이 다르고, 같은 김치 국이라도 어제는 콩나물 오늘은 아욱 내일은 버섯을 넣을 때 식욕을 북돋우고 음식으로서의 생명력이 있다. 같은 식단이라도 지성을 따르면 지식에 갇혀 답습하는 것에 불과하므로 새로운 것이 없고 생명력도 없으나, 천성을 따르면 식단마다 새롭고 독창성이 있고 생명력이 있다.

　봄, 여름, 가을, 겨울이라는 계절이 온도 차이에서 오는 것과 같이 생명현상도 온도의 차이에서 발생한다. 따뜻한 것은 양으로 작동하고 차가운 것은 음으로 작동하는데, 사람은 36.5도라는 체온을 가지고 있지만 상대적으로 몸이 차가운 부분이나 뜨거운 부분이 있으면 그 부위나 그 부위를 연결하는 근원에 병의 씨앗이 자라고 있다고 할 수 있다.

　그러므로 양이 상징하는 가치관은 천성, 변화를 주도하는 것, 빛, 따뜻함, 목적, 자율自律 등을 의미하고, 음이 상징하는 가치관은 양과 반대이거나 양을 따르지 않으면 아니 되는 것으로 지성, 변화를 따라가는 것, 그림자, 차가움, 수단, 타율他律 등을 의미한다.

| 가치를 부여하면 무엇을 얻을 수 있나?

그동안 인류는 탐욕 때문에 하늘과 땅과 사람을 지배하기 위하여 파괴를 일삼아왔다. 그래서 하늘과 땅과 사람이 조화를 이루지 못하고 파멸할 수밖에 없는 상황에 놓여있다. 이제라도 조화를 이루는 삶을 살기 위해서는 인류가 공감할 수 있는 가치관이 필요한데, 천성과 지성에 마음을 더하면 천지인이 조화를 이루는 가치관을 만들 수 있다.

구 분	천성(天性)이 상징하는 가치관	지성(地性)이 상징하는 가치관
제1성품	〈열려있음(開)〉 열림·개방·해방·자유·변화·긍정·능동 등	〈닫혀있음(閉)〉 닫힘·폐쇄·억압·탄압·압박·통제·멈춤·부정·수동 등
제2성품	〈무형무색(無形無色)〉 자연·필연·진실·사실·사명·목적·목표 등	〈유형유색(有形有色)〉 인공·재물·권세·명예·수단·공상·망상·우상 등
제3성품	〈무한(無限)〉 (절대의) 지혜·덕·힘·재력·권세·명예·크기 등	〈유한(有限)〉 (상대의) 지혜·덕·힘·재력·권세·명예·크기 등
제4성품	〈맑음(淸)·밝음(明)〉 순수·희망·승리·건강·긍정·능동·열정·성공 등	〈탁함(濁)·어둠(暗)〉 혼탁·암울·패배·병약·부정·수동·나태·실패 등
제5성품	〈전체(全體)〉 절대·한 몸·연결·소통·공동(체)·공생·공영·공유·존재 등	〈부분(部分)〉 상대·몸의 일부·나뉨·분리·분열·분화·전문화·개인·사유·소유 등
제6성품	〈고요(靜)·빔(空)〉 근본·뿌리·바탕·믿음·영원·영생 등	〈움직임(動)·때(時)〉 가공·꾸밈·기둥·거짓·가식·한계·수명 등
제7성품	〈성(性)〉 생명·사명·천성·본성 등	〈이(理)〉 이치·인과(因果)·논리·이유 등
제8성품	〈진(眞)〉 참 생명·영(靈)·법신불 등	〈사(邪)〉 거짓 생명·혼(魂)·보신불(응신불) 등
제9성품	〈주(主)〉 주인·근원·기단(起端)·바탕·뿌리·중심·구심·목표·씨앗·아버지 등	〈종(從)〉 종(僕)·줄기·탑·기둥·변두리·외곽·수단·논밭·어머니 등
제10성품	〈양(陽)〉 천성·변화를 주도하는 것·빛·따뜻함 등	〈음(陰)〉 지성·변화를 따라가는 것·그림자·차가움 등

사람이 하늘과 땅에서 태어났고 하늘과 땅을 벗어나 살 수 없으므로, 천성과 지성에 가치를 부여하면 하늘과 땅과 사람이 조화를 이룰 수 있는 합리적인 가치관이 탄생한다. 천성과 지성의 가치가 10가지로 극명하게 분류되는 것은 아니나 분류하면 대칭되는 성품을 지녔기 때문에 누구나 쉽게 이해할 수 있다.

앞서 살펴본 천성과 지성의 총괄표가 생명의 본체(근본체)를 나타내는 것이라면, 가치를 부여한 총괄표는 생명이 합리적으로 살아가는 방법을 제시하는 것이라고 할 수 있다. 천성과 지성의 총괄표는 절대생명(존재)과 상대생명(존재)를 가르쳐주는 것이라면 가치 총괄표는 절대가치(당위)와 상대가치(당위)를 가르쳐주는 것이라고 할 수 있다.

사람이 사용하는 용어는 사실 가치가 부여되지 아니한 것이 없다. 따라서 우리가 성인의 말을 쉽게 이해하지 못하고 진리를 쉽게 깨닫지 못하는 이유가 여기에 있다. 사람의 말은 진리를 가리키는 손가락과 같은 것이지 진리는 아니다. 필자가 근본체를 알려주고 근본체 성품에 가치를 부여한 것은 쉽게 진리를 깨닫게 하기 위함에 있다.

그러면 이제 절대생명의 성품과 상대생명의 성품에 가치를 부여한 가치표가 어떻게 사용될 수 있는지 살펴보자. 대략 다음과 같이 9가지로 정리될 수 있는데, 이것은 필자가 생각나는 대로 정리한 것에 불과하므로 얼마든지 사고를 확장하면 더 많이 유용하게 사용할 수 있을 것이다.

첫째, 천성의 세계는 열림·마음·생명·전체가 된다. 반면에 지성의 세계는 닫힘·육체(물질)·죽음·부분이 된다. 열린 세계는 열렸기 때문에 모든 것이 소통이 되고 교류가 되고 장애가 없이 오고갈 수 있으므로 자유·해방·개방·발산·유동·변동·유연·지혜·있는 그대로·진실·개방 등을 상징하고, 반면에 닫힌 세계는 안과 밖이 차단되어 모든 것이 갇혀있고 단절되고 정체되고 흐르지 못하여 오고가지 못하므로 통제·압박·억압·고착·고정·경직·지식·거짓·가식·꾸밈·통제 등을 상징한다.

열린 세계는 교류가 가능하므로 언제든지 맑고 밝은 세계로 나아갈 수 있으나 닫힌 세계는 교류가 단절되어 있으므로 탁하고 어두워도 바꿔나갈 방법이 없다. 그러므로 이 표는 인류에게 생명의 길과 파멸의 길을 알려주는 생명표라고 할 수 있다. 상대 존재가 천성의 가치를 따르면 성공·승리·자유·긍정·능동·기쁨·건강·활달·생명을 얻을 수 있고, 지성의 가치를 따르면 실패·패배·속박·부정·수동·슬픔·병약·우울·죽음을 얻을 수밖에 없다는 것을 가르쳐준다.

둘째, 전체는 큰 공동체이고 부분은 공동체 안의 작은 공동체이다. 전체가 큰 공동체라는 것은 부분이 독립된 존재가 아니라 전체와 연결된 한 몸이라는 뜻이다. 사람의 육체는 전체이고 눈·귀·코·입 등은 부분이나 신경 혈관 혼 등 부분이 되는 것이 연결하여 한 몸을 이루는 것처럼, 우주도 성性과 영靈과 정精이 하늘·땅·사람은 물론, 동식물과 나는 것 기는 것 등까지 연결하여 한 몸을 이루고 있다.

그래서 개인보다 가정, 가정보다 영역(지역·직장·학교·종교 등), 영역보다 나라, 나라보다 땅(인류), 땅보다 하늘이 큰 생명이고 큰 공동체이다. 큰 공동체와 작은 공동체의 관계는 작은 공동체가 큰 공동체를 위하여 존재하므로 큰 공동체가 목적의 역할을 하고 작은 공동체가 수단의 역할을 한다는 것이다.

하늘 공동체는 절대이므로 항상 목적의 역할을 하고 그 밖의 공동체는 상대이므로 필요에 따라 목적과 수단이 배분됨을 알려준다.

셋째, 사람에게 마음이 없다면 좋고 나쁨이나 옳고 그름 또는 선악 등은 물론이고, 깨끗하고 더럽고 추하고 예쁘고 좋아하고 미워하고, 재력 권력 명예 등의 많고 적음을 구분할 필요가 없다. 마음이 있고 그 마음에 색채와 형태를 짓기 때문에 색깔 있는 안경을 끼고 세상을 보는 것처럼 다양한 가치관이나 세계관이 만들어진다.

사물이 색채와 형태를 갖는 것은 사명이나 역할 때문인데 색채와 형태가 있는 마음으로 사물을 보기 때문에 모든 존재 이유가 왜곡된다. 하늘은 그 영역이 사람의 마음과 같기 때문에, 하늘은 세계이고 세상이고 나라이고 종교이고 사상이고 철학이다. 마음에 색채와 형태를 지으면 같은 하늘에 또 다른 세계·또 다른 세상·또 다른 나라·또 다른 종교·또 다른 사상·또 다른 철학이 만들어지는 것이고, 그렇게 되면 지금처럼 세상이 나눠지고 쪼개지고 갈라지는 것이다.

그러므로 마음이 천성과 같을 때만이 하늘을 하늘로 되돌려 놓을 수 있고, 마음을 마음으로 되돌려놓을 수 있다는 것을 알려준다.

넷째, 사람은 마음만 있는 것이 아니라 마음에서 생각이 나오도록 끄집어내는 역할을 하는 영靈이 있고, 또한 지성을 닮은 육체만 있는 것이 아니라 육체에서 행동이 나오도록 끄집어내는 역할을 하는 혼魂이 있다.

영이 있어 동물과 구별되는 것이므로 이를 참 생명이라 하고, 혼이 있어 육체가 따라주는 것이므로 이를 거짓 생명이라고 한다. 참 생명을 진眞이라 하고 거짓 생명을 사邪라고 함으로, 영을 아는 것은 자신(참 나)을 아는 것이다.

그런데 그동안 인류는 자신이 누구인지 모르고 지성을 닮은 것을 목적으로 인생을 사느라고 미치고 힘이 들고 죄를 먹고사는 삶을 살 수밖에 없었다. 자신을 모르기 때문에 태어난 사명을 모르고 거짓된 것을 추구하는 인생을 살 수밖에 없었다.

그러나 이제 하늘과 천성과 진을 알게 됨에 따라 자신의 인생을 살아갈 수 있고, 하늘사람 또는 진의 사람으로 태어날 수 있고, 하늘 즉 진의 세계를 열어갈 수 있는 길이 열렸다고 할 수 있다.

다섯째, 변화에는 자연적 변화와 인공적 변화가 있다. 자연적 변화는 하늘과 땅의 변화를 말하고 인공적 변화는 사람의 변화를 말하는데, 이때 자연적 변화는 땅보다 하늘이 근본이므로 하늘의 변화로 설명해도 문제가 없다. 자연은 하늘의 또 다른 이름인 것이다.

자연이나 사람의 변화는 직접적 능동적 긍정적 적극적이고 그 밖의 변화는 간접적 수동적 피동적 타동적이다. 이것은 태양과 달이 빛을 비추되 태양은 직접적 능동적 긍정적 적극적으로 비추고 달은 태양의 빛을 받아 간접적 수동적 피동적 타동적으로 비추는 것과 같다.

하늘은 영체이기 때문에 우리 몸에 난 상처를 아물게 하고 태양과 같은 빛을 내어 땅의 변화를 주도한다. 사람도 영이 있어 마음으로부터 생각을 일으켜 육체의 행동을 유발함으로서 세상을 변화시킨다.

하늘은 영체이기 때문에 자연의 변화를 주관하고 사람은 하늘의 한

편—片으로 관념 세계의 변화를 주관하는데, 천성과 지성에 가치를 부여하면 사람의 관념이 자연의 변화(근본체의 뜻)에 순응할 수 있다.

사람이 천성이나 천성의 가치를 인생의 목적으로 삼을 때 하늘의 뜻에 맞는 경영을 할 수 있다는 것을 알려준다.

여섯째, 사람들은 젊었을 때는 국가와 민족을 생각하지만 나이가 들수록 돈·권력·명예 등 탐욕에 빠진다. 그런 사람에게 '당신은 돈이나 권력이나 명예를 얻기 위해 이 세상에 태어났습니까?'하고 물으면 대부분 아니라고 대답한다. 그렇다면 그 사람은 속과 겉이 다른 인생을 살고 있는 것이 분명하다.

그래서 지금은 젊은 사람이 나이 먹은 사람들로부터 배울 것이 하나 없다고 한다. 배울 것이 없으니까 존경하지 않고, 존경하지 않으니까 위·아래가 없고, 위·아래가 없으니까 개판이다. 이렇게 무질서한 세상을 인간다운 세상으로 변화시키기 위해서는 천성을 체득한 사람이 그렇지 못한 사람을 이끄는 구조가 될 때 비로소 가능하다.

지금은 지성을 더 닦은 사람이 세상을 이끄는 구조로 되어있기 때문에 수많은 노력과 돈과 사람이 투입되어도 다람쥐 쳇바퀴 돌리듯 그 모양 그 꼴이다. 여기서 벗어나기 위해서는 천성을 더 닦은 사람이 지도자나 상급자가 되는 구조가 되어 악순환의 고리가 끊어지고 선순환의 고리를 만들어야한다.

그렇게 되기 위해서는 지금부터라도 천성을 체득한 사람을 하나라도 더 많이 양성하지 않으면 아니 된다는 사실을 가르쳐준다.

일곱째, 지금 세계는 지진·화산폭발·환경파괴·전쟁·온난화·사건사고 등이 계속되고 있다. 각각의 사건을 분리해놓고 보면 서로 독립적으로 발생하는 것처럼 보이지만 하늘과 땅과 사람이 연결된 하나라는 사실을 이해한다면 원인 없이 발생하는 것이 아님을 알 수 있다.

그동안 인류가 지성에 속하는 것을 수단이나 관리의 대상으로 보지 않고 목적이나 소유의 대상으로 보았기 때문에 발생하는 부작용이라고 할 수 있다. 인류가 하늘이나 땅을 생명으로 보지 않고 함부로 개간하고 개척하고 더럽히고 훼손하고 사고팔았을 뿐만 아니라, 수많은 인명을 살상하는 만행을 저질러 아프지 않은 곳이 없기 때문에 천지가 스스로 병든 몸을 치유하기 위하여 정화작용을 하고 있다.

부상당한 상처가 시간이 지나면 아물고 파괴된 토지가 풍화작용을 통해 원상으로 회복되는 것과 같이, 하늘은 이미 오염되고 훼손되고 응어리진 곳을 본래의 (천성을 닮은) 상태로 되돌려놓는 작업에 들어갔다. 새로운 하늘과 새로운 땅은 인류가 저지른 탐욕의 결과가 원인이 되어 일어나는 것이다.

이 변화를 최소화하는 방법은 죄를 먹고사는 지성의 시스템에서 죄가 없이 먹고사는 천성의 시스템으로 바꿔나가는 방법 밖에 없다.

여덟째, 인류의 역사를 되돌아보면 선진국이나 대국을 자처하는 나라일수록 전체를 파괴한 대가로 군림하지 않은 나라가 없다. 하늘과 땅을 생명으로 보지 않고 탐욕의 대상으로 보고 땅과 바다를 함부로 개간하고 개척하고 파괴하고 더럽히고 훼손하고 사고팔았을 뿐만 아니라, 잘못된 종교, 사상, 철학, 이념, 가치 등을 들어 경계를 만들어 소통하지 못하게 하고, 전쟁과 통제와 압제 등을 통하여 뺏고 훔치고 속이고 수많은 인명을 살상하는 만행을 저질렀다. 지성에 해당하는 것이 인생(삶)의 목적이라도 되는 것처럼 수단과 방법을 가리지 않았기 때문에 하늘과 땅과 사람이 모두 병들어 있다.

그러므로 선진국이나 대국을 자부하는 나라나 민족일수록 크게 각성하고 반성하지 않으면 아니 된다. 진의 세상이 도래하는 과정에서 더럽고 추하고 혼탁했던 부분은 그만큼 변화의 소용돌이에 빨려들지 않을 수 없고, 그 과정에서 죄가 큰 나라나 민족은 그만큼 희생이 클 수밖에 없기 때문이다. 진정으로 죄를 용서받으려면 모든 것을 원래의 상태로 되돌려 놓는 노력이 필요하다.

아홉째, 그동안 인류는 신神에 의지하여 성장한 것은 사실이나 신에 의해서 만물이 창조된 것처럼 잘못 이해하고 있다. 신이 피라미드의 꼭짓점에 위치하는 것처럼 생각하여 오직 신의 문화와 문명을 만들기 위하여 애써왔다.

그러나 그것은 인류가 신의 가르침을 받으며 성장해오는 과정에서 절대자로 미화한 것일 뿐, 천성과 지성의 이치로 보면 신은 지성을 닮은 존재에 불과하다.

신은 인간이었다. 신이 되기 전에 인간이었기 때문에 병주고 약주고 좋아하고 미워하고 심판하고 질투하고 짜증내고 싫어하는 등의 모습을 보이지만, 절대는 만물을 창조한 부모와 같기 때문에 모든 생명을 낳고 기르고 보호하고 대자대비(사랑, 인의)한 모습으로 감싸 안을 뿐이다. 우리가 병이 들면 스스로 아픈 곳을 치료하듯이 자연도 병들고 훼손된 곳이 있으면 스스로 정화하여 본래의 상태로 되돌려 놓는다.

부모다운 부모는 자식들이 잘못을 하더라도 함부로 내치지 않고 올바르게 살아갈 수 있도록 갖은 노력을 다하는 것과 같이, 하늘은 인간들로 하여금 오직 진의 이치(진리)만 따르게 하여 죄가 없고 영생하는 삶을 누릴 수 있게 하였다. 어리석은 인간이 그것을 모를 뿐이다.

마지막으로, 착하다는 것은 천성을 닮은 것을 뜻하고 착하지 않다는 것은 지성을 닮은 것을 뜻한다. 그런데 요즈음은 "착하다"는 말이 '소심한 성격'으로 변질되어 있다. 의미가 이렇게 전도되다보니 착하지 않은 사람은 점점 통(마음)이 커져 대범하게 세상을 도둑질하고, 착한 사람은 점점 통이 작아져 중대한 침해를 당해도 이의제기조차 못하고 살아간다. 통이 작다보니 도둑이나 깡패가 활개를 쳐도 붙잡아 치죄하지 못하고 더 큰 피해를 입을 것이 두려워 비위를 맞춘다.

이와 같이 세상이 본성을 잃은 것은 그동안 인류가 지성에서 모든 것을 구했기 때문에 종교·사상·철학·정치·경제·과학·문화·예술 등 모든 것이 뒤틀린 데서 오는 것이다.

결과만 좋으면 선善으로 평가받는 세상이기 때문에 편 가름하고 치고받고 살상하고 왕따시키고 환경을 파괴하고 부정부패하는 등 분란과 갈등과 거짓과 음모가 성행하고 있다.

그러나 앞으로 세상은 천성(진)과 지성(사)의 가치로 심판하는 세상을 예고한다. 속과 겉이 다른 선과 악으로 심판하지 않고 속과 겉이 일치하는 진과 사로 심판하고, 결과보다 원인, 개인보다 전체, 자비·사랑·인의·충효·사명 등을 높은 가치로 여길 수밖에 없다.

정말 착한 사람이 빛을 발하는 세상이라고 할 수 있다.

3장

생명이
무엇인가?

세상은 자연적 변화가 있고 인공적 변화가 있다.

자연적 변화는 하늘과 땅의 변화라고 할 수 있고, 인공적 변화는 사람의 변화라고 할 수 있다. 사실 사람도 자연의 부분이므로 자연적 변화라고 할 수 있으나 여기서는 이해를 돕기 위해 편의상 인공적 변화로 구별하였다.

자연적 변화는 하늘이라는 생명과 땅이라는 생명의 변화를 말하고, 인공적 변화는 사람이라는 생명의 변화를 말한다. 말하자면 우리가 변화라고 할 때 변화는 어떤 변화가 되었던 생명의 변화를 말하는 것이며, 이 장에서는 자연이라는 생명과 사람이라는 생명의 정체가 무엇인지 알아보고자 한다.

진리는 보편타당성이 있어 우리 사회 어느 것에 적용하더라도 그 이치를 통해 충분히 설명이 가능해야 한다. 보편타당성이 없으면 부분적으로는 적용이 되어도 전체에 대해서는 적용이 되지 않기 때문이다.

천성과 지성, 그리고 천성의 가치와 지성의 가치가 진리를 반영하는 것이라면 공간적 시간적으로 보편타당성이 있어야 한다. 그렇지 않다면 새로운 경세학經世學으로 이름할 수 없기 때문이다.

그래서 이 장에서는 천성과 지성의 이치를 이용하여 먼저 사람이라는 생명이 어떻게 생겼는지 알아보고, 다음으로 하늘과 땅의 생명이 어떻게 되는지 알아보고자 한다.

사실 이미 제2장에서 설명한 것이나 다름이 없으나, 그것만 가지고는 정확한 이해가 부족하기 때문에 좀 더 구체적으로 알아보고자 장을 달리하여 설명을 하는 것이다.

이 부분은 보통 종교가 다루는 영역이기도 하다. 그래서 잘못 다루면 사이비로 오해될 소지도 있다. 그러나 사이비는 이치나 원리를 공개하지 않고 종교를 장사의 수단으로 이용하는 사람을 말한다.

우리 주위에 수많은 종교 건물이 있어도 세상이 좋아지고 있다는 느낌이 들지 않는 것은 기성 종교도 진리의 진면목을 모르면서 신도들에게 엉터리 가르침을 펴온 것을 증명한다고 할 수 있다.

그러나 필자는 30여 년간 연구 끝에 찾아낸 이치나 원리를 모든 사람이 사람다운 사람으로 거듭나도록 공개한다. 생명의 창조원리를 비롯하여 생명 중심의 경세학을 밝히는 것이기 때문에 더 이상 사이비가 발붙이지 못하도록 차단하는 효과도 발생할 것이다.

독자들은 사이비에 속아 더 이상 재산을 갈취당하거나 마음고생하지 말고 이 글을 읽고 참다운 인생을 사시기 바란다.

사람을 아는가?

| 자연으로서의 사람

철학이나 법 등에서 말하는 정의나 법률 등의 근원이 자연에서 출발하지 아니한 것이 없고, 각 종교에서 말하는 경전도 자연에 기초를 두지 않은 것이 없으며, 우리가 사용하는 말의 어원도 자연에서 구하지 않은 것이 없다.

불교가 세상의 구성물질을 지수화풍地水火風으로 보는 것이나, 기독교가 흙에 입김을 불어넣어 사람을 창조하였다는 창조론이나, 중국의 정치·경제·문화·예술 학문 등의 가치를 평가함에 있어 역대 왕조가 규범으로 삼았던 홍범구주洪範九疇[29]나 노자의 도덕경(이경숙역, 2006.4

---

[29] 홍범구주가 단군임금의 산물인가, 기자조선의 산물인가, 중국의 산물인가 등에 대해서 얘기가 분분하지만, 홍익인간·제세이화라는 철학 속에 모든 답이 들어있다. 홍익인간·제세이화의 이념을 실현하기 위해서는 홍범구주와 같은 치세(治世)의 교본이 필요한데 그것이 없다면 오히려 이상하고, 해(夏)나라 이전의 중국은 임금을 태양에 비유하는 등 하늘을 숭배의 대상으로 보았기 때문에 하늘을 이용하는 학문이 있을 수 없다. 또한 동방의 청구문명에 속하는 배달민족이 천손민족으로 불리운 사실에 대해서는 중국 역사서도 증명하고 있으므로 천지운행원리를 바탕으로 만들어진 홍범구주는 단군임금 시대의 창작물로 이해하는 것이 합리적이다.

쇄. p47~62)[30]은 물론, BC 620년경의 철학자 탈레스가 만물의 근원을 '물'로 본 것이나, BC 320년경 아리스토텔레스가 만물의 근원은 '물·불·흙·공기의 4원소'로 본 것 등이 모두 그것을 증명한다.

위와 같이 성인들은 생명의 바탕·근본·근원·기초·기반이 되는 것이 무엇인가에 대하여 한결같이 자연에서 구하고 있는데, 사람들은 왜 그런 것인지 그 의미를 깨닫지 못하고 신神에 매달려 구원과 복을 빌거나 믿지 않으면 재앙을 초래하거나 죄를 짓는 것으로 잘못 생각을 하고 있다.

종교宗敎는 생명의 마루(머리, 바탕, 근본, 기초 등)를 가르치는 것을 말하는데, 오늘날 다른 세계와 달리 더 열리지 않고 더 굳게 닫혀있다. 머리 역할을 하는 사상계가 닫혀있으므로 몸통이나 팔다리 역할을 하는 다른 분야 역시 불균형 또는 불합리한 모습을 보이지 않는 곳(것)이 없다.

지금은 과학이라는 이름으로 세상 모든 것을 이치에 맞게 설명하고, 과거 성인들도 이치 없이 말하지 않은 사람이 없는데, 오늘날 종교만은 이치 없이 말하고, 이치 없는 것을 믿으라고 가르쳐, 처음 진

---

30 공자가 51세 때 노자를 만나 인의에 대하여 이야기하였다(公子見老聃 而語仁義)·노자가 듣고 말하기를 겨 가루가 눈에 들어가면 천지사방이 위치가 바뀌고 모기나 등에가 살을 물면 밤새도록 잠을 이루지 못한다. 그리되면 마음이 동요를 일으키는데 그래도 인의를 유지할 수 있습니까(老聃曰, 夫 播糠眯目 則天地四方易位矣 蚊蝱噆膚 則通昔不寐矣, 夫 仁義憯然乃憤 吾心亂莫大焉). 샘이 마르면 물고기는 서로 모여 숨을 내쉬어 축축하게 해주고 거품을 내어 적셔주나 강이나 호수에서 서로 잊고 사는 것보다 못합니다(泉涸 魚相與處於陸 相呴以濕 相濡以沫 不若相忘於江湖) 등의 말을 하였다. 이 말을 들은 공자가 즉답을 못하고 3개월간 두문불출하다가 다시 노자를 찾아가 말하기를, 까마귀와 까치는 새끼가 되어 자라고 물고기는 기품에 붙어서 자라고 나나니 벌은 탈바꿈하여 성충이 되고 동생이 생기면 형이 울고 다닙니다(公子不出三月 復見曰. 丘得之矣 烏鵲孺 魚傳沫 細要者化 有弟而兄啼)고 말하며, 내가 자연과 더불어 하나이지 못한 것이 오래되었습니다. 그런 사람이 어찌 다른 사람을 자연과 하나이게 할 수 있었겠습니까?(久矣, 夫 丘不與化爲人 丘不與化爲人 安能化人?)라고 말하였다. 이 말을 듣고 노자께서 가하도다. 이제 선생께서 그것(道)을 얻었구려 라고 말하였다(老子曰, 可, 丘得之矣).

리를 폈던 종교의 시조始祖마저 정신병자로 만들고 있다.

자연은 하늘과 땅의 또 다른 호칭이라는 것에 대해서는 이미 설명을 하였기 때문에 다시 언급하지 않아도 되리라 생각한다. 다만, 여기서 설명하고자 하는 것은 자연이라 칭하는 색채와 형태가 없는 천성과 색채와 형태가 있는 지성을 빌어 역시 자연에 속하는 만물의 영장이라는 사람이 어떤 구조로 창조되었는지 그 정체를 알아보고자 한다.

세상을 변화시키는 주체 역할을 하는 사람을 모르고서 세상을 올바르게 변화시키는 것은 불가능하기 때문이다.

| 사람의 창조원리

사람은 생각하는 기능과 행동하는 기능이 있다.

사람은 생각하는 기능과 행동하는 기능이 합하여 일을 하기 때문에 생각 여하에 따라 세상을 혼란하게 할 수도 있고 감동에 빠지게 할 수도 있다. 눈에 보이지 않는 사람의 생각이 눈에 보이는 사람이 사는 세상을 변화시키는 것이므로 생각이 나오는 근원을 모르고 가치관을 정립할 수 없을 뿐만 아니라, 천성과 지성의 이치가 보편타당성이 있는 것이라면 사람의 창조원리도 충분히 설명할 수 있어야 하기 때문이다.

생각하는 기능은 천성을 닮아 색채와 형태가 없고 행동하는 기능은 지성을 닮아 색채와 형태가 있다. 생각하는 기능은 색채와 형태가 없기 때문에 시간과 공간의 제약을 받지 않으나 행동하는 기능은 색채와 형태가 있기 때문에 시간과 공간을 제약을 받지 않을 수 없다.

사람이 일을 한다는 것은 생각하는 기능과 행동하는 기능이 결합하여 일어난다. 생각 없이 무의식중에 하는 행동도 없지 않으나 대체로 생각 없이 행동하는 사람은 없다. 무의식중에 하는 행동도 의식이 있을 때 하던 행동에 기초하고 있다.

그래서 생각이 없는 사람일수록 바보 같아 보이고 생각이 많은 사람일수록 똑똑한 사람 같아 보인다. 그러나 현실에서는 생각이 앞서고 실천이 없는 사람이 있는가 하면 생각이 없고 행동이 앞서는 사람도 있다.

어찌되었던 생각이 행동을 움직여 사람 사는 세상을 변화시키는데, 좋은 생각은 좋은 행동을 유발하여 좋은 세상을 만들고 나쁜 생각은 나쁜 행동을 유발하여 나쁜 세상을 만든다.

사람마다 똑같은 생각을 할 수 없기 때문에 세상은 사람의 수만큼 생각이 달라서 복잡하기 이를 데 없다. 사람의 됨됨이에 따라 생각도 천차만별인데 품성이 낮은 사람은 대체로 지성을 닮은 것(돈, 권력, 명예, 욕정 등)을 목적으로 인생을 살고, 품성이 높은 사람은 대체로 천성을 닮은 것(생명, 본성, 양육, 사명 등)을 목적으로 인생을 산다.

우리 주위에서 일어나는 사건사고나 문제점 등은 잘못된 생각이 잘못된 행동을 유발하여 일어나는 현상인데, 사람마다 행하는 옳음과 그름, 잘함과 잘못함, 좋음과 나쁨 등은 해놓은 일을 놓고 선악을 구별한 판단결과이다.

여기서 우리가 반드시 염두에 두어야 할 것은 선악은 생각하고 행동한 결과에 대한 판단이므로 반드시 마음먹은 대로 평가받지 못한다는 것이다. 마음으로는 가족이나 친구가 의타심을 버리고 좋은 방향으로 성장하도록 얼마든지 차갑게 대할 수 있고, 일제 강점기의 애국자처럼 나라를 잃었을 때 경찰이나 정보기관의 앞잡이 노릇을 하면서 정보를 빼내 독립군에게 전달할 수도 있는데, 그 판단을 올바로 할 수 없는 것이다.

사람마다 똑같이 육신을 가지고 태어났지만 어떤 사람은 일생을 통하여 상상도 할 수 없는 큰 업적을 쌓는가 하면, 어떤 사람은 일생을 통하여 자기 몸뚱이 하나 제대로 추스르지 못하고 생을 마감하는 사람도 있다.

생각이 미치지 못하고 행동이 게으르기 때문에 그런 차이가 나는 것인데, 대체로 큰 업적을 쌓는 사람은 행동보다는 생각으로 일을 한다. 행동은 다소 느리더라도 생각이 좋으면 동업자를 구하거나 다른 사람을 고용하거나 기계 기구를 만들어서라도 큰 업적을 이룰 수 있기 때문이다.

생각은 공간과 시간의 제약을 별로 받지 않으나 행동은 공간과 시간의 제약을 받는 것이므로 행동보다 생각으로 일을 하면 시공을 초월하는 효과를 얻을 수 있다.

과학이라고 하는 것은 행동보다 생각으로 일하는 것이 무엇인가를 깨닫게 해준다. 사람이 어떤 물건을 만들 때 행동을 빨리빨리 하여 10개 만들 것을 12개 만들거나 15개를 만들 수는 있지만, 아무리 빨리 만들더라도 50개를 만들고 100개를 만들 수는 없다. 그러나 자동화기계나 컴퓨터나 포클레인 등을 만들어 일을 하면 대량 생산을 할 수 있고, 그렇게 되면 10일 걸려서 할 일을 하루에 끝마칠 수 있고, 같은 시간에 다른 사람보다 더 많은 일을 할 수 있으므로 시간과 공간을 단축하는 결과를 얻을 수 있다.

이와 같이 한 사람이 생각하고 행동하면 일事을 낳고, 2명 이상의 집단이 조직적으로 생각하고 행동하면 역사役事를 낳고, 한 국가가 생각하고 행동을 하면 역사歷史를 낳고, 하늘과 땅이 생각(공간)하고 행동(시간)을 하면 생사生死를 낳는다.

경부고속도로를 건설하거나 새만금 방조제를 만드는 일 등은 역사役事라고 하는데, 이런 사업은 규모가 크기 때문에 혼자서는 할 수 없고 생각하는 기능을 담당하는 사람과 행동하는 기능을 담당하는 사람으로 역할을 분담하여 행할 때 완수할 수 있다.

마찬가지로 국가는 위정자와 공무원이 생각하는 기능을 담당하고 국민은 행동하는 기능을 담당한다. 지도자나 공직자가 정책(생각)을 만들고 국민이 이를 실천(행동)할 때 역사가 창조되는데, 생각하는 기능이 잘못되면 잘못된 역사가 만들어지고 생각하는 기능이 뛰어나면 위대한 역사가 만들어진다.

대한민국이 남북으로 갈라진 것은 생각이 갈렸기 때문이다. 공산주의나 자본주의 등 사상도 생각의 일종인데, 서로 자기의 생각(사상, 이념, 종교, 철학, 가치관, 세계관 등)이 더 많은 사람을 양육할 수 있다고 주장하며 다투고 싸웠기 때문에 나라와 민족이 갈라졌다.

그러나 어떤 생각도 하늘을 벗어날 수 없다. 하늘이라는 세계가 이미 있는데 그 속에 지성을 닮은 색채와 형태가 있는 또 다른 세계를 만드는 것은 하늘을 나누고 쪼개는 것이나 다름이 없고, 하늘에 부합하지 않는 생각을 고수하기 위하여 하늘이 창조한 생명을 해코지하는 것이나 다름이 없다.

따라서 자신의 생각이 천성과 다르다는 것을 알았다면 빨리 버리거나 수정하면 피해가 크지 않고 죄도 크지 않은데, 잘못된 생각인 줄 알면서도 권명리權名利 등 지성을 닮은 것에 눈이 멀어 계속 그것을 고수하면 국민을 양육할 책임이 있는 자가 오히려 고통·억압·압박·탄압한 것이 됨으로 하늘의 죄인으로 전락한다.

사람은 생각을 하고 행동을 통하여 일을 하는 것이므로 이理를 따르고 있다. 모든 변화가 이치理致로 작동하지 않는 것이 없고, 인과因果로 일어나지 않는 것이 없다.

생각이 클수록 천성을 따르고 생각이 작을수록 지성을 따른다. 생각이 클수록 현명하게 행동하고 생각이 작을수록 금수禽獸처럼 본능적으로 행동한다.

생각이 크다는 것은 이치나 원리가 크다는 것이고 생각이 작다는 것은 이치나 원리가 작다는 것이다. 이치나 원리가 클수록 큰 사람이고 이치나 원리가 작을수록 작은 사람이다.

사람의 생각은 마음에서 비롯되기 때문에, 마음이 없는데 생각이 있고 생각이 있는데 마음이 없을 수 없다. 또한 생각이 없는데 행동을

---

31 데카르트는 우리는 몸이라는 물질적 실체와 마음이라는 심적 실체로 이루어진 결합체로서, 심적 실체와 물질적 실체라는 두 종류의 실체가 있다고 하였다(김재권 / 하종호 김선희 옮김, 심리철학, 2004. 3쇄, p15).

하고 행동을 했는데 생각이 없을 수 없으며, 행동이 없는데 일이 있고, 일이 없는데 행동이 있을 수 없다. 마음이 원인이면 생각이 결과이고, 생각이 원인이면 육체가 결과이고, 육체가 원인이면 행동이 결과이고, 행동이 원인이면 일이 결과이다.

마음은 하늘과 같은 모습이므로 무형무색의 공간과 같은데 그 마음에서 생각하는 기능이 나오고, 육신은 땅과 같은 모습이므로 유형유색의 공간과 같은데 그 육신에서 행동하는 기능이 나온다.

현대학문은 그동안 마음이 사람의 눈에 보이지 않는다는 이유로 사람의 변화가 영에서 마음, 마음에서 생각, 생각에서 육체, 육체에서 행동, 행동에서 일(선·악)로 나타나는 현상을 간과하였다.

20세기 후반에 인지주의와 심성주의mentalism가 수용되기까지 행동주의는 지배적인 방법론으로 맹위를 떨쳤다(김재권 / 하종호 김선희 옮김, 심리철학). 그러나 지금 서양에서 학문탐구에 심성주의를 수용했다고 해도 겨우 그것을 의식하는 수준에 불과하다. 특히, 사람에게 영이 있어 세상을 변화시키는 주체로서 작동되고 있다는 사실은 까마득히 모르고 있다.

그래서 지금 세상은 색채와 형태를 지은만큼 주의 주장만 난무하고, 잘못된 생각이나 행동을 고치고 싶어도 그것이 나오는 바탕을 모르기 때문에 근본적 해결책을 찾지 못하고 있다. 모든 것의 출발이 하늘인 것처럼 사람의 경우는 모든 행동의 출발이 하늘을 닮은 마음에서 비롯되는 것인데, 마음의 실체를 모르기 때문에 마음을 통제하지 못하고 임시적 효과 밖에 내지 못하는 행동을 통제하는 일에 시간과 노력과 비용을 들이고 있다.

마음은 색채와 행태가 없으므로 천성과 같고, 육체는 색채와 형태가 있으므로 지성과 같다. 자연의 변화 원리가 천성과 지성의 이치로 되어있기 때문에 사람도 예외가 아니다.

마음이 천성을 닮은 것이라면 육신은 지성을 닮은 것이라고 할 수 있고, 마음을 겉 생명이라고 하면 육신을 속 생명이라고 할 수 있으며[32], 마음을 참 생명을 닮은 것이라고 하면 육체는 거짓 생명을 닮은 것이라고 할 수 있다.[33]

2011년 10월 30일 12시경 방영된 국회방송 다큐프라임 「인간의 두 얼굴」은 변덕스러운 사람의 마음을 실험결과로 소개하였다.

〈온도의 차이에 따라 변화하는 사람의 마음에 대한 실험〉

회사에 취업하기 위하여 면접에 참가한 사람을 5명씩 A와 B의 2개 그룹으로 나눈다. 엘리베이터를 탈 때부터 A그룹에 속하는 참가자들에게는 차가운 것이라는 사실이 느껴지도록 차가운 음료가 든 컵을 들어줄 것을 부탁을 한다. B그룹에 속하는 참가자들에게는 따뜻한 것이라는 사실이 느껴지도록 따뜻한 음료가 든 컵을 들어줄 것을 부탁을 한다.

---

32 육체와 행동은 눈에 보이고 마음과 생각은 눈에 보이지 않기 때문에 육체와 행동을 겉 생명으로 이해하기 쉬우나, 하늘이 겉 생명을 이루고 땅이 속 생명을 이루는 것과 같이, 사람도 땅을 닮은 육체 밖에 하늘을 닮은 마음이 있으므로 마음을 겉 생명이라고 하면 육체를 속 생명이라고 할 수 있다.

33 일반적으로 생명의 이치를 깨우쳐주는 방법으로 참 생명과 거짓 생명을 표현할 때 참 생명을 속 생명, 거짓 생명을 겉 생명으로 표현하나, 마음이 육체 밖에 있다는 것을 안다면 오히려 마음을 겉 생명이라고 할 수 있고 육체를 속 생명이라고 할 수 있다. 그러나 이것도 정확한 말이 아니다. 마음에 영이 살고 육체에 혼이 살기 때문에 영이나 혼을 속 생명이라고 하면 마음과 육체를 겉 생명이라고 할 수 있다.

그렇게 한 후 A와 B그룹 참가자가 모두 甲이라는 사람에 대하여 면접을 보게 한다. "당신이 이 회사의 책임자라면 甲이라는 사람을 채용하겠습니까, 채용하지 않겠습니까?"하고 질문을 한다. 물론 A그룹이나 B그룹에 참가한 사람들이 甲에게 묻는 질문은 똑같았고, 질문에 대한 甲의 답변도 똑같았다.

그런데 차가운 음료를 들고 있었던 A그룹 사람들은 한결같이 甲을 채용하지 않겠다고 하였고, 따뜻한 음료를 들고 있었던 B그룹 사람들은 한결같이 甲을 채용하겠다는 결과가 나왔다.

〈자신을 닮은 이성에 호감을 보이는 마음의 변화에 대한 실험〉

결혼 적령기에 이른 사람을 대상으로 마음에 드는 이성을 찾는 실험이다. 남녀에게 각기 자신의 얼굴 모습을 이성으로 변환시켜 놓은 사진을 포함하여, 6~7명의 이성 사진을 걸어놓고 자신의 결혼 대상자로 마음에 드는 사람을 고르도록 하는 것이었다. 그 결과 모두들 한결같이 자신의 모습을 이성으로 변환시켜 놓은 사진에 호감을 나타내었다.

위 두 실험은 사람의 마음이 얼마나 모순을 가지고 있는가를 깨닫게 해준다. 이와 같이 사람은 마음이 변화하면 생각이 변화하고, 생각이 변화하면 육체를 움직여 행동이 변화한다.

마음이 나쁘면 여기서는 도둑질하고 저기서는 도박을 하고, 운전대를 잡으면 난폭 운전을 하고, 유아원을 운영하면 우는 아이를 골방에 가두고, 양로원을 운영하면 거동이 불편한 노인을 방치하여 근육을 굳게 만든다.

행동이론가들에게 이에 대한 대책을 찾으라고 하면 사건사고가 발생한 후에 재원과 노력과 시간을 들여 설문조사나 사고현황 조사 등을 통해 행동유형을 분류하고 많이 일어나는 행동부터 통제하는 방법밖에 제시하지 못한다.

그렇게 대응하면 일시적이고 임시적인 효과는 거둘 수 있지만 통제가 느슨해지면 다시 잘못된 행동이 반복된다. 행동이 반복되면 장기적으로 학습효과나 적응력 등이 생겨 더 이상 통제가 되지 않고 사건사고가 증폭되기 때문에 나중에는 24시간 1:1로 경찰관을 붙여놓아도 근본적으로 해결할 수 없다.

특히 문제가 발생한 후 일을 하는 것이므로 문제가 생기지 않도록 미리 대비하는 일은 할 수 없다. 사람의 행동은 생각에서 나오고 생각은 마음에서 나오는 것이므로 마음이 변하면 판단이 변하고 행동도 변하는데, 지금까지 학문탐구는 마음을 도외시한 채 행동유형을 분류하여 많이 발생하는 것부터 고치도록 하는 대안을 제시하는 데 불과하였다.

사람은 마음과 육체가 있어 사람인 것이므로 마음과 육체의 영역은 다를 수밖에 없다. 마음은 색채와 형태가 없으므로 색채와 형태가 있는 육체 안에 존재하는 것이 아니라 육체 밖에 존재하고[34], 육체 밖은 하늘의 영역이므로 사람의 마음은 하늘과 같은 영역이다.

마음을 말하는 사람들에게 "마음이 어디 있느냐?"고 물으면 대개 머리나 가슴을 만지는데 머리나 가슴도 육체이기 때문에 그것을 마음

---

34 나의 스승이셨던 故 영성선생은 "하늘 즉 대자연령은 인간의 마음을 인간 육 밖에 있게 하였으니, 마음과 육신을 분리시켜 창조하였다."(진경眞經, 1990년 재판, 삼영인쇄사 ; 제6장)고 하였다.

으로 이해한다면 잘못 알고 있는 것이다. 사람의 마음은 하늘과 같은 영역이므로 하늘과 같이 무한대이고 육체는 땅을 닮은 영역이므로 땅과 같이 유한대이다.

무한대의 하늘과 유한대의 땅이 짝을 이루는 것과 같이, 사람도 무한대의 마음과 유한대의 육체가 짝을 이루고 있다. 사람의 마음은 색채와 형태를 만들지 않으면 하늘과 같이 열려 크고 맑고 밝을 수밖에 없고, 색채와 형태를 만들면 만든 크기만큼 닫혀 작아지고 탁해지고 어두워질 수밖에 없다.[35]

사람들은 머리에서 생각이 나온다는 이유로 마음이 머리에 있거나 가슴에 있는 것으로 생각하나, 우주에서 색채와 형태가 없는 천성을 닮은 부분과 색채와 형태가 있는 지성을 닮은 부분을 9:1의 비율이라 가정할 경우, 마음은 하늘에 속하고 육체는 땅에 속하므로 사람의 마음도 육체 밖에 육체보다 최소 90% 이상 큰 상태로 존재한다.

마음은 색채와 형태가 없으나 육체는 색채와 형태가 있기 때문에 사람을 보면 육체만 보이나 실제로는 육체 밖에 마음이 육체를 감싸고 있다. 그래서 마음은 하늘과 같은 영역이기 때문에 하늘만큼 (높이, 깊이, 넓이, 속도 등을) 크게 키울 수 있고, 색채와 형태를 지으면 그 크기만큼 줄일 수 있다.

....

35 법구경 제1장(1번)에서 "모든 일은 마음이 근본이다. 마음에서 나와 마음으로 이루어진다. 나쁜 마음을 가지고 말하거나 행동하면 괴로움이 그를 따른다. 수레바퀴가 소의 발자국을 따르듯이," (2번)에서 "모든 일은 마음이 근본이다. 마음에서 나와 마음으로 이루어진다. 맑고 순수한 마음을 가지고 말하거나 행동하면 즐거움이 그를 따른다. 그림자가 그 주인을 따르듯이,"라고 하여 인간의 일(언행)이 마음에서 비롯됨을 가르쳐주고 있다(법정, 2010년 5판, 진리의 말씀, 도서출판이레).

또한 마음이 육체를 감싸고 있으므로 육체의 각 기관은 독자적으로 마음과 교류를 하는데, 생각이나 기억 등은 두뇌를 통해서, 시각은 눈을 통해서, 청각은 귀를 통해서, 후각이나 숨은 코를 통해서, 감각이나 느낌 등은 피부를 통해서 주고받는다.

마음은 하늘의 영역과 같아서 아무것도 없는 텅 빈 공空과 같으나, 그곳에 무엇을 심고 담는가에 따라 각양각색의 세계로 변화한다.

마음을 병에 비유할 경우 그 병에 술을 담으면 술병이 되고, 물을 담으면 물병이 되고, 꽃을 담으면 꽃병이 되고, 꿀을 담으면 꿀병이 된다.[36]

마음을 집이라고 한다면 그 집에서 나올 수 있는 것은 쌓아둔 것 밖에 없다. 콩을 쌓아두었으면 콩 밖에 나올 것이 없고, 팥을 쌓아두었으면 팥 밖에 나올 것이 없고, 돈을 쌓아두었으면 돈 밖에 나올 것이 없다. 콩을 쌓아두었는데 팥이 나오거나 팥을 쌓아두었는데 콩이 나오지 않는다.

마음을 하늘에 두면 하늘을 따르고, 땅에 두면 땅을 따르고, 신에 두면 신을 따르고, 재물에 두면 재물을 따르고, 권력에 두면 권력을 따른다. 마음을 산에 두면 산과 동화되고 들에 두면 농부와 동화되고, 바다에 두면 바다와 동화된다. 나무에 두면 나무를 사랑하고, 바위에 두면 바위를 사랑하고, 새에 두면 새를 사랑한다.

사람의 본성이 선善인가 악惡인가를 두고 순자는 성악설, 맹자는 성

---

[36] 공자의 말씀을 기록한 논어에 군자불기(君子不器)라는 말이 있다. '큰 사람은 그릇이 아니다.'라는 말인데, 사람은 대부분 선입관이나 고정관념을 가지고 세상을 살아가나, 큰 사람(성인, 군자)은 마음이 천성과 같이 열려 그릇과 같은 고정된 형태(모양)를 짓지 않기 때문에 무엇이든 드나들 수 있다는 뜻이다.

선설, 고자는 선악도 성선도 아니라고 주장하였는데, 선과 악은 사람이 생각하고 행동한 결과에 대한 판단이고, 본성은 생각이 나오는 바탕 즉 마음을 말하는 것으로 선과 악으로 판단하려고 한 것 자체가 모순이다.

마음은 하늘과 같은 영역이므로 하늘과 같은 마음을 가지면 천성과 일치하므로 본성을 회복한 것이고, 맑음이나 탁함, 밝음이나 어두움, 열림이나 닫힘, 큼이나 작음, 색채와 형태 등을 쌓으면 경계가 만들어져 지성을 닮은 마음을 갖는 것이므로 본성을 잃는 것이다.

마음은 집이나 그릇과 같아서 그곳에 무엇을 담아두었는가에 따라 생각이 달라지고 행동이 달라지므로 천성을 닮은 마음은 아무 것도 없는 텅 빈 집이나 그릇과 같아서 선과 악이 있을 수 없다. 색채와 형태가 없는 논이나 밭과 같기 때문에 그곳에 심은 씨앗만 발아하고 성장하고 결실한다.

그렇게 보면 고자의 견해와 일치하는 것 같지만 본성은 천성을 말하는 것이므로 천성에 가치(당위)를 부여하지 아니한 상태를 말한다.

하늘을 세계나 세상 또는 나라 등으로 부르는 것과 같이 사람의 마음은 그 사람의 세계이고 세상이고 나라이다. 모든 생명이 자기 세계·자기 세상·자기 나라를 가지고 있는데, 길가에 서 있는 나무 한그루도 세상이 있고, 자유롭게 날아다니는 비둘기나 참새 한 마리도 세상이 있고, 산속을 어슬렁거리는 곰이나 호랑이 한 마리도 자기 세계가 있다.

사람을 제외한 존재는 하늘이 곧 자기 세계가 되나 사람만은 마음이 있어 하늘의 세계 속에 또 다른 세계를 건설할 수 있다. 금속이나 유리나 황토로 된 세계를 건설할 수도 있고, 음악이나 미술이나 연극의 세계를 세울 수도 있고, 그 밖의 다른 공상·망상·우상의 세계를 건설할 수도 있다. 색채와 형태를 만들면 그것이 새로운 세계이기 때문이다.

하늘은 열려있기 때문에 수많은 별들이 다양한 모습으로 존재할 수 있는 것처럼 사람의 마음도 열려있기 때문에 희·노·애·락·애·오·욕 또는 그 밖의 다른 색채와 형태가 있는 세계를 얼마든지 만들어낼 수 있다. 그동안 인류가 만들어낸 자본주의나 공산주의, 민주주의나 사회주의, 자유주의나 평등주의, 신본주의나 인본주의 등도 사람의 마음(관념)에 있는 세계 중의 하나이다.

마음이 맑고 밝은 사람은 맑고 밝은 일을 하고, 탁하고 어두우면 탁하고 어두운 일을 한다. 마음의 맑음이나 밝음이 10이라면 10만큼 열린 언행을 하고 5라면 5만큼 열린 언행을 한다. 마음이 크면 큰일을 하고 마음이 작으면 작은 일을 한다. 마음의 크기가 10이면 10만큼 씀씀이가 나오고 5이면 5만큼 씀씀이가 나온다.

마음이 천성과 일치하는 사람은 완전히 열려있으므로 무엇이든 드나들고, 지성을 닮은 사람은 색채와 형태를 지은만큼 닫혀있으므로 드나드는 것도 그만큼 한계가 있다. 천성의 마음을 가진 사람은 오고감이 자연스러울 수밖에 없으나 지성의 마음을 가진 사람은 채워진 것 외에 받아들이는 데 한계가 있기 때문에 부자연스러울 수밖에 없다. 지성을 닮아 특정 사상·이념·종교 등에 빠진 사람은 다른 사상·이념·종교 등을 인정하는데 인색할 수밖에 없다.

한恨이 많은 사람은 마음이 닫혀있으므로 상황이 바뀌어도 쉽게 마음을 열지 못하여 부정하는 마음이 강하다. 그동안 당한 것이 많아 한이 쌓여있기 때문인데, 우리 민족이 한이 많은 것은 과거 넓은 대륙에서 살다가 한반도 그리고 그것도 반쪽으로 갈라진 남쪽에 터를 잡기까지 수많은 전쟁과 혁명, 압제와 탄압 등을 거치면서 사랑하는 가족과 친지들이나 알뜰하게 모은 재산 등을 잃는 등 엄청난 고통을 겪었기 때문이다.

가까이는 임진왜란이나 1.4후퇴 때처럼 백성을 팽개치고 도망가는 지도자는 물론, 최근에도 내가 뽑은 지도자나 정부가 나와 내 가족의 생명과 재산을 보호해주지 않고 거짓과 기만으로 고통을 주는 일이 많아 마음에 켜켜이 한이 쌓여 누구도 믿지 못하고 홀로 살아남겠다는 의지가 강하다.

국가나 정부가 나와 내 가족을 보호해주지 않고 오히려 피해를 주는 일도 많았기 때문에, 더 이상 당하고 살지 않겠다는 마음이 앞서 자신과 자신의 가족과 재산을 지킬 수 있는 유일한 방법으로 돈·권력·명예 등을 얻기 위하여 온 힘을 쏟는다.

어떤 생명도 죽으려고 태어난 생명은 하나도 없다. 모든 생명은 혼자서라도 살아남기 위하여 갖은 노력을 다하는데, 그래서 한국은 어떻게든 살아남기 위하여 종교·사상·정치·경제·과학·문화·예술 등 모든 분야에 걸쳐 세계에서 좋다고 하는 것은 다 들어와 있다.

천성을 닮은 마음을 심성心性이라 하고 천성을 닮은 육체를 육성肉性이라고 한다. 마음이 천성을 잃으면 심성이 나쁘다는 것이고 육체가 천성을 잃으면 육성이 나쁘다는 것이다.

사람들의 심성이 나빠지면 나빠질수록 세상은 사건사고가 증가하고, 이를 처리하는 공무원 수나 처리비용이 증가할 수밖에 없고, 더 많은 세금을 거두지 않으면 이를 충당할 수 없다.

사람들의 육성이 나빠지면 나빠질수록 세상은 질병이 많아지고, 의사와 약사가 늘어나고, 국가나 가정에서 질병에 대처하기 위하여 지출하는 비용이 증가하고, 진료비가 증가할수록 생활이 쪼들려 후생이 감소할 수밖에 없다.

사건사고가 많아지고 질병이 많아진다는 것은 갈수록 마음의 병과 육신의 병을 가진 사람들이 많아진다는 것이고, 갈수록 세상 사람들의 심성과 육성이 나빠져 간다는 것이고, 마음과 육체가 천성을 잃어 간다는 것이다.

성인聖人은 색채와 형태가 없는 천성의 마음을 가졌기 때문에 하늘에 또 다른 세상을 만들지 않았다. 하늘에 속하는 모든 것을 아끼고 가꾸고 보호하고 사랑하였다. 그래서 도둑질할 것이 따로 없고 오직 세상을 구원하기 위해 최선을 다했을 뿐이다. 그러나 마음에 색채와 형태를 짓는 사람들은 그릇과 같은 지성의 마음을 가졌기 때문에 그 그릇의 크기만큼 주인 노릇을 한다.

가정에 마음을 둔 사람은 가정 밖은 도적이고, 자기 지역이나 자기 종교에 마음을 둔 사람은 그 지역이나 그 종교 밖은 도적이고, 국가나 민족에 마음을 둔 사람은 국가나 민족 밖은 도적이다. 그런 사람이 말하는 내 것·내 주장·내 의견·내 자식·내 땅 등은 경계를 만들어 도둑질하겠다는 뜻을 공개적으로 표명하는 것이나 다름없다.

그래서 지금 우리가 사는 세상은 지성의 마음을 갖지 아니한 사람이 없으므로 도적이 아닌 자가 없고 죄인이 아닌 자가 없다. 모두 지성의 마음을 버리고 천성의 마음을 회복하는 것이 중요하다. 마음은 하늘과 같은 영역이므로 마음이 천성을 닮을수록 하늘과 같은 사람으로 거듭난다.

종교·사상·정치·경제·과학·문화·예술 등이 천성을 닮으면 본성本性을 회복하므로 모두 하늘의 것으로 탈바꿈하고, 천성을 모르면 아무리 좋은 것이라도 본성을 잃은 것이므로 공상·망상·허상·우상에 갇혀 세상을 편 가름할 뿐이다.

지금까지 인류는 그렇게 살아왔기 때문에 문제가 문제를 낳고 있다. 근본·바탕·근원이 되는 하늘을 모르기 때문에 근본적인 대처를 하지 못하고 사후약방문 식으로 허구한 날 시험문제 풀이나 하고 있다.

하늘이 허상虛像이 아니라 하늘만이 실상實像이고 그 밖의 것은 모두 허상인데 그 반대로 살아온 것이다.

우리 배달민족은 문화와 풍습을 하늘에서 구했으며 천성에 맞는 언행을 하고자 노력하였다. 열림·순수·순백·순결·신선·착함·맑음·밝음·높음·넓음·깊음 등의 언어는 천성과 지성의 비교로부터 나왔고, 흰옷을 즐겨 입은 것도 열리고 깨끗하고 정직하고 평화를 사랑하는 천성의 마음에서 나왔다.

나라의 이름은 물론 지역의 이름을 정하거나 놀이를 만들어도 이 원리를 벗어나는 일이 없었고, 두레·품앗이·정전제 등의 문화와 풍습도 천성을 본떠 만든 공동체 사상이다.

배달민족만이 하늘의 문화와 문명을 궁구하고 지키고 살았기 때문에 세계에서 유일하게 하늘의 문화와 풍습을 온전히 지킨 천손민족이었다.

그러던 민족이 어느 때부터 천성을 잃기 시작하면서 그 빈자리에 지성의 마음이 자리 잡기 시작하였다. 공존·공영·공유·공동의 정신을 잃어감에 따라 서로 단합하지 못하고 수많은 세월을 외부 세력에 유린당하며 살 수밖에 없었다.

한민족의 역사를 되돌아보면 하늘을 알고 믿고 따르고 실천하였을 때는 하늘과 땅의 주인으로 살았으나, 하늘을 잊을수록 지성을 쫓는 종으로 전락하였다. 환국이나 배달국 또는 고조선이 개천할 때는 천하의 중심이었고, 단군은 왕王이 아니라 천제天帝였으며, 백성들은 천성의 마음을 가져 크고 반듯하고 당당하였다.

그러던 나라가 지성의 문화와 풍습이 자라고 커지면서 역사는 쪼그라들고 오그라들어 초라하기 그지없게 되었다. 천성을 지향하되 지성을 닮은 것을 수단으로 사용하였을 때는 융성하였고, 천성을 잊고 지성을 목적으로 삼은 뒤로는 죽음과 같은 고통에서 벗어날 수 없었다.

이제 천성과 지성의 이치를 알면 한을 풀 수 있는 올바른 방법도 알 수 있고, 또한 인류가 진정으로 죄가 없고 평화가 있는 세상을 원한다면 무엇을 해야 하는지도 알 수 있다. 하늘과 땅의 참 주인으로 살 것인지 하늘과 땅의 도적이나 정신병자가 되어 살 것인지는 우리의 마음에 달렸다.

사람은 마음에 영이 있고 육체에 혼이 있다.

색채와 형태가 없는 하늘이 색채와 형태가 있는 땅과 짝을 이루는 것과 같이, 사람도 겉은 색채와 행태가 없는 마음과 색채와 형태가 있는 육체가 짝을 이루고, 사람의 속은 색채와 형태가 없는 영과 색채와 형태가 있는 혼이 짝을 이룬다. 마음과 영은 볼 수 없기 때문에 이를 아는 사람이 많지 않으나 육체와 혼의 짝으로 존재한다.

영도 마음과 같이 색채와 형태가 없으므로 천성을 닮았고 혼도 육체와 같이 색채와 형태가 있으므로 지성을 닮았다. 혼은 색채와 형태가 있는데도 불구하고 사람의 눈에 보이지 않는 것은 이 세상에서 그러한 것이고, 저 세상에서는 혼이 이 세상에서 육신과 같은 역할을 한다. 지금은 신기가 있는 사람만이 혼신을 볼 수 있으나, 앞으로 열리는 진의 세상에서는 이승과 저승의 경계가 무너지게 됨으로 누구나 혼신을 보는 시기가 온다(진경. p73).

마음에서 생각이 나오고 육신에서 행동이 나오는데 마음에서 생각이 저절로 나오고 육신에서 행동이 저절로 나오는 것이 아니다. 마음에서 생각이 나오도록 역사를 해주는 존재가 있고 육신에서 행동이 나오도록 역사를 해주는 존재가 있다. 마음을 색채와 형태가 없는 집에 비유하고 육체를 색채와 형태가 있는 집에 비유할 경우, 집에 쌓아둔 콩이나 팥을 집 밖으로 꺼내려면 반드시 내보내주는 존재가 있어야 하는데 그 존재가 영과 혼이다.

마음에서 생각을 일으키는 존재가 영이고 육체에서 행동을 일으키는 존재가 혼이다. 마음에서 생각이 나오고 육체에서 행동이 나오는 것은 영과 혼의 작동으로 일어나는 것이므로 사람과 동물이 구별되는 것은 영이 있고 없고의 차이이다. 영이 없는 동물은 본능적으로 행동하나 영이 있는 사람은 생각하고 계획하고 예측하고 창의할 수 있다. 사람에게 영이 없다면 개·돼지·호랑이 등의 금수와 같으나 영이 있어 사람보다 힘센 동물을 지배 관리할 수도 있다.

사람의 마음은 하늘에서 받은 것이고 육신은 땅(부모)에서 받은 것이고, 영도 하늘(영체)에서 받은 것이고 혼도 땅(정)에서 받은 것이다.

스스로 존재하는 절대 근본체를 제외하고는 세상 모든 것이 인과의 이치를 벗어날 수 없으므로 사람의 마음과 육신, 영과 혼, 생각과 행동 역시 원인 없이 존재하지 않는다. 다만, 수많은 존재 중에서 하늘이 사람에게만 영을 준 것은 만물 가운데 사람을 가장 사랑한다는 증거이고, 하늘을 대리하여 만물을 지배 관리할 수 있는 권한을 준 것을 뜻한다.

지배관리란 만물을 마음대로 사고팔고 뺏고 살상하고 고통을 주는 권리를 말하는 것이 아니다. 하늘이 창조한 생명을 하늘을 대리하여 아끼고 가꾸고 보살피고 보호하여 서로 조화를 이루며 생육·성장·발육·발전·번성시키라는 관리권 같은 것을 준 것을 뜻한다.

하늘은 영체이므로 천지를 살아 움직이게 하는 변화의 주체이고, 사람도 영이 있으므로 세상을 살아 움직이고 변화시켜나가는 주체이다. 이와 같이 세상은 진眞과 같은 존재가 변화의 주체로 작용한다.

우주는 색채와 형태가 없는 하늘이 색채와 형태가 있는 해·별·달·지구 등을 움직여 천지를 변화시키고, 땅은 색채와 형태가 없는 물이 색채와 형태가 있는 흙을 움직여 세상을 변화시키고, 사람은 색채와 형태가 없는 마음(영)이 색채와 형태가 있는 육신(혼)을 움직여 세상을 변화시킨다.

영이 마음을 움직이고 마음이 생각을 움직이고 생각이 혼을 움직이고 혼이 육신을 움직이고 육신이 행동을 움직이고 행동이 일을 낳는 것이므로 변화의 정점에 영[37]이 있다. 그래서 영을 일컬어 참 생명이라 하고 혼을 일컬어 거짓 생명이라고 하는데, 공통으로 들어가는 "생명"이라는 말을 빼면 진眞과 사邪가 된다.

과거 성인들도 이것을 알려주고자 하였으나 당시 사람들은 지적 수준이 낮아 아무리 설명해도 깨닫지 못하기 때문에 이를 가르치는 방편으로 유치원 단계부터 대학원 단계에 이르는 수많은 말씀을 하였고, 그것이 각 종교가 가지고 있는 경전이다.

영이나 마음은 영원히 멸하지 않는 존재이나 혼이나 육체는 언젠가는 멸하는 존재이다. 색채와 형태가 있는 육신의 수명을 대략 80~90세라고 하면 혼은 120년 내지 150년을 산다.[38] 색채와 형태가 없는 마음이나 영은 색채와 형태가 없기 때문에 멸하지 않고 영원하나, 색체와 형태가 있는 육신이나 혼은 탁하고 어둡고 막히면 정기精氣가 다하여 더 이상 소통이 일어나지 않기 때문에 멸할 수밖에 없다.

그러므로 육신보다는 혼, 혼보다는 마음, 마음보다는 영이 으뜸이고 근본이고 바탕이고 머리다. 영원히 멸하지 않고 모든 세상을 변화시키는 주체가 영이므로 우리 삶의 최종 목적도 영이 될 수밖에 없다.

마음이나 영을 위해서 삶을 살면 자신의 인생을 사는 것이고, 육체

---

37 삼일신고 제5장 진리훈 편에서 사람이나 만물은 성(性)·명(命)·정(精)을 받는데, 사람은 이것을 온전히 받고 그 밖의 것은 치우쳐 받는다고 한다. 여기서 말하는 성(性)은 천성을 말하고 명(命)은 영의 또 다른 이름으로 볼 수 있다.

38 故 영성(靈聲)선생은 우리가 4대 내지 5대까지만 제사를 드리고 그 이후에는 시제를 지낸 것에 대하여, 혼(魂)이 사멸하는 시간이 보통 120~150년인데 1대를 30년으로 계산하면 4대 내지 5대가 되기 때문이라며, 우리 조상들의 혜안이 놀랍다고 하였다.

나 혼을 위해서 삶을 살면 헛된 인생을 사는 것이다. 육체나 혼의 쾌락을 위하여 인생을 사는 것은 언젠가 멸할 수밖에 없는 지성을 위하여 인생을 사는 것이므로 진리를 이탈한 것이고 죄를 먹고사는 삶이 되는 것이다.

영靈을 모르는 사람은 어느 때는 성령이라고 하고 어느 때는 악령이라고 말하는 등 두서가 없으나 영은 진이므로 가치가 변하는 존재가 아니다. 땅의 성품을 닮은 혼은 색채와 형태가 있으므로 선善과 악惡 등의 구별이 있고, 혼魂·신神·귀鬼 등으로 변할 수 있기 때문에 악령의 존재도 있는 것이지만, 영은 진이기 때문에 더하거나 빼거나 곱하거나 나누어도 영이다.

진의 이치는 생명의 이치이기 때문에 콩 심은 데 콩 나고 팥 심은 데 팥이 나는 이치, 뿌리는 데로 거두는 이치, 인과因果의 이치로 작동하며, 성인들은 이 이치를 알기 때문에 인류에게 죄를 짓지 않게 하는 방편으로 자비·사랑·인의 등을 실천하도록 가르쳤다.

그러므로 참 생명이 되는 영과 악령이라고 할 때의 영은 분명하게 구별하여 사용하여야 하며, 악령이라고 할 때의 영은 귀신 귀鬼자를 덧붙여 쓰는 방법 등으로 달리 표기해야 한다.

영이 있는 사람이 영을 모르면 동물처럼 살 수밖에 없다. 영이 있어 영리한 머리로 오히려 금수만도 못한 짓만 골라서 한다.

생명의 겉모습은 색채에 따라 다른 색깔을 보이고 형태에 따라 다른 모습으로 보이기 때문에 어느 사람도 똑같은 사람이 없으나, 사람의 몸에서 눈 귀 코 입 손 발의 모습이나 역할이 모두 달라도 나의 것이 아닌 것이 없는 것처럼, 생명의 참 모습은 색채도 없고 형태도 없고 나누어도 더해도 영이기 때문에 수십억 인류가 같은 영이고 같은 「나」이다.

모두 「나」이기 때문에 남에게 잘하는 것은 자신에게 잘하는 것이고, 남에게 잘못하는 것은 자신에게 잘못하는 것이고, 남에게 베푸는 사랑이나 자비나 인의 또한 모두 자신을 위한 것이다.

우리 몸은 신경이 작동하고 있어 뾰쪽한 것으로 찌르면 온몸으로 아픔을 느끼는 것과 같이 하늘은 영체이기 때문에 부분이 되는 모든 존재의 7정을 다 알고 있고 다 느끼고 있다.

영을 모르고 하는 일은 아무리 좋은 일이라 하더라도 좋은 일이라고 할 수 없다. '돈을 많이 벌어서 어려운 사람들을 도와주는 것이 좋은 일 아니냐?'고 반문할 수도 있으나, 영을 모르는 사람이 하는 일은 근본을 모르고 하는 일이기 때문에 참 생명을 위하여 그렇게 한 것이 아니라 겉 생명(육, 혼)을 위하여 그렇게 한 것이다.

어려운 사람을 살리기 위하여 그렇게 한 것이 아니라 출세하거나 재물을 모으거나 명예를 얻거나 욕정을 채우기 위하여 작은 것을 희생한 것이고, 육신이나 혼을 살찌우기 위하여 재물·권세·명예·구원·영생 등을 추구한 것이다.

영을 모르면 천지만물이 하늘의 것이라는 사실을 모르고 색채와 형태가 있는 삿된 것을 취하기 위해 도둑질하고 다투고 빼앗고 전쟁하고, 그 과정에서 선악이나 우열 또는 편을 갈라 죽일 놈 살릴 놈 하면서 괴롭힌 대가로 얻는 것이다.

그런 사람이 그렇게 모은 재물을 남에게 베푼다고 하더라도 수많은 사람에게 고통과 한恨을 심어준 대가로 얻은 일부를 나누는 것에 불과하므로 코끼리에게 비스킷 던져주는 효과 밖에 거둘 수 없다.

사람은 영이 없이는 살 수 없다. 영이 떠나면 그 순간 길가에 나뒹구는 나무토막과 같을 뿐이다. 또한 영이 있어도 영을 모르면 곰·호랑이 같은 금수이거나 생명을 살상하는 병장기와 다름이 없다.

영을 알고 사는 사람은, 땅이 하늘의 범주를 벗어나지 않고 자기 자리를 지키는 것과 같이, 무슨 일을 행하든 영을 위해서 정正으로 행하므로 하늘의 사명을 실천하는 만물의 영장이다.

그러나 영을 모르고 행하는 일은 무슨 일을 하더라도 진을 위해서 하는 것이 아니므로 부정不正으로 행한 것이고, 그렇게 해서 얻은 재물 등으로 좋은 일을 하며 살더라도 지성을 닮은 복을 구하기 위해 선善과 악惡을 뒤섞어 행한 것일 뿐이다.

하늘이 인간을 추수한다는 것은 사람답지 못한 사람의 영을 거두어들인다는 것이니 이것이 무엇을 의미하는지 지각 있는 사람이나 위정자나 국가는 알아들어야 한다.

| 사람의 정체성

절대가 아닌 존재는 절대를 위하여 존재하지 않는 것이 없고 절대로부터 비롯되지 않은 것이 없으므로 절대와 인과관계로 연결되어 있다.

생명이든 일이든 문제든 사건사고든 원인 없는 결과가 없는 것처럼 사람도 마찬가지다. 사람의 마음·영·육체·혼은 홀로 존재하는 것이 아니라 앞서 존재하는 것이 있어 그것이 원인이 되어 존재한다.

사람의 마음心은 하늘의 성性으로부터 받은 것이고, 영은 하늘에 가득한 영체로부터 받은 것이고, 육체는 부모로부터 받은 것이고, 혼은 땅[39]으로부터 받은 것이다.

사람은 하늘과 땅의 기운을 받아 태어난 존재이므로 하늘과 땅을 벗어나 살아갈 수 없다. 특히, 하늘이 있어 땅이 있고, 땅이 있어 땅에 사는 생명도 있으므로, 하늘은 모든 생명의 출발점이고 그래서 절대의 주主가 되고, 그 밖의 존재는 상대의 주主 또는 상대의 종從이 된다.

사람은 마음과 영과 육과 혼이 결합하여 이루어졌으므로 어느 것 하나라도 없으면 사람이 아니다. 마음이 없으면 하늘이 없는 것이고, 육신이 없으면 땅이 없는 것이고, 혼이 없으면 저 세상이 없는 것이고, 영이 없으면 이 세상과 저 세상을 초월하는 세상이 없는 것이다.

마음은 마음일 때 마음이고, 영은 영일 때 영이고, 육은 육일 때 육이고, 혼은 혼일 때 혼이다. 마음이나 영이나 육이나 혼이 다른 것이지만 천성을 따르면 모두 제자리를 지키고 천성을 잃으면 모두 존재 이유를 잊은 것이고, 존재 가치를 잃는 것이다.

자신의 혼을 모르면 외부의 혼을 자신의 육신에 받아들이는 빙의憑依[40] 현상이 일어나며, 그렇게 되면 정신병자가 되거나, 새로운 신을 믿는 무당 또는 종교의 교주가 되거나, 질병 등을 얻어 부모자식이나 일가친척 그 밖의 직장 동료 등 주위 사람들까지 어렵게 만드는 일이

39 서교는 조물주가 사람을 창조할 때 흙으로 빚은 다음 생명의 기운을 불어넣었다고 말하는데 이는 육신이나 혼이 땅의 기운으로 이루어진 것을 그렇게 표현한 것으로 보인다. 또한 불교도 사람이 지수화풍의 원리로 구성되었다고 말하고 있음에 비추어 같은 말을 달리 표현한 것으로 보인다.

40 사람에게는 누구나 마음과 육체 그리고 영과 혼이 있는데 진(영, 천성)을 모르면 사(혼, 지성)에 마음을 둔 것이므로 이 세상을 떠나 저 세상을 떠도는 혼신들 가운데 비슷한 파장(영향)을 갖는 떠돌이 혼신이 그 사람의 몸에 들어와 육체를 지배하는 현상을 말한다.

발생한다.

사람이 죽으면 육은 땅으로 돌아가고 마음이나 영은 하늘로 돌아가고 혼만 남는데, 이 혼이 신神도 되고 귀鬼도 되고 마귀, 사탄도 되는 존재이다. 사람이 죽고 나면 육신이 없으므로 더 이상 사람이라 부르지 않고 신·혼·귀 등으로 호칭하거나 말미에 귀신 신神자를 붙여 성신聖神·혼신魂神·귀신鬼神 등으로 부른다.

따라서 그동안 사람들이 절대로 알고 믿고 따랐던 신神은 절대가 아니다. 절대는 열림·맑음·밝음·높이·크기·넓이·지혜·덕·힘·영원성·불변성 등 모든 면에서 절대가 되는 것을 말하는데 신은 그렇지 않기 때문이다.

우리에게 왔던 성인은 영원히 멸하지 않은 참 생명의 존재를 깨닫고 실천하고 가르쳤던 분들이고, 그분들은 해탈하였기 때문에 우리가 부르는 신神의 반열로 인식해서도 안 된다. 불가에서는 성불成佛을 가르치고 성불한 성인聖人에게 아미타불이나 석가모니불과 같이 불佛자를 붙여 쓰는데, 마찬가지로 다른 종교도 깨달은 분에 대해서는 신으로 호칭해서는 아니 되고, 이름 뒤에 영靈을 붙이거나 성령聖靈 또는 깨달은 영靈 등으로 부르는 것이 적정하다.

그동안 인류는 너무도 무지하여 이치에 밝은 존재에 의지하여 삶을 살 수밖에 없었다. 그렇게 인류에게 선생 노릇을 해온 존재가 신이며, 그래서 인류가 신을 존경하고, 살아생전에 했던 말씀을 존중하고, 그 말씀을 따라 실천하고 따르는 것은 당연하다.[41]

그러나 그 존재를 맹목적으로 믿고 따르거나 자신의 몸에 불러들이

41　성인은 지혜를 가르치므로 변화를 낳고 신은 지식을 가르치므로 변화를 따른다.

는 것은 참으로 위험천만한 일이 아닐 수 없다. 그렇게 믿고 따르더라도 성인들은 오지 않고 떠돌이 혼신만 몸에 불러들이는 것이 되기 때문이다.

사람이 죽으면 육체가 없기 때문에 저 세상에서는 혼이 육체와 같은 역할을 하고, 그 혼을 일컬어 성신·신·혼·귀·마귀·사탄 등으로 부르는 것인데, 살아생전에 쌓은 공덕에 따라 사후 세계의 모습이 다르다는 것을 옛 사람이 이름으로 알려주고 있는 것이다.

이와 같이 신은 이 세상에 사람으로 왔던 사람이 죽어서 되는 것이다. 부모가 죽었는데 혼이나 귀라고 부를 수는 없는 것이므로 신으로 부르는 것이고, 그동안 이 세상에서 인류를 구원하기 위하여 애를 쓰다가 가신 분들은 성신일 거라고 미루어 믿고 있는 것일 뿐이다.

사람이나 동식물은 똑같이 자식을 키워 홀로 먹고 살 수 있는 정도가 되면 독립을 시킨다. 인류가 탄생하여 무지의 눈을 뜨고 지금까지 성장한 것은 신의 도움이 컸다. 신이 인류의 스승 역할을 해온 것이나 다름이 없다. 그러나 인류가 언제까지 신의 도움을 받고 살아갈 수는 없다. 이미 사람의 지혜나 지식이 우주를 뒤흔들 만큼 성장하여 영이 없는 신이 따라올 수 없을 정도가 되었기 때문이다.

그래서 하늘은 영을 가진 사람을 독립시키기 위하여 준비하고 있다. "지금까지는 인간이 신을 보지 못하게 하였고 신은 인간을 피하게 하였으나, 앞으로 멀지 않아 인간은 신을 보고 신은 인간을 피하지 않는 시기가 온다(진경, p73)."고 한다.

독립을 한다는 것은 어른이 된다는 것이고 곡식에 비유하면 영글었다는 것이다. 곡식은 여름 햇볕에 성장하고 가을 햇볕에 영그는데 농부는 알차게 영근 알맹이는 추려내고 쭉정이는 버리는 가을걷이를 한다.

가을걷이는 운동회에서 달리기를 하는 것처럼 "준비 – 탕"하고 오는 것이 아니라 봄·여름·가을·겨울이 오고가듯이 소리 없이 진행이 된다. 추수가 시작되면 사람들은 자신이 믿는 신을 통해서 구원받기를 염원하겠지만 이미 하늘은 영이 있는 인간을 영이 없는 신으로부터 독립시키려 하고 있는데 신에 매달린다고 구원을 받을 수 있겠으며, 또 각 종교의 최고 성자는 신의 경지를 초월하였는데 어떤 신을 찾고 있는 것인지 심사숙고하지 않으면 아니 된다.

사람은 마음과 육신, 영과 혼이 천성과 지성을 닮거나 상징하는 모습으로 창조되었다. 각 존재가 서로 별개가 아니라 합하여 사람을 이루고 있으므로 사람이 전체이면 마음·육신·영·혼 등은 부분이다. 부분은 전체를 위해서 존재하므로 부분 중 어느 것 하나라도 없으면 사람이라고 할 수 없다. 전체가 사람이므로 이를 큰 생명이라고 할 수 있고 사람 공동체라고 할 수 있고, 부분은 전체 생명을 이루는 하나이므로 이를 작은 생명이라고 할 수 있고 사람 공동체를 구성하는 요소라고 할 수 있다.

사람이 살아가면서 사람다운 행동을 하든 사람답지 못한 행동을 하든, 일이 일어나기 위해서는 영 → 마음 → 생각 → 혼 → 육신 → 행동 → 일(선악)이라는 경로를 거치게 됨으로 인생을 살면서 생명의 시작이나 뿌리·근원·머리가 되는 영을 위해서 살지 않으면 가치 없는 삶을 사는 것이고 헛된 인생을 사는 것이다.

지금은 우주가 분열하고 확장하는 봄·여름의 시기를 지나 수렴하고 결실하는 가을 시기로 들어가는 초입이라고 한다(김탄허, 1983년 9판,

부처님이 계신다면, 도서출판교림, p150~182).

수렴한다는 것은 결실하고 영그는 것을 뜻하고, 결실하고 영근다는 것은 영·마음·육체·혼·사람 등 세상 모든 것이 천성 즉 본성을 회복하는 것을 뜻한다. 영은 영이고, 마음은 마음이고, 육체는 육체이고, 혼은 혼이고, 사람은 사람이 되는 것을 뜻한다.

천성이 진이므로 진을 깨닫지 못하면 결실할 수 없다는 말과 같다. 천성을 체득하고 참眞의 이치로 생각하고 행동하는 사람은 영글어갈 수 있고, 천성을 모르는 사람은 사邪의 이치로 생각하고 행동하므로 쭉정이가 되어갈 수밖에 없다.

과거 성인들은 이 이치를 농사짓는 것에 비유하여, "농부가 곡식을 추수할 때는 곡식다운 곡식(알곡)은 거두어들이고 쭉정이는 모두 땅에 버린다."고 하였다.

이미 세상은 진의 시대로 접어들었고 그 속도가 빨라지고 있다. 100년에 걸쳐 일어날 일이 10년 안에 일어나고, 10년 걸려서 일어날 일이 1년 안에 일어난다. 그러나 사람들은 그 의미를 모르고, 인류를 낳고 기르고 이제 신으로부터 독립시켜 모두 성인을 만들려는 하늘을 애써 부정하고 있다.

절대생명과 상대생명을 구별할 수 있는가?

| 하늘(天), 천성(天性), 진(眞)

천성의 눈을 갖지 못하면 생명을 알 수 없다.

우리 사회는 자기 생각이 절대라도 되는 것처럼 함부로 남을 비판하거나 부정하거나 무시한다. 자기 생각대로 해주지 않는다고 불평하고 불만을 토로한다. 또한 사람의 눈으로 세상을 보고, 사람의 눈으로 세상을 평가하고, 사람 위주로 생각하고, 사람 위주로 살아간다.

인류가 진리를 바르게 깨닫지 못한 가장 큰 이유가 바로 여기에 있다. 사람마다 세상을 바라보는 주관 또는 주장이 보편타당성이 없는 것인데도 그것을 고집하기 때문이다. 전체를 볼 수 없으면서 부분적으로 아는 지식으로 윷놀이의 도 아니면 모라는 식의 판단을 한다. 동물, 식물, 날짐승도 엄연히 세상을 구성하는 일원인데 그런 존재까지 포함하는 눈으로 세상을 바라보는 사람이 없다.

전체의 눈을 가지려면 자신이 가진 지성地性의 색깔을 버릴 줄 알아야 한다. 빨간색 안경을 끼고 보면 세상이 빨갛게 보이고 파란색 안경을 끼고 보면 세상이 파랗게 보이기 때문이다. 지성은 상대이기 때문에 지성의 눈으로 보면 색깔 있는 안경을 낀 것과 같고 특정 우물에 갇힌 것과 같다. 그래서 자신의 안경 색깔과 다른 색깔을 가진 세계, 그 우물 밖의 세계는 다 비판·부정·무시의 대상이 된다. 자기 세계는 천국으로 보이고 남의 세계는 지옥으로 보인다.

같은 우물에서는 자신의 생각, 주장, 사상, 가치관, 세계관, 법이나 도, 진리가 아무리 으뜸같이 보여도 그 우물 밖의 큰 세계에서 보면 한갓 보잘 것 없는 이상에 불과하다. 모든 사람, 모든 조직, 모든 국가 또는 모든 동물, 식물, 날짐승 등까지 다 따라야 하는 법이나 도가 아니다. 자신의 생명도 구할 수 없는 사람이 남을 구원한다는 미명으로 욕심을 채우려는 모사꾼의 소리에 불과하다.

길가에 서있는 한그루의 나무가 '왜 이 세상이 인간만의 세상이냐?' 하고 말하는 소리를 들을 수 있어야 한다. 새가 '왜 인간은 우리 창공마저 빼앗는가?' 하고 항의하는 소리를 들을 수 있어야 한다. 동물·식물·나는 것·기는 것 할 것 없이 '우리는 인간이 만든 종교, 인간이 만든 나라, 인간이 만든 사상, 인간이 만든 법이 없어도 생명이 있다.'고 한다. '그런데 왜 인간들은 그러한 장벽을 만들어 자신들의 생명까지 위협하느냐?'고 불만을 토로하는 소리를 인식할 수 있어야 한다.

생명의 소리를 들을 줄 알아야 한다. 종교가 없어도 존재하는 생명, 인간의 사상이나 법이 없어도 존재하는 생명, 나라가 없어도 존재하는 생명을 깨달아야 한다. 이것을 알지 못하면 그 밖의 것을 아무리 많이 알아도 모두 도적질하기 위한 수단에 불과하다. 종교, 사상, 정치, 경제, 과학, 문화, 예술 등 사회제도가 재물·권세·명예·애욕 등을 얻기 위한 도구로 사용된다. 생명을 위해서 그것을 사용하는 것이 아니라 지성을 닮은 그러한 존재를 취할 목적으로 생명을 사용하는 것이다.

세상 만물은 어느 것도 생명이 아닌 것이 없다. 사람·동물·식물·곤충은 말할 것도 없거니와 흙·바위·쇠붙이 하나까지 다 생명이다. 그런데 사람들은 사람이나 동물·식물 등은 생명으로 알고, 산·물·돌 등은 생명이 아닌 것으로 알고 있다. 움직이고 자라는 것은 생명으로 생각하나 움직이지 않고 자라지 않는 것은 무생명으로 생각한다. 세상 모든 것이 생명 아닌 것이 없는데 그것을 모르기 때문에 세상 보는 눈이 비뚤어져 있다. 생명이 아니라고 생각하는 것들에 대해서는 함부로 사고, 팔고, 부수고, 뺏고, 훔치는 등 별의별 짓을 다한다.

생명을 분류하고, 사물을 분류하고, 세상을 분류하는 방법에는 여러 가지가 있다. 이것을 분류하려면 분류기준을 설정해야 되는데 '대표한다', '상징한다'는 말은 '대표하는 것', '상징하는 것'을 분류의 기준으로 삼겠다는 뜻이다.

앞장에서 천성은 열렸고 색채와 형태가 없고 맑고 밝고, 넓고, 깊고, 높다 하였고, 지성은 닫혔고 색채와 형태가 있고 탁하고, 어둡고, 좁고, 얕고, 낮다 하였다. '대표한다', '상징한다'는 말은 천성과 지성을 대표하는 것 또는 상징하는 것을 세상의 분류기준으로 삼겠다는 뜻이다.

천성과 지성으로 분류할 경우 하늘의 성품과 같은 것은 '하늘을 대표한다' 또는 '하늘을 상징한다'고 할 수 있고, 땅의 성품과 같은 것은 '땅을 대표한다' 또는 '땅을 상징한다'고 할 수 있다.

지금까지 사람마다 보는 눈이 달라 혼란스럽고, 또한 색채와 형태가 있는 눈으로밖에 세상을 볼 수 없었는데, 색채와 형태가 있는 것만을 보는 눈에서 탈피하여 색채와 형태가 없는 것과 색채와 형태가 있는 것을 동시에 본다면 어떻게 보이는가 하는 것이다.

예를 들면 사람·동물·식물 등만 생명이 아니라 옷·라디오·전화기 등 인간이 만들어 놓은 모든 것이 생명이고, 바위덩어리·모래 한 알도 생명이고, 소리·전파·바람도 생명이고, 가정·기업·나라도 생명이고, 혼魂·신神·귀鬼 등도 다 생명이다. 이러한 존재를 색채와 형태가 없는 것과 색채와 형태가 있는 것으로 분류할 경우 색채와 형태가 없는 것일수록 천성을 닮았거나 가까운 것이고, 색채와 형태가 있는 것일수록 지성을 닮았거나 가까운 것이다. 색채와 형태가 없는 것은 천성을 대표하거나 상징한다는 것이고, 색채와 형태가 있는 것은 지성을 대표하거나 상징한다는 것이다.

이 방법에 의문을 제기할 사람도 있을 것이다. '왜, 색채와 형태가 있는 것과 색채와 형태가 없는 것으로 분류하고 왜, 맑고 밝고 넓고 깊고 높고 열린 것과 탁하고 어둡고 좁고 얕고 낮고 닫힌 것으로 분류하느냐.' 하는 것이다. 얼마든지 다른 분류방법도 있을 수 있기 때문이다.

그래서 이것이 이 글을 이해하는 핵심이라고 할 수 있다. 이 분류기준이 옳은 것이라면 앞으로 세상사는 이 기준에 의해서 가치관이나 세계관 등이 새롭게 정립되어야 하기 때문이다.

이것을 알리기 위하여 하늘과 땅과 사람을 설명하였다. 하늘의 성품과 땅의 성품을 설명하였고, 그 성품을 빌어 사람을 설명하였다. 결론부터 말하자면 「절대」와 「상대」를 깨닫게 하는 방편이다. 절대를 바로 알았다고 할 것 같으면 지금같이 세상이 어지러울 수가 없는데 세상에는 수많은 종교·사상·철학 등이 있어도 세상이 시끄럽고, 세상의 머리 역할을 하는 종교조차 교·파 등으로 나뉘고, 패를 갈라 오랑캐 짓을 하는 것을 보면, 절대라는 의미를 모르는 것이 확실하기 때문이다.

세상에는 수많은 생명이 있다. 하늘도 생명이고 땅도 생명이다.

결론적으로 이야기하면 하늘은 절대생명이므로 모든 존재가 하늘의 성품 즉 천성을 알고 체득하면 하늘과 부합되는 삶을 사는 것이다. 반면에 하늘이 아닌 그 밖의 존재는 어떤 존재도 상대생명에 불과하다. 그런데 가령, 신神과 같은 존재를 절대생명으로 보고 신에 의지하면 근본을 잃고 방황하는 인생을 살 수밖에 없다는 것이다. 그래서 이것을 깨우치게 하고자 이렇게 저렇게 장황하게 설명을 하고 있다.

절대는 모든 면에서 절대이기 때문에 절대인데 지금 세상은 절대의 뜻도 모르면서 상대에 불과한 존재를 절대로 떠받들고 있다. 절대를 제대로 알았다면 아무리 물질문명이 발전하더라도 혼란스럽지 않은데, 지금은 자신이 속한 세계(공동체)를 위해서 자신이 속하지 아니한 세계(공동체)와 갈등·다툼·대립·반목反目이 끊이지 않고 있다.

절대는 으뜸생명·근본생명·완전한 생명·시공을 초월한 생명으로써 오직 하나 밖에 없는 존재이고, 상대는 둘 이상 수 없이 많은 생명으로써 절대를 제외한 그 밖의 모든 존재를 일컫는다. 절대존재는 불변의 목적이 되는 것이고, 상대존재는 공간적 시간적 상황에 따라 목

적과 수단이 뒤바뀌는 것이다. 상대의 세계에서는 더 천성을 닮은 존
재일수록 목적으로 삼을 수 있고 더 지성을 닮은 존재일수록 수단으
로 삼을 수 있다.

그러므로 그동안 우리가 알고 있었던 생명과 무생명으로 구분하던
분류방식은 문제가 있다. 그것은 생명의 겉모습 즉 색채와 형태만 보
고 구분한 분류방식이기 때문이다.

이미 앞에서 수차례 언급한 바와 같이 생명은 겉과 속이 짝을 이루
고 있다. 그런데 겉모습을 보고 생명을 분별하였기 때문에 생명과 무
생명으로 분류하는 방법 밖에 찾을 수 없었다.

생명을 천성과 지성 또는 천성을 닮은 것과 지성을 닮은 것으로 구
분하는 가장 큰 이유는 생명을 바로 보기 위함이다. 겉 생명을 보고
생명의 근본을 찾는다면 색채나 형태에 따라 구분하겠다는 소리로서
색채와 형태가 없으면 어느 것도 절대가 될 수 없기 때문이다.

지금까지 사람들은 이와 같이 눈으로 볼 수 있고 측정할 수 있는 것
에서 진리를 찾았다. 겉으로 드러난 결과를 놓고 선과 악, 우와 열, 애
와 증, 희와 비 등의 옳고 그름을 평가하였다. 사람의 눈으로 볼 수 있
는 세계가 있으면 볼 수 없는 세계도 있는데, 볼 수 있는 세계 밖의 세
계를 몰랐기 때문에 무수한 생명들을 무참히 짓밟았다. 속 생명이 있
기 때문에 겉 생명도 있는 것이므로 속 생명이 근본인데 겉 생명만을
생명의 전부로 알았기 때문에 속 생명에 상충되는 삶을 살 수밖에 없
었다.

그러므로 우리는 지금이라도 참 생명, 으뜸생명, 근본생명, 절대생

명을 바로 깨우치려는 노력을 하지 않으면 아니 된다.

그 생명을 알아야 「참 나」를 알 수 있고 「참 나」를 위한 삶도 살 수도 있다. 미친놈·등신·허깨비 같다는 소리도 면할 수 있고, 급변하는 세상에 이미 정신을 잃은 사람도 구원할 수 있고, 또 다른 변화가 닥쳐도 중심을 잡고 가닥을 잡아나갈 수도 있다.

특정 종교를 믿고 공부하고 따르거나, 특정 성인을 믿고 따르는 것이 정도正道가 아니다. 또한 나름대로 그 밖의 무엇을 읽고 공부한다 해서 정도를 하는 것도 아니다. 오로지 천성을 체득하고 천성의 눈으로 바라보고 평가하고 실천하는 것이 하늘(전체)에 부합하기 때문에 정도이다. 그 밖의 것은 어느 것도 상대(부분)이고, 지성을 닮은 존재를 따르는 것일 뿐이므로 사도邪道이다. 하늘만이 성性이고 진眞이고 절대絕對라는 사실을 깨닫고 천성을 배우고 익히고 실천하는 일에 힘써야 한다. 과거 성인들의 말씀의 핵심도 여기에 있다.

하늘은 영靈이다. 참 생명이고 절대 생명이다.

사람들은 동물·식물·나는 것·헤엄치는 것 등은 생명이 있는 것으로 생각을 하고, 해·별·달·지구·돌멩이·나무토막 같은 것은 생명이 없는 것으로 생각을 한다. 그러나 그것은 큰 착각을 하고 있는 것이다. 겉모습만 보고 생명의 유무를 판별하였기 때문이다. 생명이 없다면 영零이라고 할 수 있는데, 해·별·달·지구·돌멩이·나무토막은 엄연히 존재하는데 영零이라고 할 수 없기 때문이다.

생명을 아는 사람은 참 생명과 거짓 생명 또는 속 생명과 겉 생명, 절대 생명과 상대 생명, 주主가 되는 생명과 종從이 되는 생명으로 구분할 수는 있어도, 생명과 무생명이라고 구분 짓진 않는다.

색채와 형태가 있는 것은 생명의 겉모습인 것이지 참모습이 아니다.

참 생명은 색채와 형태가 없고 겉 생명은 색채와 형태가 있다. 색채와 형태가 있는 생명은 색채와 형태가 없는 생명 때문에 존재하는 생명이다. 색채와 형태가 없는 생명은 색채와 형태가 있는 생명이 있으므로 존재가 드러난다.

그러므로 푸른 것이 나무의 생명이 아니다. 그렇다고 고운 단풍잎이나 앙상한 것도 나무의 생명이 아니다. 길가에 나뒹구는 돌멩이도 그 겉 색깔이 돌멩이의 참 생명이 아니다.

눈에 보이는 존재는 눈에 보이지 않는 존재를 드러내는 것에 불과하므로, 눈에 보이는 존재는 눈에 보이지 않는 존재의 몸짓과 같을 뿐이다.

만물은 태어나고 싶다고 하여 존재하는 것이 아닌 이상 그 생명이 존재하려면 반드시 앞서 존재하는 생명이 있다. 우리는 이 생명을 부모와 같은 생명, 조상과 같은 생명, 또는 나보다 앞서 존재하므로 근본이 되는 생명이라고 부른다.

그러나 모든 생명을 다 낳았으되, 자신은 처음부터 스스로 존재하는 생명이 있다. 스스로 존재하므로 모든 생명이 다 이 생명으로부터 시작되었으며, 모든 것의 근본의 근본이 되는 생명이다. 우리는 이 생명을 으뜸생명·근본생명·절대생명 또는 절대(자)로 부른다.

사람은 마음과 육체가 있다. 마음은 색채와 형태가 없고 육체는 색채와 형태가 있다. 마음에서 생각이 나오고 육체에서 행동이 나오는데, 역시 생각은 색채와 형태가 없지만 행동은 색채와 형태가 있다.

또한 마음에서 생각이 나오게 하는 역할을 하는 존재로서 영이 있고, 육체에서 행동이 나오게 하는 존재로서 혼이 있다. 영은 색채와 형태가 없고 혼은 색채와 형태가 있다.

그래서 사람이라는 생명은 천성을 닮은 마음과 영이 있고 지성을 닮은 육체와 혼으로 창조되었다. 마음과 영이 속 생명에 해당하고 육체와 혼은 겉 생명에 해당한다. 마음과 영은 보이지 않는 생명으로서 작동하고 육체와 혼은 보이는 생명으로서 작동한다.

이와 같이 생명은 보이지 않는 생명과 보이는 생명이 짝을 이루고 있다. 그래서 보이는 생명만으로 생명을 분류하면 잘못된 것이고, 생명의 겉과 속을 함께 판단할 수 있는 분류체계가 필요한 것이다.

천성과 같은 존재와 지성과 같은 존재로 생명을 분류하는 가장 중요한 이유는 으뜸 근본이 되는 생명을 아는 데 있고, 그 다음으로 중요한 이유는 사람을 정확하게 이해하는 데 있다.

으뜸 근본이 되는 존재를 아는 것은 사람이 태어난 목적과 이유(사명)를 알 수 있기 때문이고, 보이지 않는 생명으로 마음과 영이 있고 보이는 생명으로 육체와 혼이 있다면, 그 생명들의 각각의 역할이 무엇인지 이해할 수 있기 때문이다.

보이지 않는 생명 가운데 마음은 보이지 않는 집에 비유할 수 있고, 보이는 생명 가운데 육체는 보이는 집에 비유할 수 있다. 마음에는 영이 살고 육체에는 혼이 살면서 생각과 행동을 일으키기 때문이다.

그러므로 보이지 않는 집에서 움직이는 생명이 생명의 생명이라고 할 수 있는 참眞 생명이고 이 생명이 영靈이다. 또한 보이는 집에서 움직이는 생명이 거짓邪 생명이고 이 생명이 혼魂이다.

사람은 다른 존재와 달리 영(마음)을 가졌기 때문에 만물의 영장이며, 지혜·창의·능동·긍정 등의 움직임이 여기서 나온다. 또한 반면에 혼(육체)을 가졌기 때문에 지식·관리·수동·부정 등의 움직임이 여기서 나온다.

하늘도 속을 이루는 생명과 겉을 이루는 생명이 있다. 참생명·절대생명·으뜸생명·근본생명·전지전능한 생명·공간과 시간을 초월하는 생명·영생불멸하는 생명은 속 생명에 속하고, 거짓생명·상대생명·종이 되는 생명·줄기나 가지가 되는 생명·언젠가는 변하거나 멸하는 생명·공간과 시간의 제약을 받는 생명은 겉 생명에 속한다.

그렇다면 우리는 하늘의 속을 이루는 생명이 무엇이고 하늘의 겉을 이루는 생명이 무엇인지 어느 정도 추정할 수 있다. 사람의 속을 이루는 생명이 영이라면, 하늘의 속을 이루는 생명도 영일 수밖에 없는 것이다. 참 생명, 절대생명, 완전한 생명은 둘 이상이 있을 수 없기 때문이다. 사람의 참 생명이 영이라면 하늘의 참 생명도 영일 수밖에 없다.

사람의 영을 진이라 하였으면 하늘의 영도 진이다. 더해도 더해도 진이요, 나누어도 나누어도 진이요, 아무리 수가 많아도 진이다.

다만, 사람이 가진 영과 하늘의 영을 구분하여 부를 필요가 있다. 그래서 사람의 영을 단순히 영靈으로 부른다면, 하늘의 영은 영체·근본체·대자연령大自然靈[42] 등으로 부를 수 있다.

대자연령이 참생명, 절대생명, 으뜸 근본생명, 전지전능한 생명, 공

---

42 故 영성 선생은 이 존재를 대자연령으로 호칭하였다. 또한 이 근본체를 일컬어 사람들이 절대자, 하느님, 하나님, 법신불 등으로 이름을 달리 부르는 것이라고 하였다.

간과 시간을 초월하는 생명, 영생불멸하는 생명으로서 속(참) 생명을
이루고, 그 밖에 사람·동물·식물이나 해·별·달 등은 거짓생명, 상
대생명, 종이 되는 생명, 줄기나 가지가 되는 생명, 언젠가는 변하거
나 멸하는 생명, 공간과 시간의 제약을 받는 생명으로서 겉(거짓) 생명
을 이룬다.

　속과 겉을 바꾸어 영을 겉 생명으로 그 밖의 생명을 속 생명으로 구
분할 수도 있다. 왜냐하면 사람의 눈에 보이는 것을 겉 생명으로 분
류하였기 때문에 사람의 눈에 보이지 않는 것을 속 생명이라 한 것일
뿐, 눈에 보이는 것이 눈에 보이지 않는 것에 포용된 형상이기 때문에
눈에 보이는 것을 속 생명이라 할 경우 눈에 보이지 않는 것은 겉 생
명이라고 할 수 있다.

　그러므로 천지에 가득한 것이 영이다. 천지가 영이므로 천지가 살
아있고, 천지가 살아 있어 만물이 살아있고, 만물이 살아 있어 우주가
살아 잠시도 쉼 없이 꿈틀대고 있다.

　우리가 자연이라고 부르는 현상은 그래서 영체의 몸짓과 같은 것으
로 볼 수 있다. 천지만물은 영의 겉모습이며, 영이 있으므로 영을 드
러내기 위하여 존재하는 겉 생명이다. 영이 없다면 어느 것 하나 존재
할 수 없는 생명이다.

　그동안 사람들이 알았던 신은 영이 없다. 영이 없기 때문에 영이 있
는 사람보다 못하다. 신은 혼이 변하여 되는 것이므로, 영을 태양에
비유할 경우 신은 그 빛을 받아 발산하는 달과 같다.

　그러나 지금까지는 인간의 지혜나 지식이 신보다 못하기 때문에 신
에 의지하여 성장·발육·발전할 수밖에 없었다. 그래서 하늘은 신에

게 인간의 스승 역할을 맡겼었다. 그러나 지금은 인간이 스스로 앞가림을 할 수 있을 만큼 성장하였기 때문에 독립시키려 하고 있다. 앞으로 진의 시대가 본격적으로 시작되면, 과거에는 신(하늘)이 생각하고 사람이 행동하던 시대에서 사람이 생각하고 신이 행동하는 시대로 뒤바뀌게 된다.

따라서 앞으로 영을 모르고서는 살아남을 수 없다. 영이 참 생명이기 때문에 영을 모르면 진을 위해서 사는 것이 아니라 사를 위해서 인생을 사는 것이기 때문이다.

하늘은 대자연령의 한편—片으로 사람에게 영을 주었는데 그 영을 모르면 자신을 배척하는 일이고, 사를 따르는 일이고, 죄를 짓는 일이고, 구원받는 길이 막히는 것이고, 종자까지 죽음을 당할 수밖에 없는 것이 된다.

하늘은 근본체이고 영체이고 대자연령이다.

하늘과 대자연령은 구분되어 있는 것이 아니라 이해를 돕기 위하여 구분한 것일 뿐, 하나(일체)의 몸이다.

대자연령은 하늘의 전부이다. 생명의 속을 이루는 대자연령이 없다면 생명의 겉을 이루는 사물들은 존재가치도 없다.

대자연령은 우주라는 큰 집을 지었고, 그 집에 해와 달과 별을 만들었고, 지구라는 땅도 만들었다. 갖가지 밝고 어둡고, 크고 작은 색채와 형태로 뭇 별들을 창조하여 공존하게 하였고, 그 별들 가운데 지구에는 사람과 동물·식물, 그 밖에 나는 것, 기는 것, 헤엄치는 것 등을 두루 창조하여 공존하게 하였다.

그러나 그러한 것을 할 일이 없어서 창조한 것은 없다. 반드시 필요하니까 창조하였고, 이유(까닭)가 있으니까 창조하였고, 뜻이 있으니까 창조하였다. 다만, 사람이 대자연령의 지혜에 미치기 못하기 때문에 그 뜻을 모르고 있을 뿐이다.

지금도 창조는 계속되고 있다.

우리의 자식들은 무無에서 태어나고, 부상당한 상처가 얼마 지나지 않아 치유되는 것이 창조이다. 다만, 창조의 의미가 하늘의 입장에서 보면 필요하여 창조하였기 때문에 이유·까닭·뜻 등으로 표현되나, 피조물의 입장에서 보면 창조주의 이유·까닭·뜻을 받드는 것이기 때문에, 역할·사명·기능 등으로 표현될 뿐이다.

대자연령은 만물을 창조하되 피조물들이 창조사명을 다할 수 있도록 알맞은 성품도 함께 주었다.

해는 해, 달은 달, 땅은 땅, 사람은 사람, 신은 신의 사명을 다하도록 하였다. 사람에 비유하면 눈·귀·코·입… 등이 하나하나 모여 육신을 이루고, 그 존재 하나하나가 각기 자기 사명(역할)을 다함으로써 육신이 존재할 수 있도록 한 것과 같다. 더럽고 하찮은 항문일지라도 자기 기능(사명)을 못하면 육신 전체가 멸할 수밖에 없다. 눈으로는 사물을 보고, 코로는 숨을 쉬거나 냄새를 맡고, 귀로는 소리를 듣고, 입으로는 먹고 말하는 역할에 충실하도록 함으로써 육신이 유지될 수 있다.

그래서 하늘에서 해·별·달·지구·사람·신 등의 역할은 사람에 있어서 눈·귀·코·입·간·위·폐·심장 등의 역할에 비유된다.

각각의 존재가 자기 사명을 다할 때 하늘이 기뻐하고, 자기 사명을 다하지 못할 때 하늘이 힘들어 한다. 모든 것이 맡은 위치에서 자기 사명을 다할 때 하늘은 감로수를 내리고, 자신의 역할에 충실하지 못할 때 질병을 일으키는 세균과 같기 때문에 불가피하게 외과적 처치(천재지변)를 할 수밖에 없다.

하늘은 영으로 가득하다. 깨알만한 불덩이 같은 것이 상하좌우 쉴 새 없이 움직이고 있다. 푹 치솟았다가 내려앉고, 내려앉았다가 올라서고, 우로 가는 것이 있는가 하면 좌로 가는 것이 있고, 어떻게 보면 질서가 없는 것 같고, 어떻게 보면 질서가 있는 것도 같은데, 손으로 만지려 해도 만질 수 없고, 말을 걸어도 응답하지 않는다.

우리가 활동하는 방이나 교실, 배, 비행기 속은 물론, 절이나 교회 그리고 중국, 미국, 독일… 등 없는 곳이 없고, 없는 때가 없다. 그렇게 쉼 없이 무질서하게 움직이고 있는 것 같아도 사람과 부딪치는 법이 없고, 사람이 있으면 비켜간다.

천지 공간에 가득하므로 없는 데가 없으며, 수천만 억 수로는 헤아릴 수 없다. 그 많은 불덩이 같은 것 하나 하나가 다 영이다.

이 생명이 천지만물을 연결시켜 주고 있기 때문에, 천지만물은 내 몸 아닌 것이 없다.

그래서 하늘은 영이 있어 신경을 가진 사람보다도 더 정확하게 모든 것을 연결시켜준다. 천성이 뜻하는 바와 같이 맑고 밝고 열리고 크고 무한하기 때문에 인간이 보고 듣고 냄새 맡고 아픔을 느끼는 것보다 더 정확하게 알고 있고 느끼고 있다. 아무리 인간들이 남 모르게 저지르는 행동이라도 다 알고 있어 자신의 행동에 대한 죄과는 영원히 자신이 받아야 한다.

하늘과 땅이 천성(진)과 지성(사)의 이치로 창조된 것과 같이, 세상은 진과 사의 이치로 창조되지 않은 것이 없다.

지구 역시 마찬가지인데, 지구는 진의 역할을 하는 물과 사의 역할을 하는 흙으로 창조되었다. 물은 하늘의 성품을 닮게 만들었고 흙은 땅의 성품을 닮게 만들었다. 색채와 형태가 없는 물과 색채와 형태가 있는 흙이 짝을 이루도록 하여 생명을 불어넣고 지구로서의 사명을 다하도록 하였다.

지구에 어머니의 사명을 주어 만물을 기르는 역할을 맡겼는데, 물을 통해 만물을 성장·발육·발전시킬 수 있게 한 것이다.

따라서 지구에서는 진의 역할을 하는 물이 생명의 전부라 해도 과언이 아니다. 지구에 사는 생명은 물의 이치에 따라 나고 죽고 병든다.

세상의 이치를 보면 참眞된 것이 9라면 거짓邪된 것은 1에 불과하다. 이 비율은 황금률이라고 할 수 있다.

하늘은 10의 9가 영이고, 땅은 10의 9가 물이고, 사람은 10의 9가 마음이고, 육신은 10의 9가 물이다. 진이 9이고 사가 1인데, 진이 빛과 같은 역할을 하고 사가 그림자 같은 역할을 한다.

진이 있기 때문에 사도 존재한다.

그래서 사는 결코 진을 이길 수 없다. 이겼다 해도 진이 없기 때문에 사가 홀로 살아남을 수 없다.

일제가 우리 민족의 씨를 말리기 위하여 갖은 핍박을 가했어도 꿋꿋이 존재하고, 나치 독일이 유태인을 말살시키기 위하여 학살을 자행했어도 그들이 존재하는 것은 이 생명의 이치 때문이다.

땅에서는 물이 생명이므로 한 방울의 물만 있어도 이끼가 자라고, 바위로만 된 틈에서도 나무가 자라고, 밟고 밟아도 잔디가 살아남는다.

생명의 생명력은 강하고 끈질긴 것이다. 강하고 끈질긴 것이 생명의 참 모습이고 그래서 진이다.

모든 생명은 핍박을 가하면 어떻게든 살아남기 위하여 방어를 하거나 도망을 가거나 은둔을 하고, 그것이 여의치 않을 때는 야합 또는 사역도 한다.

그러므로 다른 것은 다 몰라도 10에 9나 되는 진을 모른다면 자신의 생명마저도 존립할 수 없다는 것을 알아야 한다.

특히 자신보다 앞선 근본 생명을 살상하는 것은 곧 자신을 살상하는 것임을 알아야 한다. 근본이 없다면 자신이 있을 수 없는데 어찌 자신을 생육하게 해준 근본을 살상하고서 살아남을 수 있기를 바라겠는가?

낳아주고 길러주고 가르쳐준 사람을 근본(부모, 어른, 스승 등)이라고 하여 존경하도록 하는 것은 이와 같은 생명이 이치(인과)로 되어있기 때문이다. 마찬가지로 인류사의 문화와 문명도 뿌리가 있고 줄기가 있고 꽃이 있다. 그런데 꽃이 줄기를 모르고, 줄기가 뿌리를 모르고, 근본이 되는 역사를 말살한 나라나 민족은 반드시 도둑질하고 학살한 대가를 받을 수밖에 없다.

혼이 무엇이고 혼이 어떻게 생하는 것인가를 모르는 사람은 자신의 문화와 풍습을 다 버리고 남의 문화와 풍습에 익숙하다. 조상의 문화와 풍습은 미신의 유물이나 되는 것처럼 터부시하면서 남의 나라의 문화와 풍습은 절대의 유물로 생각하거나 떠받든다.

　그래서 이 나라 곳곳을 남의 나라의 문화와 풍습으로 만들어 놓고 웃고 즐기고 있다. 자기 조상(혼, 근본)은 버리고 남의 조상을 자기 조상으로 믿고 따르고 있다. 자기 생명의 뿌리도 모르는 사람들이 남의 조상의 뿌리나 다른 민족의 뿌리는 외우고 믿는다.

　땅도 한국 땅이고 사람도 한국 사람인데, 문화와 풍습은 이미 한국의 것이 아니다. 천성의 문화와 풍습으로 만들어진 한국의 것을 버리고 지성의 문화와 풍습으로 만들어진 외국의 것을 받아들여 그 세계에 갇혀 행복을 노래하고 있다.

　외국의 문화와 풍습이 천성을 닮은 것이라면 당연히 받아들이고 배워야 한다. 또 외국의 잘하는 것도 외국이 잘못하는 것도 천성과 지성의 시각에 맞추어 보아 천성에 맞게 고쳐 수용하면 문제가 없다.

　그러나 지금까지 우리는 무엇이 옳고 그른지를 몰랐기 때문에 한국의 것이 훨씬 진리에 가깝고 훌륭한 것인데도, 지성에 물들어 생각 없이 우리 것을 버리고 남의 것을 받아들였다.

　일제 강점기의 왜색을 버려야 한다면서도 우리 것을 모르기 때문에 많은 시간도 흘렀어도 완전히 벗겨내지 못하고 있다.

　이 땅은 우리 민족의 문화와 풍습만이 존재할 수 있는 땅이다. 좋은 문물을 받아들이지 말라는 것이 아니라 한국의 것이 무엇인가를 깨달아 한국의 것과 합치되는 방향으로 수용하여야 한다.

　또한 한국 사람이 미국에 가면 미국, 중국에 가면 중국, 일본에 가면 일본의 문화와 풍습을 따라야 하는 것과 같이, 미국·중국·일본 사람이 한국에 오면 한국의 문화와 풍습을 따라야 한다.

　우리 조상들은 하늘을 믿었고, 하늘의 섭리를 따르고자 노력한 훌륭한 조상들이다. 천성을 닮은 사람이 되라고 자손들을 가르쳤고, 천성을 닮은 생활방식을 갖고자 노력하였다. 그래서 우리의 문화와 풍습은 모두 천성을 본떠 만들어졌다. 모두 하늘의 것이다.

그러므로 지성을 닮은 문화와 풍습은 이제 과감하게 배척하지 않으면 아니 된다. 특히, 신을 믿고 따르는 문화와 풍습은 빨리 버려야 한다.

신을 공경하는 것과 신을 믿고 따르는 것은 구별된다. 신을 공경하는 것은 조상을 공경하는 것이므로 그 문화와 풍습은 천성의 문화와 풍습과 일치한다. 그러나 신을 절대로 믿고 따르는 문화와 풍습은 지성의 문화와 풍습을 근본의 것으로 떠받드는 것이고 지성의 문화를 절대의 것으로 인식하는 것과 같다.

과거 우리 조상들은 사가 마을에 들어오는 것을 경계하고자 마을 어귀에 천하대장군天下大將軍과 지하여장군地下女將軍을 세워 경고하였다. 또한 각종 피막이를 사용하여 사(귀신)의 접근을 막았다. 신을 맹목적으로 믿고 따른 것이 아니라, 진과 사를 분명히 구별하였다.

신을 믿고 따르면 귀신의 문화와 풍습이 열매 맺고, 진을 믿고 따르면 진의 문화와 풍습이 열매 맺는다. 귀신의 사상, 귀신의 문화, 귀신의 풍습을 받아들이면 어떤 공동체(국가, 민족, 지역, 종교, 가정 등)도 갈라지고 쪼개지고 나눠질 수밖에 없다.

색채와 형태가 없는 하늘은 하나 밖에 없으나 색채와 형태를 가진 땅은 둘 이상, 수 없이 많은 것이므로, 귀신을 받아들이면 세상은 귀신의 수만큼 나뉘고 갈라지고 쪼개지는 것이다.

나뉘고 갈라지고 쪼개지면 세상은 그만큼 뺏고 훔치고 속이고 경쟁하고 사고파는 문화와 풍습이 자리 잡는다.

| 땅, 지성, 사

땅을 알려면 땅의 성품을 이해해야 한다.

지금 지구에 사는 인구는 약 60억명 정도이다. 서기가 시작된 해부터 모든 인구를 포함하면 엄청난 숫자이다. 그 사람들은 하나같이 우리가 사는 하늘과 땅에서 살았다. 어떤 사람은 지배계층의 삶을 살아갔고 어떤 사람은 노예의 삶을 살았다.

그러나 지배계층은 지배계층 대로 피지배계층은 피지배계층 대로 모두들 바라는 세계가 있다. 그 사람들이 종교 사상 정치 경제 음악 미술 요리 등 어떤 분야에서 어떤 일을 하든 사람마다 꿈꾸는 세상은 모두 다르다.

이렇게 사람마다 다른 세상을 만들어주려면 창조자는 사람의 숫자만큼 하늘과 땅을 만들어주었어야 한다. 그래야 갈등과 다툼이 없을 것이기 때문이다.

그러나 하늘과 땅은 하나밖에 없다. 하나밖에 없기 때문에 사람들은 먼저 선점하기 위하여 갖은 짓을 다한다. 고상한 척도 하고, 천박한 짓도 하고, 고상한 것과 천박한 것을 섞어 살아가기도 한다.

창조자는 하나의 하늘과 하나의 땅밖에 주지 아니했으나 하나의 이치를 주었다. 모든 존재가 그 이치를 따르게 함으로써 공존하게 한 것이다. 그것이 진眞이다.

보이지 않는 생명을 성性이라고 하고, 보이는 생명을 정精이라고 하고, 성과 정을 연결하는 생명을 명命이라고 한다. 삼일신고에서는 이 성명정의 3위일체가 진眞이라고 하였다. 비록 하늘과 땅은 하나 뿐이 없으나 사람이 진의 이치 대로 살면 모든 인류가 이상 세계(유토피아, 에덴동산)를 살아갈 수 있다고 본 것이다.

신라 고승 최치원 선생은 우리 민족에게 풍류도風流道가 있다고 하였다. 풍류도는 유불선儒佛仙를 합한 것이라고 전하는데 풍류라는 말은 자연自然을 뜻한다. 풍류는 '바람이 흐른다'는 말로써 자연현상(자연을 벗 삼아)을 말하는 것이기 때문이다. 그 자연이 콩 심으면 콩 나고 팥을 심으면 팥이 나는 이치로 작동하므로 진眞이다.

역설적으로 보면 자연에서 벗어나 진리를 구하면 허구라는 것이고, 사람들의 생각(종교 · 사상 · 철학 · 정치 · 경제 · 과학 등)이 자연에서 벗어나면 공상, 망상, 허상이라는 것이고, 지금까지 사람들은 이것을 몰랐기 때문에 공상, 망상, 허상을 쫓아 살아온 것이라고 할 수 있다. 초기 고조선 시대의 것으로 보이는 천부경天符經, 삼일신고三一神誥[43], 홍범구주洪範九疇 등 우리의 고전은 풍류도를 해석하는 단초가 된다.

삼일신고三一神誥는 성명정性命精을 3개의 진眞이라고 설명하고 있다. 필자는 처음 이것을 접하고 진眞이 어떻게 3개나 될 수 있는가에 대하여 의문을 가졌다. 그러나 성명정이 모두 진이라고 한다면 무엇인가는 몰라도 공통점이 있기 때문에 그런 것이 아닐까 생각하였다. 그 후 천성天性과 지성地性을 알고 삼일신고와 비교해본 결과 성性은

---

43 삼일신고에서 신(神)에 해당하는 글자는 고어로 쓰여진 글자를 후세 사람이 신으로 번역하였다고 하는데, 내용을 읽어보면 삼위일체의 진(眞)에 관하여 설명하는 내용이므로 신을 진으로 바꾸어 삼일진고(三一眞誥)로 표현하는 것이 올바른 표현이 아닌가 생각된다.

천성天性을 말하고, 명命은 영성靈性을 말하고, 정精은 지성地性을 말하는 것으로 풀이 되었다.

천성에 선을 심으면 선이 자라고 악을 심으면 악이 자라고, 지성에 콩을 심으면 콩이 자라고 팥을 심으면 팥이 자란다. 선과 악은 지성에 심을 수 없고 콩이나 팥은 천성에 심을 수 없으나 뿌리는 대로 거두는 이치는 같다. 그러나 천성과 지성은 상태(천성은 색채와 형태가 없는 상태, 지성은 색채와 형태가 있는 상태)로서 변화를 일으키는 주체라고 할 수 없다. 변화를 일으키는 존재로서 작동하는 것이 영성이다.

영성은 변화하되 스스로 작동하므로 능동·적극·긍정·자동·주도·열정 등을 뜻하고, 중구난방으로 변화하는 것이 아니라 고도의 법칙을 가지고 있으므로 이치·인과·이유·논리 등을 뜻한다. 천성과 지성은 뿌리는 대로 거두는 이치이므로 진이고, 영성은 변화하되 고도의 법칙을 가지고 있으므로 역시 진이다.

하늘은 아무것도 없는 빈 공간과 같아 보이지만 영이 가득하므로 그대로 영체이다. 영이 있어 끊임없이 생명현상이 일어난다. 영이 있어 일분일초도 쉬지 않고 살아 꿈틀대며 창조현상이 일어난다. 다친 상처가 아물고, 없던 아이가 생겨나고, 번데기가 나비로 변신한다. 영이 있는 존재를 어떻게 부르던 그것은 사람의 언어이다.

세상의 모든 것은 생명을 위해서 존재하지 아니한 것이 없다. 학교도 종교도 사상도 철학도 정치도 경제도 모두 생명을 위해서 존재한다. 그런데 어느 때부터인가 학교·종교·사상·철학·정치·경제 등을 위하여 생명이 쓰이고 있다. 생명을 위해서 사회제도가 있는데 사회제도를 위해서 생명이 있고, 생명을 위해서 돈·권력·명예 등이 필요한데 돈·권력·명예 등을 위해서 생명이 사용된다.

하늘은 사람에 대하여 하늘의 대리자로서 역할을 할 수 있도록 하늘의 한편으로 영을 주었다. 사람에게 영이 있어 만물의 영장이 되고, 창의력을 발휘할 수 있다. 그런데 사람은 자신에게 생명을 준 하늘을 잊고 하늘이 창조한 생명을 함부로 괴롭히며 살아간다.

하늘은 땅[44]을 포함한 우주의 근본이고, 땅은 하늘 다음의 근본이다. 하늘이 없으면 땅이 있을 수 없으므로 하늘은 으뜸 근본이 되고, 땅이 없으면 땅에 사는 생명이 있을 수 없으므로 하늘 다음의 근본이다.

사람은 땅에서 나서 땅으로 돌아간다. 땅이 없으면 촌각도 생명을 부지할 수 없다. 사람뿐만 아니라 동물·식물·날곤충도 다 그러하다. 땅이 있으므로 뿌리를 박을 수 있고, 발을 딛고 서 있을 수 있고, 날다가도 내려 설 수 있다.

그러나 오늘날 사람들은 이렇게 소중한 땅을 돈벌이의 대상이나 소유물의 대상 정도로 알고 있다. 그래서 내 땅 네 땅 금을 그어 사고팔고 있다. 사람이 없었던 땅을 만들어낸 창조자도 아니면서 자기 땅이라고 주장한다. 먼저 태어난 것을 땅을 선점하라는 기득권이라도 얻은 것처럼 생각한다.

자신도 스스로 창조한 것이 아니므로 마음대로 어찌할 수 없는데, 자신의 생명을 존재할 수 있게 하는 땅을 마음대로 취급한다.

사람이 무엇을 안다 또는 무엇을 배웠다는 것은 학력이 높다는 말

44 하늘은 보이지 않는 세계의 생명, 공동체, 세계, 나라 등을 가리키고, 땅은 보이는 세계의 생명, 공동체, 세계, 나라 등을 가리킨다. 하늘은 하나의 세상을 가리키고 땅은 둘 이상의 세상을 가리킨다. 하늘은 전체를 가리키고 땅은 부분을 가리킨다. 이와 같이 하늘과 땅의 개념은 다양하게 사용할 수 있다. 여기서 땅은 지구의 개념으로 사용한다.

이 아니다.

다른 사람보다 어떤 분야에 있어서 조금 더 아는 것에 불과하다.

예를 든다면 조류 박사는 새에 대하여 남보다 더 연구를 많이 하여 종류나 분포, 습성, 생식, 이동 등에 대하여 조금 더 아는 사람을 말하고, 농업 박사는 농사짓는 법을 남보다 더 연구를 많이 하여 수확을 더 많이 낼 수 있는 사람을 말하고, 의학 박사는 병 고치는 방법을 남보다 더 연구를 많이 하여 병을 잘 낫게 하는 사람을 말한다.

그 분야에서 다른 사람보다 조금 더 넓게, 깊게, 높게 아는 것을 말한다.

마찬가지로 필자가 하늘과 땅을 설명하는 것은 완벽하게 알고서 하는 말이 아니다. 독자에 앞서 공부하였기 때문에, 한발 앞서 조금 더 넓게, 더 깊게, 더 높게 아는 것뿐이다.

앞서 하늘에서 필자가 설명하고자 한 것은 하늘의 성품을 이해시키고자 한 것이었다. 사람을 알려면 사람의 성품을 이해해야 하듯이 하늘을 알려면 천성을 알아야 하기 때문이다.

땅을 안다는 땅이라는 생명을 아는 것을 뜻하고, 땅도 생명이기 때문에 땅의 성품 즉 지성을 이해하여야 한다. 하늘은 하늘의 성품을 지니고 있으므로 하늘이듯이, 땅은 땅의 성품을 지니고 있으므로 땅이기 때문이다.

하늘의 성품 즉 천성은 절대이고 땅의 성품 즉 지성은 상대이다. 지금까지 사람들의 생각이 부족하였던 부분은 절대와 상대의 개념이다. 그것이 부족하였기 때문에 절대를 신神에서 찾을 수밖에 없었기 때문이다.

천성이 절대이면 지성은 상대이며, 천성의 가치가 절대이면 지성의 가치는 상대이다. 이 개념을 정확하게 이해하면 인류가 새로운 세계를 건설할 수 있다. 절대나 절대의 가치는 목적이 되고, 상대나 상대의 가치는 수단이 되는 삶을 펼칠 수 있다.

생명마다 고유의 성품이 있다. 그 성품이 있기 때문에 존재하는 모든 것은 생명력을 지니고 있다. 성품이 없다면 그 생명은 더 이상 존재하지 않는다. 어떤 생명이 고유의 성품을 잃어버리면 그 순간 이미 다른 성품을 지닌 생명이 되기 때문이다.

금은 금일 때 금이며, 은은 은일 때 은이다. 다른 금속을 합성하기 시작하면 그때부터 은의 본성을 잃어간다.

그래서 성품은 천성天性, 본성本性 또는 성性이라는 말로 쓰인다. 어떤 생명이던 고유의 품성을 가지고 있는데, 맑음과 탁함, 밝음과 어두움, 두꺼움과 얇음, 따뜻함과 차가움, 단단함과 부드러움, 온화함과 강함 등과 같은 생명체의 성질性質, 맛味, 기氣 또는 기질氣質 등을 일컫는 말이다.

세상에는 똑같은 것이 없다. 같은 이름을 가진 것이라도 공간적 또는 시간적 위치에 따라 성질이 다르기 때문에, 사람마다 성질이 다르고, 산·물·나무·개·돼지 등도 장소나 시간에 따라 각각 그 성질이 다르다.

한국 사람은 한국인의 혼을 가졌고, 중국 사람은 중국인의 혼을 가졌고, 과거 고구려·백제·신라인은 같은 민족이라도 그 혼이 각기 달랐다.

남자는 남자의 성품을 지니고 있을 때 남자이고, 여자는 여자의 성품을 지니고 있을 때 여자이다. 선생은 선생, 군인은 군인, 정치는 정치다울 때 천성을 지키는 것이고 본성을 회복하는 것이고 성의 정체성을 갖는 것이다.

이와 같이 하늘은 하늘의 성품이 있고, 땅은 땅의 성품이 있고, 사람은 사람의 성품이 있고, 신은 신의 성품이 있고, 나무는 나무, 금속은 금속, 돌은 돌의 성품이 있다.

성품을 천성이라고 하는 것은 단지 성품만 말하는 것이 아니라, 그 존재가 태어난 이유 즉 사명까지 말하는 것이다. 그래서 세상 만물은 하늘이 준 성품 즉 천성을 알면 생명만 아는 것이 아니라 태어난 사명까지 같이 아는 것이다. 하늘이 세상에 태어나게 할 때는 뜻한 바 일을 하도록 성품을 주었기 때문에, 그 성품 속에는 그 생명의 할 일(사명, 역할, 기능)이 담겨져 있다.[45]

하늘이 만물을 창조할 때는 반드시 뜻이 있어서 창조한 것이므로, 자신의 성품을 깨달을 수 있으면 곧 하늘이 자신을 이 세상에 태어나게 한 뜻을 읽을 수 있다. 그래서 자기 성품에 맞는 일을 하는 것이 곧 자기 일을 하는 것이요, 하늘의 일을 하는 것이요, 죄에서 벗어나는 삶을 사는 것이다.

---

45 평소 필자는 직업을 구하는 사람에게 '사람이 필요하지 않은데 만드는 것은 하나도 없다. 사람도 마찬가지다. 이 세상에 필요가 없는데 태어난 사람은 하나도 없다. 그 필요한 일을 하는 것이 사명을 다하는 것이고 그것이 직업관이다. 그런데, 돈 권력 명예를 쫓아 직업을 찾는다면 이 세상에 태어난 사명을 잊은 것과 같지 않겠습니까?'하고 반문하곤 한다.

하늘은 열려 있다. 완벽하게 열려 텅 빈 상태와 같다. 완벽하고 텅 빈 상태로 열려 있기 때문에 빛, 소리, 전파, 방사선, 바람 등이 통과할 수 있고, 그러한 존재가 드러날 수 있고, 조그만 그림자나 얼룩이 진 것을 읽을 수 있다.

반면에 땅은 닫혀 있다. 완벽하게 닫혀 뚫고 들어갈 틈이 없다. 완벽하게 닫힌 상태는 뚫고 들어갈 수 없거나 각고의 노력에 의해서 조금씩 전진할 수 있는 상태를 뜻하고, 완벽하게 열린 상태는 무엇이나 마음대로 드나들 수 있는 상태를 뜻한다.

닫힌 것은 열지 않으면 나아갈 수 없다. 닫힌 땅을 열려면, 땅을 파기 전에는 불가능한 것과 같다. 그래서 닫힌 것을 열고 나아간다는 말은 "개척開拓한다", "연구硏究한다"는 말과 같은 뜻이다. 또한 "전진前進한다"는 말이 있는데 이 말도 개척하여 닫힌 곳(것)을 열고 나아간다는 뜻으로 같은 의미이다.

닫힌 곳은 미지의 세계이다. 그 세계는 개척하거나 연구하는 방법으로 밖에는 열고 나아갈 수 없다. 특히, 진리를 공부하거나 새로운 어떤 것을 구하는 사람은 개척하거나 연구하지 않고는 나아갈 수 없다.

진리를 다 깨달은 자유인이라면 더 이상 공부할 필요가 없을지 모르겠으나, 제대로 깨닫지 못한 사람은 항상 개척하고 연구하는 자세로 살아가지 않으면 아니 된다.

하늘은 열린 존재이고, 땅은 닫힌 존재이다.

하늘의 열림은 절대이고 땅의 닫힘은 상대이다.

절대로서 열린 것은 하늘 밖에 없고 그 밖의 존재는 더 열린 것과 덜 열린 것, 더 닫힌 것과 덜 닫힌 것의 상대성만 있다.

　열림과 닫힘은 서로 정반대의 성품이기 때문에 극極과 극極의 원형으로 삼을 수 있는데, 그럴 경우 하늘은 열린 것을 대표하거나 상징하고 땅은 닫힌 것을 대표하거나 상징한다.

　하늘은 크다.

　현대과학도 그 크기를 모르므로 무한대이다. 끝이 없이 크기 때문에 우주 만물을 포용한다. 반면에 땅은 작다. 크기가 한정되어 있으므로 알려고만 하면 모든 것을 알 수 있다. 그래서 땅은 인류가 많아질수록 그리고 과학문명이 발전하면 할수록 작다고 느껴진다.

　하늘은 넓이, 높이, 깊이 등 어느 측면에서 보아도 무한히 커서 끝이 없고, 땅은 넓이, 높이, 깊이 등 어느 측면에서 보아도 유한하여 끝이 있다. 하늘은 높이, 깊이, 넓이 등 모든 면에서 하늘을 초월하는 것이 없기 때문에 절대이다. 땅은 아무리 높고 깊고 넓어도 하늘을 능가할 수 없기 때문에 상대이다.

　크기의 크고 작음으로 진리를 찾을 때에는 큰 것일수록 더 하늘을 닮은 것으로 이해할 수 있고, 작은 것일수록 더 땅을 닮은 것으로 이해할 수 있다. 가령, 사람은 색채와 형태가 없는 존재로서 마음이 있고, 색채와 형태가 있는 존재로서 육신이 존재하는데, 마음은 색채와 형태가 없기 때문에 크기가 무한無限이나, 육신은 색채와 형태가 있기 때문에 크기가 유한有限이다.

　해바라기는 씨앗이 자라 줄기가 되고, 줄기가 자라 씨앗을 남기고 땅으로 돌아간다. 해바라기라는 참 생명은 보이지 않고, 씨 → 줄기

→ 씨앗으로 변화는 겉 생명만 보인다.

사람은 하늘에 해당하는 속 생명으로 마음이 있고, 땅에 해당하는 겉 생명으로 육신이 있다. 사람이라는 참 생명 마음은 보이지 않으나 아이 → 어른 → 노인으로 변화하는 겉 생명 육체만 보인다.

생명의 참 모습은 사람의 눈에 보이지 않으나 그 생명은 변해서는 아니 되고, 생명의 겉모습은 사람의 눈에 보이나 보이는 그 생명은 변하지 않으면 아니 된다.

땅은 움직이고 있다. 찰나의 순간도 멈추는 일이 없다. 스스로 자전을 하고 태양 주위를 도는 공전을 한다. 돌고 돌기 때문에 밤과 낮의 일교차를 만들고, 기온차를 만들고, 수증기·구름·바람·천둥번개·비 등을 만들어 변화가 일어난다. 땅이 변화를 하기 때문에 땅에 사는 생명이 생명력을 얻는다.

하늘과 땅은 극과 극이다.

맑음과 탁함이 극과 극이고, 밝음과 어두움이 극과 극이고, 열림과 닫힘이 극과 극이고, 크고 작음이 극과 극이다. 또한 고요함과 움직임이 극과 극이고, 색채와 형태가 없음과 색채와 형태가 있음이 극과 극이다.

서로 정반대의 성을 가지고 있으므로 그 차이를 이용하면 세상을 남다르게 바라볼 수 있는 눈을 터득할 수 있다.

시時는 빛의 동작을 뜻한다. 빛이란 유형유색의 사물을 말한다. 사람이 사물을 본다는 것은 그 빛을 보는 것을 말하는데, 사물의 움직임 또는 동작, 흐름이 시時이다. 예를 들면, 태양 빛이나 달빛이 사람에게 도달하는 시간은 빛의 속도라고 하나, 태양이나 달의 움직임은 빛의 동작이다.

태음력과 태양력이라는 시간은 사람의 주관(편견)이 개입된 시간이다. 지구에서 관찰하였기 때문에 지구의 시간이며, 수성, 금성, 토성 등에서 관찰하면 다른 시간이 존재할 수밖에 없다. 또한 사물이 움직이지 않고 고정되어 있다면 시간은 존재할 수 없다.

색채와 형태가 없는 공간을 색채와 형태가 있는 시간이 흘러 생장염장生長斂藏[46]하는 생명의 역사가 펼쳐지는데, 이를 불가에서는 색즉시공色卽是空 공즉시생空卽時色으로 표현한다.

공간 속에 시간이 흐르면서 아름다운 생명의 그림을 그려낸다. 하늘은 공 또는 공간을 대표하거나 상징하고, 땅은 시 또는 시간을 대표하거나 상징한다.

하늘이 절대라는 것은 주는 것을 뜻하고, 땅이 작다는 것은 받는 것을 뜻한다. 하늘은 높이 깊이 넓이 등 모든 면에서 크기 때문에 그보다 못한 땅에게 주기만 하고, 땅은 모든 면에서 하늘보다 작기 때문에 하늘로부터 받기만 한다. 그러나 땅은 사람보다는 크기 때문에 사람에 대해서는 주기만 한다.

하늘이 크다는 것은 지智·덕德·체力, 體, 技가 절대라는 것이고, 땅이 작다는 것은 하늘보다 지·덕·체가 상대라는 것이다. 하늘은 땅보다 지혜가 크고 덕이 크고 힘이 크기 때문에 그보다 작은 땅에 그 지혜와 그 덕과 그 힘을 주기만 한다. 하늘이 지·덕·체를 베풀면 땅은 그것을 받아 배태시키고 발아시키고 싹을 키워 결실할 때까지 길러낸다.

---

46 소생하고(生), 성장하고(長), 수렴하고(斂), 저장한다(藏)는 것을 이르는 말이다.

우리는 지·덕·체를 교육의 3요체三要諦라고 하는데, 사실 이것은 생명의 3요체로 보아야 한다. 크기만 다를 뿐 어떤 생명도 모두 가지고 있기 때문이다. 사람의 경우 영은 지, 마음은 덕, 육체는 체가 되고, 육체만 논하면 머리는 지, 가슴은 덕, 사지는 체가 된다. 기업의 경우 경영자는 지, 사장은 덕, 근로자나 자본은 체가 되고, 국가의 경우 정부는 지, 최고 통수권자는 덕, 백성은 체가 된다.

지덕체는 생명의 조화造化를 뜻한다.

지덕체가 조화를 이루면 그 생명은 건강하고, 조화를 잃으면 그 생명은 고통을 받는다. 3요소 가운데 어느 하나가 숭앙을 받거나 뒤쳐지면 그 생명체는 내부에 균형이 깨져 모순이 발생하고, 균형을 이루면 평화와 안락이 있다. 우열을 가리거나 선악을 가리면 그 생명은 파멸하고, 맡은 사명만을 다하면 그 생명은 조화를 이루고 생육한다.

하늘은 세상 모든 것을 포용하고 있으나 포용하지 않은 것처럼 양육한다. 하늘은 맑음 밝음 열림 크기 고요함 등 모든 면에서 절대이기 때문에 모든 면에서 상대가 되는 존재를 포용한다.

사상·이념·종교 등에 빠져 허우적대는 사람도 포용하고, 희·노·애·락·애·오·욕 등 7정에 빠져 헤어나지 못하는 눈뜬 봉사도 포용하고, 부자·가난한 자·착한 자·악한 자·오대양육대주 모든 국가와 국민을 포용한다.

기울거나 편향되는 법이 없이 공평하게 성장, 발육, 발전시키고 있으므로 어머니의 품속보다도 더 포근하다.

그러나 하늘은 말이 없다. 오직 기다리고 있다. 어리석은 인간들이 이러쿵저러쿵 제 멋대로 떠드는 소리들을 다 듣고 있으면서도 오직 기다리고 있다.

인간들의 소리를 다 들어주자면 인간들의 숫자만큼 많은 세상을 만들어 주거나 이 세상을 없애버려야 하기 때문에, 많은 세월이 흐르면서 인간들 스스로 경험(시행착오)을 통하여 하늘의 뜻을 깨닫도록 한 것이다.

무한히 깊고 높고 넓은 하늘은, 얕고 낮고 좁은 인간들의 소견을 다 포용하여 참고 참으며 기다리고 있다. 언젠가는 그 어리석음을 깨달아 스스로 하늘의 품에 귀의하리라 믿고 있기 때문이다.

그러므로 하늘 높은 줄 모르고 높이를 쌓고 있는 사람, 하늘 깊은 줄 모르고 깊은 지식을 자랑하는 사람, 하늘 넓은 줄 모르고 참을성이나 이해성이 없는 사람은 깨닫고 깨달아야 한다. 하늘을 보고도 하늘의 자비와 하늘의 두려움을 깨닫지 못하는 사람은 이를 명심하여야 한다.

인간들이 행하는 그 모든 것이 하늘을 벗어날 수 없기 때문이고, 모든 것이 하늘 앞에서는 백치와 다름없기 때문이다.

하늘은 항상 같은 하늘이다. 변함이 없다.

공간적으로는 없는 곳이 없기 때문에 같은 하늘이고, 시간적으로는 없는 때가 없기 때문에 같은 하늘이고, 세상 만물이 다 변해도 변하지 않기 때문에 항상 같은 하늘이다.

해·별·달·지구의 하늘이 항상 같은 하늘이고, 같은 지구에서도 한국·미국·중국·일본의 하늘이 같은 하늘이고, 남과 북의 하늘이 항상 같은 하늘이다. 과거·현재·미래의 하늘이 항상 같은 하늘이고,

고조선·삼국·고려·조선·대한민국의 하늘이 같은 하늘이다.

변하지 않는 것은 하늘 밖에 없다. 세상 모든 것이 다 변해도 하늘만은 변하지 않는다. 언젠가는 변하는 것, 영원하지 못한 것, 영생하지 못하는 것을 두고 불변한다 하고 영원하다고 하고 영생한다고 하나, 그것은 하늘을 모르기 때문에 하는 소리이다.

영원히 변하지 아니하므로 불변한다는 말이 하늘에서 나왔고, 항상 그대로이므로 영원하다는 말이 하늘에서 나왔고, 영원히 존재하므로 영생한다는 말이 하늘에서 나왔다.

사람·동물·식물도 생명의 끝이 있고, 아무리 단단한 금강석도 생명의 끝이 있고, 지금까지 사람들이 절대라고 철석같이 믿었던 신神의 생명도 끝이 있고, 우주공간에 있는 해·별·달·지구도 그 끝이 있으나, 하늘만은 끝이 없고, 다함이 없다.

불변·영원·영생은 하늘을 가리키는 말이다.

그래서 하늘은 모르는 것이 없다.

우리 생명의 뿌리가 되는 첫 조상이 있은 때로부터 지금 현재까지 하늘은 항상 있어왔기 때문에 시간과 공간을 초월하여, 어느 때 어디에서 무슨 일이 있었는지 다 알고 있다.

사람이나 귀신은 속여도 하늘은 속일 수 없다. 보는 사람이 없다고 하여 저지르는 잘못도 하늘은 보고 있고, 알고 있고, 느끼고 있다.

몇십 년, 몇백 년, 몇천 년 전의 사건들도 필요할 때는 영화처럼 보여주기도 한다.

하늘은 보이는 않는 세계이나 땅은 보이는 세계이다.

하늘과 같이 절대 보이지 않는 존재는 절대이나 땅과 같이 보이거나 측정이 가능하거나, 지금은 보이지 않으나 앞으로 언젠가는 보이거나 측정이 가능한 존재는 상대이다.

가령, 사람의 마음이나 영은 영원히 보이지 않으므로 절대의 세계 또는 절대의 존재이나 육체와 혼은 사람의 눈에 보이거나 지금 보이지 않더라도 육신이 멸한 후 저 세상에서 육신과 같은 역할을 하므로 상대의 세계 또는 상대의 존재이다.

보이지 않는 세계에는 진과 사가 있고, 보이는 세계에는 선과 악이 있다.

지금까지는 인류는 보이는 세계를 보고 세상을 평가하였으나, 앞으로 인류는 보이지 않는 속 모습의 세계까지 보고 세상을 평가한다. 지금까지는 선과 악으로 삶의 지표를 삼았으나 앞으로는 진과 사로서 삶의 지표를 삼는다.

그러므로 겉으로 드러난 결과를 가지고 선과 악을 구별함으로써 생명을 희생시켜온 지난날의 오류를 바로잡을 수 있고, 어느 공간이나 시간에도 다 적용해볼 수 있으므로 가장 보편타당성이 있는 패러다임이다.

천성은 진이 무엇인가를 가르쳐주고, 지성은 사가 무엇인가를 가르쳐준다. 굳이 선과 악을 구별할 필요가 있다면, 진선眞善과 사악邪惡으로 평가하여 더 이상 거짓·가식·꾸밈이 없는 세계를 만든다.

　그러나 우리는 여기서 반드시 짚고 넘어가야 할 것이 있다. 지성이 사를 상징하므로 땅은 사와 같은데, 어떻게 사람이 그 땅(사)과 더불어 살아갈 수 있으며, 사와 더불어 사는 사람이 어떻게 사를 따르지 않고 살아갈 수 있는가 하는 것이다.

　땅은 항상 하늘의 섭리를 따르고 있으므로 땅의 생명을 보존할 수 있고, 한 치의 착오 없이 하늘의 사명을 실천하고 있다. 봄, 여름, 가을, 겨울로 순환하므로 규칙적이고, 규칙적이므로 질서가 있고, 질서가 있음으로 믿음이 있다.

　그래서 땅에 사는 뭇 생명이 생명을 유지할 수 있다.

　땅의 이러한 움직임을 정正이라 한다. 하늘이 땅을 창조하였으므로 땅은 하늘의 것이고, 땅은 하늘이 창조한 뜻을 저버리지 않고 자신의 사명만을 다하고 있으므로 언제나 정으로 행한다.

　땅은 색채와 형태를 가졌으므로 사이다. 그러나 하늘의 섭리에 순응하므로 섭리를 따르지 않는 사와는 구별된다. 만약 땅이 섭리를 벗어나 제멋대로 움직인다면 이미 산산이 부서져 현재와 같은 땅은 존재할 수 없고, 그렇게 되면 땅에 보금자리를 튼 인류도 존재할 수 없다.

　마찬가지로 인간이 만들어내는 관념(제도)은 나온 순간 사에 불과하다. 사이기 때문에 그것이 절대적 목적으로 사용되면 문제가 발생한다. 오늘날 인간이 만든 관념이 절대 목적으로 사용되기 때문에 세상이 뒤집혀있다.

　인간이 만들어낸 관념은 절대 목적이 될 수 없다. 상대 목적 또는 상대 수단이 되는 것이므로 공간적 시간적 상황에 따라 더 천성을 닮은 것과 더 지성을 닮은 것을 구별하여 주종관계를 구분하여 사용하면 된다.

그러나 관념을 포함한 모든 사는 천성이나 천성의 가치를 지향해야 한다. 그것이 무너지면 무엇을 위해서 존재하는지 존재가치를 잃기 때문이다.

진은 으뜸이 되는 근본이므로 따로 계율이 필요하지 않다. 바르고 바르지 않고, 옳고 그르고, 좋고 나쁘고, 착하고 나쁜 것을 구별하지 않아도 세상이 올바르게 통제가 된다. 진에서 떠나지 않고 진을 따라 움직이면 항상 정正으로 행하는 것이기 때문이다.

진을 아는 사람은 진심眞心으로 행하고, 진을 모르는 사람은 진을 모르는 것 하나만으로 사심邪心으로 행한다.

진을 아는 사람은 하늘이 하나이듯이 마음도 하나이고, 진을 모르는 사람은 땅이 둘 이상이듯이 마음도 둘 이상이다.

진은 색채와 형태가 없는 하늘이므로 꾸밈이나 가식 또는 거짓이 없고, 사는 색채와 형태가 있는 땅이므로 꾸밈이나 가식 또는 거짓이 있다.

사람이 천성을 체득하면 진眞을 따르는 것이고 정正으로 행하는 것이나, 천성을 모르면 지성만 있는 것이므로 사邪를 따르는 것이고 부정不正으로 행하는 것이다.

그러므로 세상이 진眞과 사邪를 알고 진을 따르면 진의 세계가 열리고 진을 모르면 사의 세계가 열린다. 사람이 진을 알고 무슨 일을 하든 진을 위해서 하면 새로운 세상이 열리는 것이니, 새로운 패러다임으로 볼 수 있고 새로운 경세학으로 볼 수 있다.

4장

바람직한
공동체 설계는
가능한가?

기존 패러다임은 포용성에 한계가 있다

세상을 바라보는 패러다임은 많이 있다. 철학·법학·심리·윤리·행정·종교 능 다양한 것에서 다양한 이론을 사셔올 수 있다. 그러나 국가와 사회를 운영함에 있어 존재와 당위, 이성과 합리성, 포스트 모더니즘, 거버넌스 등의 기존 패러다임으로는 인류가 살아가는 데 있어 수많은 문제들을 극복하는데 한계가 있다. 먼저 우리 인류에게 무슨 문제가 있는지 크게 4가지로 나누어 생각해보자.

첫째, 사상의 혼란과 관련된 문제이다.

자본주의는 개인의 능력 대로 사유재산을 인정하되 개인의 자유를 인정하자는 사상이고, 공산주의는 개인의 능력 대로 소유권을 인정하면 가진 자와 가지지 못한 자의 격차가 커지게 됨으로 토지(지대)를 공산화하고 인간의 정신을 유물론의 입장에서 통제하자는 사상이다.

공산주의는 가진 자가 가지지 못한 자를 지배하는 자본주의가 종국에 산업예비군으로 전락한 노동자·농민proletarian이 혁명을 일으켜 자본가bourgeois를 무너뜨리고 공산화 할 수밖에 없다고 한다. 자본주의는 사람의 정신에 자유를 주되 토지land를 사유화私有化함으로써 능력대로 통제하자는 것이고, 공산주의는 토지는 공산화共産化하여 자유를 주되 사람의 정신을 통제함으로써 능력에 따라 빈부가 벌어지는 것을 방지하자는 것이다.

말하자면 자본주의는 모든 사람에게 자유를 주었으되 힘(권력, 지식, 재력, 명예 등)이 있는 자가 많이 가질 수 있는 불균형의 세상을 만들어주었고, 공산주의는 개인의 토지(지대) 소유를 불인정함으로써 토지에 자유를 주었으되 사람의 지유를 통제함으로써 사람을 양육한 것이 아니라 사람이라는 동물을 사육하는 세상을 만들어주었다.

공산주의나 자본주의가 처음 나올 때는 똑같이 사람을 더 잘 살고 행복하게 할 수 있다며 나왔는데 똑같이 그 사상에 반대하는 수많은 사람들을 희생시켰다.

미국 공화당의 가치는 자유이고 민주당의 가치는 평등이다. 공화당이 내세우는 자유는 경제에 있어서 자기 능력 대로 소유권을 인정해주자는 것이고, 민주당이 내세우는 평등은 자기 능력 대로 소유권을 인정할 경우 빈부격차가 커져 사회문제로 비화될 수 있다는 이유로 가진 자로부터 세금 등을 더 많이 징구하여 가지지 못한 자에게 인간다운 삶을 유지할 수 있도록 분배해주어야 한다는 것이다.

미국 공화당의 가치는 전형적인 자본주의의 논리이고 민주당의 가치는 자본주의의 단점을 적극적으로 개선하자는 것으로 수정 자본주의의 논리이다. 수정 자본주의는 공산주의가 주장하는 노동자·농민의 혁명을 미연에 방지하자는 논리로서, 자본주의를 택하고 있는 나라는 자본주의의 단점을 극복하기 위하여 미국 민주당이 내세우는 평등의 요소를 가미하고 있다. 자유와 평등은 언제나 존재해야 하는데 현실에서는 이렇게 정권을 나눠 갖는 도구로써 존재한다.

노동법을 비롯한 각종 사회복지 제도는 자본주의 단점을 극복하기 위하여 도입된 수정 자본주의 논리이다. 학생들에게 중식을 제공함에 있어 선택적 복지를 주장하는 사람은 가진 자의 자녀까지 무상으로 제공할 경우 예산 부족으로 세금을 더 많이 징수해야 한다는 이유로 반대하고, 보편적 복지를 주장하는 사람은 부모의 재산 유무를 가려 중식을 제공하는 것은 어려서부터 편 가름을 가르친다는 이유로 반대한다.

선택적 복지는 경제에 있어서 자유를 주장하는 미국의 공화당과 같은 논리이고, 보편직 복지는 경제에 있어서 평등을 주장하는 미국의 민주당과 같은 논리이다. 선택적 복지를 주장하는 정당을 보수라고 하고 보편적 복지를 주장하는 정당을 진보라고 하고, 또한 보수를 우파라고 하고 진보를 좌파라고 한다.

보수가 정권을 잡으면 진보의 색채와 형태가 있는 것을 걷어내고 진보가 정권을 잡으면 보수의 색채와 형태가 있는 것을 걷어낸다. 국민을 보다 잘 양육하는 것이 정치의 목적이라면 형편에 따라 보수와 진보는 가변적으로 적용할 수 있을 터인데 정권이 바뀌면 자신들의 색채와 형태의 세상을 만든다고 많은 돈을 들여 추진하던 사업도 중단시켜 국민의 혈세를 낭비한다.

자본주의는 자본을 중심에 놓고 정치·경제·과학·문화·예술 등을 돌리는 제도이고, 민주주의는 국민을 중심에 놓고 정치·경제·과학·문화·예술 등을 돌리는 제도이다. 자본주의는 자본이 주主가 되고 민주주의는 국민이 주主가 된다. 자본이 주가 되는 세상은 재물이 많은 사람이 최고 대접을 받고, 사람이 주가 되는 세상은 사람다운 사람이나 연장자가 최고 대접을 받는다.

주主가 되는 자본과 국민의 성격이 전혀 다르기 때문에 이들은 병존하는 것이 쉽지 않고, 병존하더라도 필연적으로 모순이 발생할 수밖에 없다. 자본주의는 모든 것을 돈벌이의 수단으로 사용하므로 부정·불법·편법·포탈·환경파괴 등이 발생할 수밖에 없는데, 그것을 넘어서 민주주의를 실현한다는 것은 사실상 불가능한 이상이 아닐 수 없다. 자본주의는 돈이 있는 자가 주가 되고 돈이 없는 자가 종이 되는 주종관계에서 벗어날 수 없지만, 민주주의는 모든 국민이 주가 되는 것이므로 자본주의의 주종관계와는 일치하지 않는다.

또한 자본주의는 소득이 있는 경우 정해진 세금만 내면 사실 비난받아서는 아니 되나, 현실은 돈이 많은 사람에게 돈만 아는 사람이라는 비난이 쏟아진다. 국제표준화기구ISO는 2010년 11월 ISO-26000를 발표하고 기업의 지배구조·인권·환경·노동관행·공정거래 등을 평가함으로써 기업의 사회적 책임까지 요구한다. 자본주의 세계관에서 볼 때 ISO가 요구하는 것이 정당한 것인지 의문이 아닐 수 없다.

이와 같이 인류가 최고 가치라고 주장하는 사상들은 많은 문제를 가지고 있다. 1998년 7월 발생한 미국의 리먼 브러더스 사태나 2011년 하반기 이후 미국 월가에서 벌어지고 있는 금융자본에 반대하는 OCCUPY시위, 그 밖에 전 지구적으로 발생하고 있는 환경파괴 문제 등은 앞으로도 계속해서 발생할 수밖에 없는데, 지금 인류가 가지고 있는 윤리도덕이나 가치관·세계관·종교·사상·철학 등으로 이런 것이 발생하지 않도록 한다는 것은 사실상 불가능하다. 태생적으로 대립적 요소를 가진 사상이므로 평등하고 통일된 질서가 형성될 수 없기 때문이다.

민주주의와 자본주의는 성격이 전혀 다른 세계관이기 때문에 서로 갈등과 모순을 나타낼 수밖에 없으므로 두 요소를 포용하는 더 큰 세계관이 필요하다고 아니할 수 없다. 나아가 자본주의와 공산주의, 사회주의나 신자유주의, 보수와 진보 등의 다양한 사상까지도 모두 통합하고 아우를 수 있는 세계관을 찾지 못하면 인류가 인류를 파괴하는 일을 결코 멈출 수 없을 것이다.

둘째, 종교의 폐해와 관련된 문제이다.

세상에는 수많은 종교가 있다. 한국은 종교의 자유가 있기 때문에 민족종교·외래종교 등이 활발하게 활동하고 있는데, 다종교 국가이기 때문에 다양한 사고를 접할 수 있는 측면도 있지만, 사고의 혼란으로 사이비도 많고 종교간 경쟁도 치열하다. 종교에서 가르치려는 진리가 무엇인지 정확하게 모르고 구원이나 병 치료 등을 빙자하여 인신을 구금하거나 재산을 갈취하고 가정을 파탄시키는 병폐가 끊임이 일어난다.

특히 한국 사람은 영적 성향이 강하여 한번 종교에 빠지면 마약에 중독된 것처럼 헤어나지 못하는데, 주위를 돌아보면 있는 없는 재산을 모두 종교에 가져다 바치고 직장이나 가사도 팽개치고 오직 종교에 매달리는 경우를 많이 본다. 가끔 언론에서 보도되는 종교는 미쳐도 저렇게 미칠 수 있을까 할 정도로 이상한 행태를 보인다. 같은 가족끼리도 믿는 것이 달라 경조사를 치르는데 갈등이 잠재된 상태로 살아간다.

지금 종교인들에게 "진리가 무엇입니까?"하고 물으면 대부분 자신이 다니는 종교의 경전經典을 이야기한다. 문제는 그 경전이 진리인가 아닌가 여부는 별론으로 하더라도 자신들이 진리라고 생각하는 경전의 말씀에 충실하지 않고 오직 신神만 믿으라고 강요한다.

사실 종교의 경전은 사람이 살아가면서 지켜야 할 도리를 담고 있고 진리에 맞게 살아가는 방법을 제시하고 있다. 경전 중에는 세월이 흐르면서 왜곡된 것도 없지 않으나 죄를 짓지 않고 사람다운 사람으로 공동체에 속하는 사람이 모두 함께 행복하게 사는 방법을 가르치고 있으므로 진리가 무엇인가를 가르쳐주는 교범敎範이라고 할 수 있다.

그럼에도 진리의 참 모습을 정확하게 이해하지 못하고 신을 믿어야 구원을 받는다는 거짓된 믿음만 전파하거나 경전의 내용을 정확하게 실천하지 않아 주위에 수많은 종교 건물이 즐비하게 존재해도 죄를 먹고사는 사람의 수는 줄어들지 않고, 진리를 모르는 성직자가 세상을 왜곡시킨 대가로 신도들로부터 헌금을 받아 살아간다.

종교宗敎는 종宗을 가르치는 것을 말한다. 그러나 대부분의 종교들은 종을 가르치는 것이 아니라 신을 가르치고 있다. 신을 믿어 "신의 사람", "신들린 사람", "신 내린 사람"이 되는 것을 영광으로 안다. 신이나 신 내린 사람에게 엎드려 구원과 성공과 합격과 재물과 병 치료 등을 구걸한다. 그래서 새로운 무당, 새로운 종교, 새로운 정신병자가 끊임없이 발생한다.

우리말에 종이 들어가는 종가·종부·종손 등의 낱말[47]을 통해서 종의 뜻을 생각해보면 생명의 시원始原이나 계승繼承 또는 줄기 등의 뜻을 가지고 있음을 알 수 있다. 생명의 마루·생명의 뿌리·으뜸 생명 등을 뜻하는 말이 종이다. 정치·경제·과학·문화·예술 등 세상 모든 것이 생명 때문에 존재하기 때문에 생명의 생명이 되는 생명, 세상 모든 것의 바탕·뿌리·근원의 역할을 하는 생명이 종宗이고, 이것을 가르치는 것이 종교인데 이것을 모른다.

우주를 어떤 존재가 만들었던 일정한 법도에 따라 운행시키고 있다면 사람은 그 법도를 따르는 것이 창조주의 뜻에 순응하는 것이다. 태양이나 달 등은 창조주의 뜻에 따라 존재하고 운행되고 있는데 사람이 그것의 운행 원리를 모른다면 씨앗을 파종하고 가꾸고 추수하고 저장할 때를 알지 못하는 것과 같기 때문에 죽음을 면할 수 없다.

이런 자연의 순리조차 어느 종교는 자신들의 경전에 그와 같은 말이 없다는 이유로 천지운행의 이치를 가르치는 음양오행[48] 논리를 미신으로 평가절하하고 터부시한다. 미신이라는 것은 수많은 신 가운데 보잘 것 없는 잡신을 말하는 것이나, 음양오행은 신을 말하는 것이 아니라 우주변화의 원리를 설명하는 것이기 때문에 신의 범주로 논할 성질의 것이 아니다.

---

47 우리말에 종이 들어가는 낱말들을 찾아보면 종가(宗家)는 근본이 되는 집, 큰 집 등의 개념으로 사용되는데, 영어로는 head family라고 한다. 종계(宗系)는 종가의 혈통, 종묘(宗廟)는 역대 왕의 위폐를 모시는 사당, 종문(宗門)은 종가의 문중, 종부(宗婦)는 큰 집의 맏며느리, 종사(宗師)는 스승 중의 스승을 일컫는 말로 큰 스승, 법맥을 이어받은 고승, 종손(宗孫)은 종가의 맏손자 등의 뜻을 가지고 있다. 이를 종합해 보면 종은 생명의 시원(始原)이나 시원에서 나와 계승(繼承)되는 맏(큰) 줄기 등을 뜻하는 말임을 알 수 있다.

48 동양학에서는 세상 만물은 암컷과 수컷을 상징하는 음(陰)과 양(陽)이 있고, 목(木, 봄, 동방), 화(火, 여름, 남방), 토(土, 바탕, 중앙), 금(金, 가을, 서방), 수(水, 겨울, 북방) 오행으로 운행한다고 한다.

음양오행을 옹호하려는 것이 아니라 하늘이 있어 땅이 있고 땅이 있어 사람이 있으므로 사람은 하늘과 땅을 떠나 존재할 수 없고, 따라서 하늘과 땅과 사람이 조화를 이루며 사는 이치를 이해시키려는 방편으로 하는 말이다. 사람이 하늘과 땅을 모르기 때문에 하늘과 땅을 더럽히고 파괴하고 배반하여 하늘과 땅과 사람이 조화를 이루지 못하고 있으므로 이를 깨우치라는 뜻이다.

사람이나 동·식물만 생명이 아니라 하늘은 으뜸이므로 모든 것을 포용하는 전체 생명이고, 땅은 하늘에 속하는 극히 작은 부분이 되는 생명이고, 사람은 하늘과 땅에 속하는 더 작은 부분이 되는 생명이다. 그런데 사람들은 이러한 생명의 체계도 모르면서 자신들이 가르치는 것이 생명의 말씀이라고 사람들을 혹세무민하여 진리를 왜곡시키고, 생명이 있어 종교가 있는데 종교가 있어 생명이 있는 것처럼 종교를 위하여 사람을 해코지한다.

한 나라에서는 그 나라에 사는 사람은 누구나 주인인데, 같은 나라에서 종교가 다르다고 같은 종교인만 우대하고 다른 종교인에 대해서는 불이익을 주거나 다른 종교 시설을 파괴하기도 한다. 세상을 합하는 이치가 자비이고 사랑이고 인의인데 세상을 갈라놓는 이치로 살면서 자비·사랑·인의를 이야기한다.

셋째, 물신풍조의 만연과 관련된 문제이다.

한국인은 한恨이 많은 민족이다. 한이 많다는 것은 수 없이 당하고 앙갚음하지 못하고 살아온 것을 뜻한다. 과거 한민족은 중국 대륙에 뿌리를 두고 살았으나 수많은 전쟁과 혁명, 압제와 탄압 등을 거치면

서 밀리고 밀려 한반도에 자리를 잡았고[49], 지금은 이 작은 땅도 갈라
져 남쪽과 북쪽에 터전을 잡기까지 사랑하는 가족과 친지들이 무참하
게 죽었고, 피땀 흘려 일군 재산을 송두리째 잃고 굶주리며 살기를 밥
먹듯 하였다.

근대사에 이르러서도 국민이 세웠다는 정부가 6.25 동란 때 국민을
속이고 한강 다리를 폭파하고, 군사 쿠데타로 집권한 정부가 국민을
통제 압박하는 것은 물론 기업은 정치자금 등을 정부에 바쳐야 기업
을 영위할 수도 있었다. 그것이 켜켜이 마음에 쌓여 한으로 자리 잡고
있는데, 그 한이 자라 지금은 아무도 아무것도 믿지 못하는 세상을 만
들어 놓았다.

그래서 지금은 믿을 사람이 없기 때문에 오직 혼자 힘으로 살아남
기 위하여 본능적으로 행동하는 사람이 많다. 어렵고 고통을 받고 힘
이 들어도 도움을 주거나 의지할 곳이 없기 때문에 세상에서 좋다고
생각되는 것은 무엇이든 다 받아들인다. 죽기 위하여 태어난 생명은
없으므로 어떻게든 살기 위하여 본능적으로 행동을 하는 것인데, 자
신이나 자신의 가족을 살리는 가장 손쉬운 방편으로 지성을 닮은 것
(돈·권세·명예 등)에 몰두하고 있다.

배운 자와 배우지 못한 자, 가진 자와 가지지 못한 자, 힘이 있는 자
와 힘이 없는 자 등을 가리지 않고 너도 나도 거기에 정신을 쏟고 있

---

49 아리랑의 세계문화유산 등재 문제를 두고 한국과 중국이 경쟁하는 일이 있었는데, 큰 역사의 줄
   기에서 보면 중국은 배달민족이 살았던 영토였으나 수많은 전쟁과 핍박과 압제 등을 피하여 한
   반도로 이주하였다. 그러나 모든 사람이 한반도로 이주한 것이 아니기 때문에 남은 사람들은 여
   전히 한민족이고 여전히 아리랑을 사용하였을 것이다. 따라서 그런 의미에서 보면 그들이 아리
   랑을 사용한다고 하여 이상할 것이 없다.

다. 그래서 일국의 재상을 뽑기 위한 청문회는 그 유명한 인사들이 한결같이 살아오는 동안 수단과 방법을 가리지 않고 물신풍조에 빠져있었음을 증명시켜주곤 한다.

같이 경쟁하면 돈 있고 힘 있고 명예가 있고 많이 배운 사람이 이길 수밖에 없기 때문에, 그래서 우리 사회는 가진 자나 힘이 있는 자나 명예나 학식이 높은 자가 더 큰 도적이 되어있다.

넷째, 지구환경의 대변화와 관련된 문제이다.

한국만 물신풍조에 빠져있는 것이 아니다. 한국은 6.25 전쟁 이후 자본주의 물결이 들어오면서 그렇게 된 것이고, 서양은 종교개혁이나 프랑스 대혁명 같은 사건이 그것을 증명한다. 자본주의의 태동이 서양의 산물임에 비추어 더했으면 더했지 덜하진 않는다.

세상이 물신풍조에 빠져있기 때문에 18세기 산업혁명 당시의 지구와 지금의 지구를 비교해보면 얼마나 황폐화되고 파괴되었는지 알 수 있다. 산업혁명 이후의 환경파괴는 과거 몇 천 년에 걸친 파괴를 넘어서고 있다. 세계가 모두 물신풍조에 빠져 더 많이 가지기 위해서 개발하고 개척하고, 그것이 과학이라는 것과 결합하면서 인류가 탄생한 이후 지금과 같이 지구환경이 파괴된 적은 없다고 학자들이 경고하고 나섰다.

2012년 6월 7일 「연합뉴스」의 "지구, '티핑 포인트' 급속 근접"이라는 제하의 기사를 보면 인류의 운명이 얼마나 위태로운 지경에 이르렀는지 알 수 있다.

저명 학자 22명 「네이처」통해 경고, 인구급증과 자연 생태계 파괴,

기후변화, 이에 대한 안이한 대처로 인해 지구는 돌이킬 수 없는 재난의 출발점인 '티핑 포인트'를 향해 빠른 속도로 돌진하고 있다,고 라이브사이언스 닷컴과 사이언스 데일리가 국제 연구진의 대규모 연구를 인용해 보도했다. 미국 버클리 캘리포니아대학의 앤서니 바노스키 교수를 비롯, 생물학자, 생태학자, 복잡계 이론가, 지질학자, 고생물학자 등 22명의 저명 학자들로 구성된 연구진은 과거에 일어난 지구의 주요 변화와 오늘날 진행되고 있는 변화를 비교하는 모델 연구를 통해 가까운 미래를 예측한 결과를 네이처지 최신호에 발표했다.

이들은 오는 20~22일 브라질 리우 데 자네이루에서 열리는 유엔 리우+20 지구정상회담을 앞두고 발표한 보고서에서 "금세기말에는 지구가 지금과는 매우 다른 장소가 돼 있을 가능성이 아주 크다."고 전망했다. 연구진은 가장 최근의 변화 사례로 지난 빙하기를 들면서 전체 면적의 30%가 얼음으로 덮였던 지구가 지금처럼 얼음이 거의 없는 상태로 바뀌기까지는 3천년이 채 걸리지 않았음을 상기시켰다.

털 매머드를 비롯한 수많은 동물들의 멸종은 단 1천 600년 사이에 일어났으며 지구의 생물다양성은 그로부터 온전히 회복되지 않았다는 것이다. 연구진은 인류가 자연보다 빠른 속도로 더 큰 변화를 일으키고 있다고 지적했다. 마지막 빙하기로 인해 지구 육지 표면의 30%가 변모한데 비해 산업혁명 후 도시와 농업 등으로 지구 육지 표면의 43%가 완전히 변모했다는 것이다. 또 70억을 돌파한 인구는 지구에 그 어느 때보다도 심한 자원 압박을 가하고 있으며 "지난 200년간 인류가 이룬 모든 변화는 과거 지구에 일어났던 어떤 큰 사건보다도 큰 변화를 가져왔다."고 이들은 강조했다.

이들은 '티핑 포인트'가 지구를 미지의 국면으로 이끌어 갈 것이기

때문에 이 모든 사태가 어떤 결과를 가져올지 예측하기 어렵지만 대규
모의 종 다양성 상실과 다양한 생태계의 종 구성 변화는 충분히 예측
된다고 밝혔다. 연구진은 또 인류가 유한한 자원을 태워 없앰으로써
스스로를 파멸의 길로 몰아내고 있다면서 자원이 한 나라에서 다른 나
라로 이동함으로써 정치적 불안이 일어날 수도 있다고 지적했다.

이들은 낭떠러지 끝에 와 있는 지구를 살리기 위해서는 국제적 협
력이 절실히 필요함을 강조했다. 지금과 같은 대처 방식이 계속되면
2025년 안에 육지 표면의 50%가 사람에게 이용될 것이며 2050년까지
인구가 90억명에 이를 것이므로 미래 세대를 위해 더욱 효율적인 방
식으로 에너지를 생산·사용하고 재생가능 자원에 집중하고 종 및 서
식지 보존 노력을 강화할 필요가 있다고 연구진은 말했다.

이들은 "앞으로 50~100년 후 지구가 최소한 지금의 상태를 유지하
는 것이 우리의 희망"이라면서 "우리는 이제 가만히 앉아 바로 다음
세대가 지금보다 나쁜 환경에 살게 될 '티핑 포인트'를 기다리든가 무
언가를 하든가 선택할 기로에 서있다."고 지적했다.

위와 같이 지금 인류는 무엇이 옳고 그른지, 뭣이 죄가 되고 안 되
는 것인지, 어떻게 사는 것이 인간답게 사는 것인지 알지 못한다. 그
래서 세상이 혼돈 속에 있다. 미래가 어떻게 될지 몰라 전전긍긍하고,
세계 중심을 자처하는 강대국이나 유명한 석학들도 문제점만 열거할
뿐 손을 놓고 있다.

기존의 종교·사상·철학·이념·학문 등은 절대의 개념도 모르면서
상대적인 것에서 절대성을 주장하며 생각이 다른 사람들을 외면한다.
같은 하늘에 살면서 자기 세계의 것을 지키기 위하여 다른 세계의 것
을 비판하고 질시하고 파괴하는 도구로 사용한다.

과학문명의 발달과 함께 개발이나 개척을 빙자한 환경파괴는 지구
에 사는 모든 생명을 전멸시킬 수 있는 수준까지 이르렀는데도 대책
이 없다. 물질문명이 첨단을 달리고 있으나 이를 올바르게 사용할 정
신문명이 확립되지 않았기 때문에 정신병자에게 위험한 폭발물을 맡
겨놓은 것과 같고, 함께 공멸하자고 약속이나 한 것처럼 살아간다.

기존 패러다임을
새로운 패러다임으로 해석하다

〈존재Sein와 당위Sollen〉

자연적 존재에 당위(가치)가 내재되어 있다는 이론과 자연적 존재에 당위가 없고 무관하게 경험에 앞서 선험적으로 존재한다는 이론이 대립한다. 존재가 곧 당위라고 주장하는 일원론은 존재로부터 필연적으로 당위가 곧 바로 도출된다고 하고, 이원론은 존재와 당위가 완전히 결합되어 있는 것이 아니라 제도적 사실을 매개로 연결되어있다고 한다.

일원론은 규범의 타당성을 존재에서 구하는 이론으로 인간의 행위에 대한 요청은 우주적인 혹은 인간 본성의 존재에서 나온다는 것이고, 인간의 가치판단이나 윤리적인 규범도 현상적이고 경험적인 것을 넘어서 우주의 영원한 질서와 인간의 궁극적인 본성에서 연유한다고 보는 것이다. 반면에 이원론은 당위의 원천이 당위 자체이지 존재가 아니다. 존재는 가치중립적인 사실일 뿐이고, 인간의 행위에 대한 요청은 존재와는 다른 당위의 세계에서 구해야 한다. 물론 존재는 인간의 죽음은 막을 수 없는 것과 같이 일정한 조건과 제약이 따르는 것이나, 그러한 조건에서 인간들이 세계를 어떻게 구성하고 어떤 규범으로 상호관계를 규율해 나갈 것인지는 당위로서 결정해야 한다고 한다 (최종고, 2009, 법철학, 박영사).

필자는 이상과 같은 존재와 당위의 논쟁은 천성과 지성의 관계를 모르기 때문에 벌어지는 것이 아닌가 생각된다. 존재와 당위를 필자의 새로운 패러다임에 비추어 볼 경우 존재도 절대(하늘)와 상대(땅)가 있고 당위도 절대가치(천성의 가치)가 있고 상대가치(지성의 가치)가 있다. 존재와 당위가 이원론이 아니라 존재도 당위도 각각 이원론이라는 것이다.

천성과 시성은 하늘과 땅이라는 생명과 하늘과 땅의 사명을 함축하는 말로써 소위 사람들이 말하는 자연을 말한다. 반면에 당위는 천성과 지성에 가치를 부여하면 찾을 수 있는 것으로 사람에게 마음이라는 존재가 없으면 당위가 존재할 수 없다.

하늘은 큰 생명, 절대 생명, 으뜸 생명, 바탕이 되는 생명, 진이 되는 생명이므로 가치를 부여하더라도 절대의 가치가 되고, 가치를 부여하나 부여하지 않으나 절대이므로 존재와 당위가 일치한다. 그러나 땅이나 그 밖의 존재는 하늘에 포용된 상대 생명을 일컫는 말이고, 지성에 가치를 부여하면 상대 가치가 되므로 이때의 당위는 하늘이나 천성의 가치에 맞춰 살아갈 수밖에 없는 규범을 뜻한다.

결국, 존재와 당위를 논했던 기존의 패러다임은 절대 생명과 상대 생명 그리고 절대 가치와 상대 가치의 차이를 몰랐기 때문에 존재와 당위를 이분법으로 설명하거나, 가치 상대주의와 가치 허무주의, 자연적 오류 등 이해가 안 되는 부분을 설명하기 위하여 또 다른 이론들을 파생시킨 것으로 볼 수 있다.

하늘은 절대 큰 생명이고 그 밖의 존재는 하늘에 포용된 상대 작은 생명이다. 작은 생명은 큰 생명의 부분이고 작은 생명이 모여 큰 생명을 이루고 있다. 그러므로 작은 생명이 큰 생명의 뜻을 벗어나면 당위적으로 옳지 않은 것이고, 그 뜻을 따르면 당위적으로 옳은 것이다.[50]

존재는 절대생명과 상대생명의 관계를 나타내는 개념이고, 당위는 절대생명이 중심체 역할을 하고 상대생명이 종속체 역할을 하는 것을 알려주는 개념이다.[51] 과거 성인들은 존재(절대와 상대)를 깨닫게 하는 방법으로 당위(가치)를 가르쳤는데, 사람들은 그것을 모르고 당위만 가지고 자신이 아는 것의 우월성을 주장하며 다투고 있다.

〈이성理性과 합리성合理性〉

임의영(2006)은 Brubaker(1984: 2)를 인용하여 사회학 분야에서 서구적 합리성의 특성을 연구하는데 관심을 가졌던 Weber가 근대 자본주의와 금욕적 프로테스탄티즘에 관한 설명에서, 합리성을 사려 깊은deliberate, 체계적인systematic, 계산 가능한calculable, 비인격적인impersonal, 도구적인instrumental, 정확한exact, 정량적인quantitative, 규칙

---

50 사랑 또는 인의를 예로 든다면, 하늘은 절대의 사랑 절대의 인의를 뜻하고, 하늘이 아닌 그 밖의 존재는 상대이므로 상대의 사랑 상대의 인의를 뜻한다.

51 사람에 비유하면 사람은 생각하고 행동하므로 생각이 중심이면 행동이 종속이고, 육체가 마음을 따라 행동하므로 마음이 중심이면 육체가 종속이 된다.

지배적인rule-governed, 예측 가능한predictable, 방법적인methodical, 의도적인purposeful, 냉정한sober, 꼼꼼한scrupulous, 효율적인efficacious, 이해할 수 있는intelligible, 일관된consistent 등 16가지 의미로 사용하였다고 한다.

합리성은 합리적인 생각, 합리적인 사고, 합리적인 인식, 합리적인 행정, 합리적인 경제, 합리적인 종교 등등으로 그 의미를 다양하게 확장해나갈 수 있기 때문에 매우 중요한 개념이다.

Weber는 '이성'에 근거해서 합리적인 것과 비합리적인 것을 구별하였다. 이성에 의존하지 않고, 전통과 같은 외적인 권위나 내적인 감정에 따라 행해지는 전통적 행위traditional action나 감정적 행위affectional action는 비합리적인 것이리고 보았다. Weber는 근대성의 핵심을 지성화intellectualization에서 찾았다. 지성화는 사람들이 원하기만 하면 어느 때고 자신이 알고 싶어 하는 것을 배울 수 있다는 믿음이 일반화된 것을 의미한다.

세상 사람들이 각성되어disenchanted, 마술적인 수단에 의존하기보다는 '기술적인 수단과 계산technical means and calculations'을 통해 지식을 얻을 수 있다는 확신을 갖게 되었다는 것이다. 합리화는 이러한 지성의 인도에 따라 생각하고 말하고 행동하는 경향을 말한다.

따라서 지성화와 합리화는 동일한 현상의 다른 이름이다. 합리성은 이성과의 관계를 전제로 한다고 한다.

이성과 합리성을 이해하려면 천성, 본성, 인성, 이성, 합리성 등 우리말에 성이 들어가는 말의 뜻을 먼저 올바로 이해하지 않으면 아니된다. 특히, 각성覺性은 '성性을 깨달으라'는 말이고, 견성見性은 '성性

을 보아라'는 말인데, 그 성을 모르고서는 올바른 답을 얻을 수 없다.

성性은 천성天性의 줄인 말이다. 합리성合理性이나 이성理性에 성性이 들어가는 이유는 하늘에 바탕을 두었다는 소리이다. 만물이 하늘을 벗어나 존재할 수 없으므로 하늘은 만물의 바탕이 되고 뿌리가 된다. 바탕이 되고 뿌리가 되기 때문에 만물이 천성을 따르지 않으면 아니 되고, 그래서 천성에 성을 붙여 쓴 것이다.

그런데 그동안 학문은 이성이나 합리성의 개념에서 보듯이 가장 근본적인 언어의 개념을 뿌리가 없는 허상·공상·망상 속에서 찾았다. 그러다보니 개념에 대한 정의가 엉터리이고, 정의가 잘못되다보니 다른 분야, 특히 인문 사회분야는 낙후되고 피폐해질 수밖에 없었다.

이성理性은 이理가 천성에 뿌리를 둔 것을 말하고, 합리성合理性은 그 이성의 합合을 말한다. 세상에는 수많은 생각(사고·주장·주관·이념·사상·학문·철학 등)이 있다. 그러나 어느 것도 절대(전체)가 아니라 상대(부분)이다. 상대이기 때문에 상대가 되는 것을 합하여 모든 것을 포용하는 더 큰 논리를 찾아내면 그것이 합리성이므로 동양의 중용中庸과 일맥상통한 개념이다.

우리는 평소 초등학생이나 대학생이나 일반인들을 두고 이성이 없는 사람들이라고 말하지 않는다. 또한 민주주의·자본주의·공산주의·사회주의 등을 만든 사상가나 철학가들을 보고 이성이 없는 사람들이라고 말하지 않는다. 그런데 그렇게 이성을 가진 사람들이 만든 사상·철학·종교·정치·경제 등을 지키겠다고 그동안 수많은 사람들이 경쟁을 하였고 희생이 되었으며, 지금도 서로 대립과 갈등과 전쟁을 불사하고 있다. 모두 이성을 가졌는데 어떻게 이성 없는 행동을 하는 것인지 이해하기 어렵다.

이성이나 합리성은 천성에 뿌리를 둘 때 올바른 이성을 가진 것이고 올바른 합리성을 가진 것이다. 천성을 잃으면 이성도 합리성도 본성을 잃는다. 지금 인류가 천성을 모르기 때문에 그렇게 살고 있는 것이다.

〈포스트모더니즘〉

역사를 근대 이전, 근대, 근대 후기로 구분할 때, 포스트모던은 근대 후기 사회를 뜻하는 사회학적 용어이다. 포스트모던 또는 포스트모더니즘은 근대 이전에 합리성 있고 이성을 가졌다고 생각했던 인간에 대한 믿음이 깨지면서 비롯된 사상으로 철학·법학·사회학·미학·문학·건축학·역사학 등 사회 전반에 걸쳐 두루 영향을 미쳤다.

포스트모던은 베이컨과 데카르트에서 시작하여 칸트, 헤겔로 이어진 모더니즘 철학에 대한 반발에서 출현한 철학으로 직접적으로는 구조주의에 대한 반발로 일어났다고 한다. 포스트모더니즘은 어떤 종류의 '완전한 이상향'에 대한 전망도 거부하며, 개별자들 간의 불일치와 차이difference 자체를 인정할 것을 요구한다.

인간의 이성을 신뢰했던 모더니즘이 결과적으로 초래한 것은 아우슈비츠와 같은 산업화되고 합리적인 기술을 이용한 대량학살이었다. 때문에 '인류'라는 거창한 이름이 아닌 수많은 개별자들 또는 개별자들의 차이 자체를 존중하는 이념이 포스트모더니즘이다.

인간의 합리적 사유에 대한 믿음 → 비판이론의 도구적 이성 비판 → 사유 주체인 인간의 자율성에 대한 신뢰 → 프로이트의 잠재의식 발견 → 보편적 설명 도구인 뉴턴의 고전적 우주관 → 아인슈타인의

상대성 원리 → 문명과 인간성에 대한 신뢰 → 1,2차 대전과 스탈린·
나치스·핵위기 → 정보통신 기술의 발달로 인한 지식 유통양상의 변
화 → 모호한 저자 개념, 하이퍼텍스트의 등장 등으로 기존에 신뢰해
왔던 '이성을 통한 인간의 무한한 발전 가능성에 대한 신뢰'가 깨지면
서 지배적 패러다임을 거부하는 상황으로 나간 것이다(엔하위키. mirror.
enha. kr/wiki / 포스트모더니즘. 2013. 4. 29).

포스트모던 행정을 체계적으로 소개한 Fox & Miller(1995)는 전통적
인 대의민주주의가 대중매체에 의한 상징조작에 의해 지배되고 있으
며, 소비자주의와 초현실성hyperreality으로 대표되어지는 포스트-모던
적 현실 속에서는 대의민주주의는 더 이상 작동하지 않는다는 점을
지적하면서, 새로운 시대에 맞는 민주주의와 행정이 가능할지를 모색
한다.

현재의 민주정체에 대한 대안으로 헌정주의와 공동체주의를 검토
한 Fox & Miller는 이 이론들도 포스트-모던의 조건에서는 행정을 정
당화시켜주지도 못하고, 시민적 공동체를 만드는데 기여하지 못한다
고 본다.

그렇다면, 포스트-모던적 현실 속에서 어떻게 정책을 펼칠 것인
가? 그것은 담론을 통해서 펼쳐져야 한다고 말한다. 궁극적으로 하버
마스의 의사소통이론, 즉 이상적 담화이론을 바탕으로 한 담론이론을
전개한다. 즉, 행정현상이 관료제가 아니라 '공적인 에너지의 장public
energy field'에서 펼쳐지는 것으로 볼 것을 제안하면서, 이 장에서 일어
나는 정책은 담론을 통해서 창조되고, 재창조된다고 본다.

모든 학문은 사회 발전과 더불어 발생하는 제 문제를 해결하기 위

한 방편으로 등장한다. 포스트모던 이론이 20세기 말에 등장한 것은 전통적 패러다임으로 제반 사회 문제를 풀어낼 수 없기 때문에 등장한 것이다. 개인주의 또는 이기주의를 바탕으로 하는 자본주의 등장 이후 나타난 수많은 모순을 전통적 패러다임으로 해결하는 것은 사실상 불가능한 것이 아닐 수 없다. 오히려 문제가 문제를 확대 재생산하는 형태로 전개되었다.

그러다보니 이성·합리성·본성 등 모든 것을 부인하고 담론을 통해 새로운 패러다임을 모색해보자는 생각에서 출발한 것이 포스트모던이다. 포스트모던이 만든 새로운 패러다임 이론은 없다. 그동안 있었던 모든 이론을 종합하여 새로운 방향을 모색해보는 담론만 있을 뿐이다.

포스트모더니즘이 문제의 해결방안으로 담론을 이야기한 것과 같이, 이 이론의 한계에 대해서도 포스트모더니즘에 등장하는 핵심 언어를 새로운 패러다임을 적용하여 담론 형식으로 이야기해보자. 언어의 개념이 명확할 때 포스트모던의 한계가 자연스럽게 드러날 수 있기 때문이다.

첫째, 우리가 살아가는 세상은 문제가 없는 곳이 없다. 문제가 있기 때문에 문제를 찾고 그 해결책을 찾는 다양한 방법이 제시된다. 그런데 우리가 문제라고 하는 것이 정작 무엇일까? 그동안 인류는 문제의 본질을 모르고 문제의 해결책을 찾았던 것은 아닐까?

그렇다. 인류가 문제가 무엇을 뜻하는 것인지 문제의 본질을 몰랐기 때문에 문제가 있을 때마다 근본적인 답을 구하지 못하고 임시방편적 해결책 밖에 제시할 수 없었다.

그렇다면 새로운 패러다임으로는 문제가 무엇인지 정의할 수 있을까? 당연하다. 문제란 천성의 세계(생각, 사고, 이념, 가치관 등)에서 지성의 세계로 빠져드는 모든 것을 말한다고 할 수 있다. 역으로 문제의 해결은 지성의 세계에서 천성의 세계로 흐르도록 만들어주는 것을 말한다고 할 수 있다.

지성의 세계는 작고 닫히고 탁하고 어둡고 한계가 있어 장애가 있으나, 천성의 세계는 크고 열렸고 맑고 밝고 한계가 없어 장애가 없다. 절대 천성은 완전하므로 문제가 없으나 상대 지성은 완전하지 못하므로 문제가 있다.

가령, 특정지역에 범죄가 없었으나 점점 범죄가 많아지면 지성의 세계로 가고 있다고 말할 수 있고, 반대로 범죄가 많았으나 점점 줄어들면 천성의 세계로 가고 있다고 말할 수 있다.

둘째, 포스트모더니즘은 이성·합리성·본성 등 모든 것을 부인한다. 본성을 인정사정없이 이익을 추구하는 악한 것으로 보았기 때문이다. 그렇다면 포스트모더니즘에서는 이성·합리성·본성 등의 의미를 정확하게 알고 그것을 부인하였는가? 그렇지 않다. 그것을 몰랐기 때문에 잘못된 인간의 행위를 이성·합리성·본성 등과 동질적인 것으로 보았다고 할 수 있다.

중용의 천명지위성天命之謂性을 설명할 때 성에는 생명과 사명의 2가지 의미가 있다고 하였다. 앞서 이성과 합리성에서 성性을 설명한 바와 같이 본성本性이라는 말에도 성이 들어있으므로, 본성은 천성에 뿌리를 둔 존재의 생명과 사명을 말한다고 할 수 있다. 이는 만물이 천성을 따를 때만이 본성을 회복한다는 것을 의미하고, 본성을 찾는다는 것을 의미하고, 본성을 유지한다는 것을 의미한다.

본성을 인정사정없이 이익을 추구하는 악한 것으로 보았다는 것은 순자의 성악설과 같은 개념이다. 그러나 선善과 악惡은 변화(행동)한 결과에 대한 판단기준이므로 변화(생각)를 일으키는 근원이 되는 마음을 선이나 악으로 본 것은 잘못된 것이다.

본성은 존재가 천성을 잃지 않은 상태를 일컫는 말로, 사람의 경우 천성을 잃지 않은 마음을 나타낸다. 마음이 하늘에 뜻을 두면 진심이고, 하늘이 아닌 그 밖의 것에 뜻을 두면 사심인데, 뜻을 두지 않은 상태가 천성을 닮은 상태이다.

셋째, 포스트모더니즘은 끊임없는 소유욕을 지닌, 자기-몰입적 국가 또는 행정관은 공중, 공적인 것the public, 공익'public' interest, 공공성the public-ness이 없고, 공동체와 거리가 있고, 인간적 상호작용이 배제된 통제의 정부라고 한다.

이 의미를 새로운 패러다임으로 정의해보면 천성의 가치를 따르지 않는 국가 또는 행정관, 지성의 가치를 선호하는 국가 또는 행정관을 말하는 것이라고 할 수 있다. 말하자면 포스터모더니즘은 지성의 가치에 물든 세상에 회의를 품고 그 대안을 찾는 과정에서 모든 것을 부인하고 처음부터 다시 생각해보자는 사상이라고 할 수 있다.

그렇다면 그것을 정립하기 위해서는 존재와 당위의 개념으로 돌아가 절대와 상대 즉 존재의 개념부터 정확하게 이해하지 않고는 담론은 끝날 수밖에 없다.

〈거버넌스 이론〉

거버넌스는 1980년대 이후 국정운영의 지배적인 패러다임으로 구축되었는데, 거버넌스에 대한 관심이 증가된 것은 서구 국가가 직면한 재정적 위기, 시장지향적 이데올로기의 대두, 전 지구화 현상의 가속화, 복지국가의 실패, 신공공관리의 출현, 사회적 변화와 복잡성의 증가, 광역적·국제적 조직들의 증가에 더하여, 세계화와 정보화, 신자유주의의 확산 등 행정환경의 변화에 직면한 전통적 패러다임이 한계를 노정함에 따라 대안적 모색의 일환으로 출현한 것이라고 한다.

공공문제의 해결을 위한 거버넌스를 계층제 거버넌스, 시장 거버넌스, 네트워크 거버넌스 등으로 분류하기도 하나, 거버넌스의 가장 중요한 특징은 중앙정부, 지방정부, 정치적·사회적 단체, NGO, 민간조직 등의 다양한 구성원들로 이루어진 네트워크이며, 이 네트워크의 연결성은 순수시장 메커니즘보다는 종속적이지만 계층제적인 전통적 조직보다는 덜 종속적인 것으로 본다.

특히 20세기는 정부실패와 시장실패의 악순환으로 점철되는데, 그 이유가 관료제적 패러다임과 시장적 패러다임에 있다고 생각하고 이를 극복하는 방안으로 '새로운 국가 거버넌스'가 제시되었으며, 정부·시민사회 그리고 시장이 협력(협치)하여 사회적 갈등을 해결하면서 국정을 이끌어나가는 시스템으로, 국정에 시민사회와 시장을 참여시키자는 것이다.

국가의 정책과정에 시민참여가 파괴적으로 작용할 때는 사회를 마비시킬 수 있지만 건설적 방향으로 작용을 하면 경제성장은 물론 정치적 민주화를 발전시켜 삶의 질을 재고할 수 있다고 생각한 것인데,

21세기는 문명사의 변화로 세계 곳곳에서 시민사회의 참여가 활발해지고 있기 때문에 시민사회 및 시장이 참여하는 새 거버넌스가 향후 국가운영의 문명사적 요구라면, 시민참여의 성공요건을 높일 수 있는 신뢰 프로세스를 만들어야 하고, 그것이 신뢰를 바탕으로 실행이 되고 집행이 될 때 21세기를 선도할 수 있다(은재호, 이광희, 2009)고 보고 있다.

국가와 사회 운영의 발달과정을 포스트모던처럼 근대 이전 - 근대 - 근대 이후로 분류하든, 거버넌스 이론처럼 관리중심 - 시장중심 - 시민사회중심 - 국가·기업·사회 네트워크 시대로 분류하든, 또는 존재와 당위 - 행정의 합리성 - 계층제 - 포스트모던 - 신 거버넌스 등으로 분류하든, 국가와 사회의 운영은 그 당시의 정치나 사회 환경과 낯물려 돌아간다.

그 발달과정의 역사를 천성과 지성의 새로운 패러다임으로 살펴보면, 과거일수록 닫혀있고 현재와 미래로 갈수록 열려있다는 사실이다. 과거에는 국가와 사회의 주인이 왕(집권자)이나 공직자였기 때문에 관료국가bureaucratic state일 수밖에 없었고, 현재는 국민이 주인이기 때문에 민주국가democratic state라고 하나 주인이 주인의 뜻을 모를 뿐만 아니라 네트워크가 충분히 발달하지 못하여 이론과 실제가 일치하지 않고, 미래는 이론과 실제 모두 국민이 주인이 되는 참 국가가 도래할 것으로 본다(황선범, 2014, 한국공무원교육훈련제도의 발전방안에 관한 연구).

재정적 위기, 시장지향적 이데올로기, 전 지구화 현상, 복지국가 실패, 신공공관리의 출현, 사회적 변화와 복잡성 증가, 광역적·국제적 조직들의 증가 등에 따라 국가와 사회의 운영의 패러다임이 바뀐다고 말할 수 있지만, 이를 천성과 지성의 패러다임으로 보면 지성의 패러다임이 점차 천성의 패러다임으로 중심 이동을 하는 것이라고 할 수 있다.

이것은 과거에는 닫힌 시대이기 때문에 국가나 사회 운영이 왕이나 관료가 주도하였고, 그 시대는 상명하복이 명확한 계층제 원리가 합리적일 수밖에 없었으나, 미래는 열린 시대이기 때문에 국가와 사회 운영이 시장 또는 시민사회로 확대될 수밖에 없고, 그 시대는 계층제 원리로는 운영이 불가능하기 때문에 새로운 패러다임이 필요할 수밖에 없다는 것이다.

가령, '이 나라의 주인이 누구인가?'하고 물으면 대부분은 국민이 주인이고 지도자나 공직자는 종이라고 한다. 민주주의를 표방하기 때문에 이론적으로 그렇게 말하는 것이나, 지금 현재 실제 국가를 운영하는 모습은 지도자가 주인이고 국민은 종처럼 되어 있다. 말하자면 과거보다 민권이 많이 개선되었다고는 하지만 이론과 실제가 일치하지 않다는 것이다. 그러나 앞으로 미래로 갈수록 이론과 실제가 일치할 수밖에 없게 사회 현상이 변해간다. 국민이 주인의 뜻을 깨닫는 숫자가 증가할수록, 그리고 네트워크가 발달하여 연결·소통이 자연스러울수록 비례하여 늘어날 수밖에 없다.

모든 국민이 주인인 국가나 사회를 공동체다운 공동체 또는 참 공동체라고 한다. 참 공동체는 그 공동체를 구성하는 모든 사람이 주인이므로 각 구성원들이 하는 일은 맡은 역할만 다르다. 포스트모던 이론이나 거버넌스 이론 등에서 궁극적으로 추구하는 것은 이러한 공동체라고 할 수 있다.

참 주인은 천성을 닮은 사람을 뜻하고 참 주인이 아닌 자는 지성을 닮은 사람을 뜻한다. 참 주인은 아끼고 가꾸고 보살피고 보호하고 절약하고 구성원 모두가 서로 잘되도록 염려하고 걱정해주고 격려해주고 지원해준다. 가정 공동체도, 국가 공동체도, 지구 공동체도 그렇게 작동될 때 가장 이상적인 모습이다. 지구 공동체는 모든 인류가 참 주인으로 살아갈 때 모든 문제가 해결된다.

그러나 그렇게 되려면 세상을 변화시키는 근원이 되는 사람의 마음에 달렸다. 마음의 크기가 가정 공동체이면 가정 밖은 지성의 세계이고, 마음의 크기가 국가 공동체이면 국가 밖은 지성의 세계이고, 마음의 크기가 지구 공동체이면 지구 밖은 지성의 세계이기 때문이다.

최소한 지구차원의 공동체가 될 때 전쟁·다툼·갈등·분열·부정·부패·파괴·오염 등으로부터 벗어날 수 있고, 지금처럼 작은 공동체라면 개인이나 국가의 수만큼 하늘이나 땅을 찢고 나누고 쪼갤 수밖에 없으므로 주인이 아닌 도적으로 살아갈 수밖에 없고, 종국에는 파국을 맞을 수밖에 없다.

우리 사회는 무엇이 문제인가?

　필자가 고용노동부 근로감독관으로 재직할 때 부당노동행위를 하는 기업을 만나면 "사장님, 제가 사장님을 돌로 치려고 하면 가만히 앉아서 맞겠습니까, 아니면 피하거나 대적하겠습니까?"하고 물으면, 대개 "왜 그런 말을 하느냐?"고 묻는다. "모든 생명은 가만히 앉아서 죽는 법이 없습니다. 어떻게든 살아남기 위하여 갖은 방법을 다 강구하는데, 사장님이 노동조합을 죽이려고 하면 '죽여주쇼' 하고 가만히 있겠습니까, 아니면 살아남기 위하여 갖은 방법을 다 강구하겠습니까? 지금 노동조합이 과도한 요구를 하는 것은 선명성 경쟁을 하느라고 그런 것 아닙니까?"라고 말하면 그때서야 머리를 끄덕이곤 하였다. 이것이 생명의 이치이고 자연의 이치이고 인과의 이치이다. 어느 생명도 자연스러울수록 생명력이 있고 건강하고 행복하지만, 부자연스러울수록 생명력이 약하고 병약하고 불행할 수밖에 없다. 또한 어떤 생명도 자신에게 잘해주면 긍정적이고 능동적이고, 자신에게 핍박을 가해오면 피하고 불만이 쌓이고 적대적일 수밖에 없다.

우리가 자연이라고 부르는 존재는 하늘과 땅과 사람[52]으로 이루어진 생명이다. 국가도 자연의 일부로서 생명이며, 생명이기 때문에 죽고 사는 이치가 있다. 끊임없이 자유·소통·연결·지원·조력 등을 받으면 생명력을 얻을 수 있고, 끊임없이 통제·압박·억압·탄압·침략 등을 받으면 생명력을 잃을 수 있다. 그렇다면 여기서 우리는 자유·소통·연결 등이나 통제·압박·억압 등이 어디에서 비롯되는 말인지 이해하지 않으면 아니 된다. 이것을 이해할 때 개인이나 가정이나 국가 등 모든 사회가 생명력을 강화시키는 방향으로 나아갈 수 있기 때문이다.

본래 자연은 자유·소통·연결 등이나 통제·압박·억압 등의 언어가 존재하지 않는다. 사람이 자연을 보고 듣고 냄새 맡고 느낀 것을 다른 사람에게 전달하려다보니 언어가 탄생한 것이다. 사람이 하늘을 알려면 하늘의 성품天性을 알아야 하고, 땅을 알려면 땅의 성품地性을 알아야 한다. 그런데 자신이 아는 천성이나 지성을 모르는 사람에게 전달하려면 언어를 사용할 수밖에 없는데, 이때 어떤 용어를 사용하든 언어로 표현하면 이미 가치(관념)가 부여된 것이다.

말하자면 천성에 가치를 부여하면 자유·소통·연결·사랑·자비·인의 등의 가치를 얻을 수 있고, 지성에 가치를 부여하면 통제·압박·억압·미움·까칠·거칠 등의 가치를 얻을 수 있는데, 천성에 관념을 부여하여 만든 가치를 따르면 생명력이 활성화 되고, 지성에 관념

---

52 하늘과 땅과 사람은 대표성만을 표시한 것이다. 하늘은 보이지 않는 세계를 대표하고 땅은 보이는 세계를 대표하고, 사람은 보이지 않는 세계와 보이는 세계가 결합하여 만든 세계로서 동물·식물·나는 것·기는 것 등을 대표한다.

을 부여하여 만든 가치를 따르면 생명력이 병약화 된다.

과거 우리 민족은 천손天孫 민족으로 불리었다. 3명(환인 · 환웅 · 단군)의 성인이 나라를 열 때 그 뿌리를 하늘에 두고 국민들을 하늘 사람으로 양육하였기 때문이다. 성인들은 천성에 가치를 두고 모든 백성들로 하여금 하늘의 문화와 풍습을 따르도록 가르쳤다. 참眞 · 공동 · 공생 · 공유 · 공존 · 공동체 · 정전제 · 품앗이 · 자비 · 인의 등의 문화와 풍습은 모두 천성이나 천성의 가치에 해당하는 언어이다.

그런데 그러한 민족이 어느 때부터 지성에 물들기 시작하면서 이민족의 침략을 받아 영토를 빼앗기고 이민족의 지배를 받으며 한 많은 세월을 살아갈 수밖에 없었다. "안녕하세요?", "진지 드셨어요?"라는 우리의 인사말은 생명이 위협당하고, 문전옥답 등 가진 재산을 다 빼앗기고, 배고픔과 설움으로 한恨 많은 세월을 살아왔음을 증명한다. 일제 강점기가 끝나고 대한민국이라는 국가를 세웠지만 국민을 자식처럼 돌보아야 할 정부가 1.4 후퇴 때는 국민을 버리고 도망하였고, 또한 국민을 적으로 생각한 것인지 적을 지키라고 준 총칼을 국민에게 돌리는 때도 있었다.

생명이 위협 당하는데 방어하지 않는 생명은 없다. 국가가 국민을 버리면 국민이 국가를 믿지 못하기 때문에 스스로 자신과 가족을 지켜줄 믿을 수 있는 것을 찾아 나서지 않을 수 없다. 그것이 돈이고 권력이고 명예이다. 부모다운 부모라면 자기 자식만큼은 배우지 못하고 돈이 없고 힘이 없고 명예가 없어서 부모처럼 당하고 살지 않게 하려는 숭고한 마음을 가지지 않은 사람이 없다. 그래서 그것을 극복하는 방법으로 더 좋은 학력을 쌓게 하고, 더 좋은 직장에 다니게 하고, 더 좋은 명예를 얻도록 하기 위하여 모두들 "엄친아"를 강요한다.

타고난 적성·능력·사명 등을 생각하지 않고 오직 공부해서 의사나 판검사가 되거나 이름 있는 기업에 취업하여 손발에 기름 때 묻히고 살지 않기를 바라고, 대학 이상 고학력자로 장성하였는데도 독립시키지 않고 집에서 쉬면서 공부나 하라며 의타심을 키운다. 그래서 우리 사회는 실업자가 많아도 기업은 사람을 구하지 못해 힘이 들고, 청년들은 직업이 없어도 스스로 고기 잡는 방법을 몰라 취업을 꺼리고, 취업을 해도 끈기가 부족하여 오래 버텨내지 못한다. 먹을 것 입을 것 참아가며 자식을 애지중지하게 키웠지만 늙은 부모를 봉양하려는 사람은 희박하고, 사회가 자신을 책임져주지 않는다고 불평불만 하는 목소리만 높다.

지금 우리는 우리가 처한 상황에 대하여 냉정하게 되돌아볼 필요가 있다. 현재의 처지를 생각하지 않고 미래의 방향을 정할 수 없고, 미래의 방향을 설계하기 위해서는 마음부터 변하지 않으면 아니 되기 때문이다.

첫째, 대한민국은 1945년 8월 15일 광복과 더불어 남과 북이 갈린 채로 70해를 살아왔다. 생각이 갈려 남과 북이 분단된 채 살아왔고, 생각의 갈등으로 6.25 동족상잔의 전쟁을 치렀고, 그 후에도 생각이 잘못되어 수많은 정전협정 위반으로 갈등과 다툼과 폭력이 계속되었다. 앞으로 우리가 계속 이렇게 갈등하며 살 것인지, 아니면 남과 북이 생각을 통일하고 평화로운 세계를 열어갈 것인지 고민하지 않을 수 없다. 지금까지 잘못된 생각으로 수많은 사람을 희생시켰는데, 계속해서 잘못된 생각을 한다면 물질문명의 첨단을 보여주는 현대화된

무기로 엄청난 인명살상이 예고되는 것은 물론이고, 그렇게 될 경우 한민족의 운명은 영원히 끝장날 수 있기 때문이다.

둘째, 대한민국은 1962년 제1차 경제개발5개년계획을 실시한 이후 1987년 6.29선언을 통해 민주화의 길을 걸었고, 1997년 IMF구제금융 위기와 2008년 리먼 브러더스 사태로 인한 경기불황 여파로 대량실업 사태를 겪었음에도 이를 훌륭히 극복하고 지금 1인당 국민소득이 25,000불 수준에 이르렀다. 그러나 우리의 발전은 10여 년 이상 정체상태에 놓여있다고 하다. 왜, 정체상태가 계속되는가에 대하여 사람마다 생각하는 것이 다르겠지만, 그 원인은 생각하는 지도층과 행동하는 국민이 일사불란한 모습을 보이지 못하는 데 있다고 아니할 수 없다. 그것은 지역·권력·종교·학교·학력·세대·빈부 등의 차이에 의한 생각이 달라 일치된 행동을 하지 못하기 때문이다. 서로 불신과 불만이 가득하여 화합하지 못하는 데서 비롯되는 것인데, 계속해서 이런 상태로 살아갈 것인지 아니면 서로 해소하고 살아갈 것인지 선택이 필요하다고 아니할 수 없다.

셋째, 우리는 미풍양속이 무너진 물질만능사회를 살고 있다. 피땀으로 얻는 것보다 노력 없이 얻는 것을 선호하여 뺏고 훔치고 속이고 부정부패하고 분쟁하거나 도움(의지)을 받으려는 사람이 넘치고, 내구연한이 지났는데도 돈 몇 푼 아끼려고 방치하다가 인명사고가 속출하고, 주위에 사는 이웃이 외로워 굶어죽거나 자살할 때까지 방치하는 사례가 많다. 재물·권세·명예 등 삿된 것 때문에 애지중지 키운 자식인데 부모와 자식이 원수가 되어 봉양조차 싫어하고 심지어 부모와 자식이 서로 살생하며, 스승의 그림자조차 밟지 않으려는 사도는 없어지고 월급쟁이 선생만 있다. 종교·사상·철학·정치·경제·과학·문화 등이 생명 위에 있다.

이대로 살 것인지, 새로운 생각으로 변화시켜나갈 것인지 선택이 필요하다.

넷째, 20세기 이후 세계정세나 경제환경 등을 둘러보면 인류가 사는지 죽는지도 모르고 오직 세계를 지배하고 다른 나라보다 더 잘살기 위해 경쟁의 경쟁만 하고 있다. 국가와 민족을 포함하여 모든 생명은 죽고 사는 이치가 있는데 이것을 모르고 오직 내달리기만 한다. 과거의 국가 또는 민족차원의 잘못됨조차 반성 없이 미화한다. 이렇게 생존경쟁이 치열한 상황에서 우리도 나른 나라의 것을 벤치마킹하는 형태로 따라가야 하는지, 아니면 독창성 있는 올바른 것을 확립하고 시행착오 없이 살아갈 것인지 선택할 시점이 아닌가 생각된다. 자원·인재·인구·토지·자본·기술력 등 모든 면에서 뒤지고 있는 우리가 이를 초월할 수 있는 돌파구를 찾지 못하면 영원히 주종관계에서 종의 신세를 벗어날 수 없기 때문이다.

다섯째, 인류가 살아가는 지구는 지진·해일·폭풍·폭우·남북극의 해빙 등 자연재해에 직면하고 있다. 사람들은 이것을 천재지변으로 치부하지만 인류 때문에 발생하는 현상인데도 이를 생각하지 않고 개선책조차 찾지 않는다면 더 이상 인류의 미래는 없다. 잘못된 생각(사상·철학·종교·학문 등)이 지구환경을 파괴하고 천재지변을 일으키는 원인인데, 반성하고 대처하려는 노력 없이 방치하면 종국에는 모든 인류가 함께 파멸할 수밖에 없기 때문이다. 이것을 이대로 방치할 것인지, 아니면 누가 나서서 이것을 바로 잡지 않으면 아니 되는 것인지 생각하지 않을 수 없다.

바람직한 공동체 경영방안을 제시할 수 있는가?

여기서 제시하는 것은 어디까지나 예시에 불과하다. 새로운 패러다임을 어떻게 응용할 수 있는지 가능성을 제시한 것이므로 예시한 대로 정할 수도 있고 변형하여 정할 수도 있다. 다만 변형하더라도 새로운 패러다임의 원리를 벗어난 것이 아니면 문제가 되지 않으나 그 원리에서 벗어나면 새로운 문제를 잉태하는 것이므로 다음에 또 사후약방문하는 형태로 고치게 된다.

여기서 예시한 것은 우리 사회의 극히 일부분에 해당하는 것이고, 특히 공동체의 변화를 위하여 시급한 사항만 적시한 것이다. 우리 사회 전체가 변화하려면 최소한 필자 수준 이상 깨달은 사람을 대량 양성하여 우리 사회 요소요소에 배치하여야 한다.

이 글은 그런 의미에서 큰 도움이 되리라 생각된다.

인간은 완전한 사람은 없으나 완전한 사람이 되기 위하여 끊임없이 배우고 노력하며 살아간다. 그 노력이 있었기에 인류는 지금까지 조금이라도 더 열린 세계를 향하여 발전해올 수 있었다. 그와 같이 세상은 조금이라도 더 완전한 사람이 조금이라도 더 부족한 사람을 가르치는 구조가 될 때 바르게 작동한다.

그러나 우리 사회는 욕심 많은 사람이 욕심이 적은 사람을 지배하는 구조로 작동하고 있다. 똑같이 경쟁하면 더 많이 배운 사람이 배움이 적은 사람을, 더 많이 가진 사람이 적게 가진 사람을, 더 많은 권력을 가진 사람이 권력이 낮은 사람을, 더 명예가 많은 사람이 명예가 적은 사람을 이길 수밖에 없기 때문에 세상은 모순으로 가득하다.

수양이 잘되어 스승으로 받들만한 천성을 체득한 사람은 은둔하여 출마하라고 권유해도 나오지 않고, 돈·권력·명예 등 지성이 가득한 사람은 스스로 훌륭한 지도자가 되겠다고 출마한다. 출마한 후에도 당선이 되기 위해 서로 상대방을 비난하고 훼방하고 편 가르고 돈질하고 공갈하고 협박하는 등 수단과 방법을 가리지 않는다.

그래서 천성을 체득하지 못한 사람이 지도자로 당선되면 스스로 떳떳하지 못하기 때문에 국민들을 사람다운 사람으로 만드는 일은 포기하고 오로지 잘 먹고 잘 살게 해주겠다는 말 밖에 하지 못한다.

지금은 어느 직위를 보더라도 천성보다 지성을 많이 가진 사람이 지도자로 군림하고 있다. 그래서 세상은 불균형·불평등의 악순환의 고리를 끊을 수 없다. 돈·권력·명예 등이 우위에 있는 사람이 자선사업이나 자신의 가진 것을 모두 베풀어 뒤쳐진 사람을 돕기 위해서 높은 직위에 오르려는 것이 아니라, 열위에 있는 사람을 지배, 군림하고, 자신의 것을 더 취득하거나 소유한 것을 유지, 보전하고, 명예까지 얻는 방법 등으로 오르려는 사람이 많기 때문이다.

품앗이·두레 등은 고조선시대부터 내려오는 공동체의 문화와 풍습이다. 조선시대는 문화와 풍속을 문란하게 하면 마을마다 어른이 있어 멍석말이 등을 통해 바람직한 방향으로 유도해나가는 등 주인이나 어른 노릇을 하는 자가 있었다. 그런데 지금 우리 사회는 일제 강점기와 6.25 전쟁 등을 겪고 자본주의가 들어오고, 세계의 모든 종교·사상·철학·학문 등이 들어오고, 민주화가 되면서 생각이 달라 갈등과 반목을 일으키는 자만 있을 뿐 주인이나 어른은 찾아볼 수가 없다. 문화와 풍습은 다른 나라나 민족의 것과 뒤섞여 무엇이 옳고 그른지 모르고 주의, 주장만 횡행한다.

그래서 근로자의 말을 들으면 근로자의 말이 옳은 것처럼 느껴지고 사용자의 말을 들으면 사용자의 말이 옳은 것처럼 느껴진다. 여당의 말을 들으면 여당의 말이 옳은 것처럼 생각되고 야당의 말을 들으면 야당의 말이 옳은 것처럼 생각된다. 이 종교의 말을 들으면 이 종교가 옳은 것 같고 저 종교의 말을 들으면 저 종교의 말이 옳은 것 같다.

모든 존재는 필요하여 태어났으므로 반드시 존재 이유가 있는데, 만물의 영장이라는 사람이 자신의 존재이유도 모르고 지역·학력·지식·인맥·종교·자비·사랑·민주 등 무엇이든 끌어다 붙여 오직 권력·명예·출세·재물을 얻는 수단으로 이용한다.

미래 공동체는 진본주의를 지향해야 한다.

개인은 물론, 가정·기업·국가·지구·하늘이 각각 생명(공동체)이다. 사람이나 동·식물 등만 생명이 아니라 개체가 군락을 이루는 것도 생명이고, 사람이 모여 만든 조직도 생명이고, 하늘이나 땅도 생명이다. 생명이기 때문에 살아있고 존재이유(목적과 사명)가 있다. 사람처럼 생각하는 기능과 행동하는 기능을 가지고 있다.

가정을 보면 가장은 생각하고 가족은 행동하고, 기업을 보면 경영자는 생각하고 사원은 행동하고, 국가를 보면 지도자나 공직자는 생각하고 국민은 행동하고, 하늘을 보면 하늘은 생각하고 땅은 행동한다. 사람은 생각하고 행동하여 일事을 낳고, 조직에서 간부는 생각하고 조직원은 행동하여 역사役事를 낳고, 기업에서 경영자는 생각하고 근로자는 행동하여 사사社史를 낳고, 국가에서 공직자는 생각하고 국민은 행동하여 역사歷史를 낳고, 하늘은 공간(생각)과 시간(행동)이 결합하여 생사生死를 낳는다.

한 사람이 생각하고 행동하는 것은 한계가 많지만 여러 사람이 생각하고 행동하면 생각이 크기 때문에 한계가 있어도 쉽게 극복할 수 있다. 그래서 나보다 가정, 가정보다 지역(지자체, 기업, 학교, 종교 등), 지역보다 나라, 나라보다 세계의 생각이 크기 때문에, 인류가 함께 생각하고 행동하면 해결하지 못할 것이 없다. 한 사람의 생각보다 여러 사람의 생각이 합해지면 더하기 수준을 넘어 승수효과도 발휘된다.

국가 공동체는 국가를 구성하는 요소가 모여 공동체를 이루고, 직장이나 가정이나 사람 등의 공동체는 각각 그 조직을 구성하는 요소들이 모여 공동체를 이룬다. 개인·가정·기업(직장)·국가·하늘 가운데 하늘이 으뜸 공동체이므로 모든 공동체를 포용하고 모든 공동체의 원형이 된다.

땅은 하늘에 비하여 작은 공동체이나 하늘 공동체의 일원으로서 색채와 형태가 있는 공동체를 대표하거나 상징한다. 개인·가정·기업(직장)·국가·땅 등은 하늘을 벗어나 존재할 수 없으므로, 하늘 공동체는 전체가 되고 그 밖의 공동체는 부분이 된다.

특히, 큰 생명(공동체)은 작은 생명보다 생각이 커서 대세大勢의 역할을 한다. 또한 크기가 비슷하더라도 화합이 잘되는 생명은 화합이 안되는 생명보다 대세 역할을 한다. 하늘의 생각은 절대이므로 무궁무진하여 어떤 생명도 하늘을 능가할 수 없으므로 으뜸 대세로 작용한다. 6.25전쟁으로 폐허가 된 한국이 반세기만에 세계사에 없는 놀라운 성장을 이룩한 것이나, 임진왜란 때 이순신 장군이 보여준 백전백승의 성과 등은 여러 사람의 생각이 결합하여 만들어낸 조화이다.

어떤 사람은 주인이 되고 어떤 사람은 종僕이 되는 사상은 공동체 논리가 아니다. 일부 정치인들은 국민이 주인이고 자신들은 머슴이라고 말하는데 선거가 끝난 후 그런 사람들이 보여주는 행동을 보면 자신은 주인이고 국민은 종이 되어있다. 이런 모순은 공동체의 의미를 모르기 때문에 발생한다. 공동체는 구성원이 공동으로 참여하여 만들어지는 것이므로 구성원 하나하나가 모두 주인이다. 따라서 주종관계로 신분이나 지위를 나눠서는 아니 되고, 공동체를 위해서 적성이나 능력에 따라 역할이나 기능을 분담해야 한다.

가장 이해하기 좋은 공동체가 가정이다. 어떤 부모에게 10명의 자식이 있다고 할 경우 그 중에는 부모의 말을 잘 듣는 놈, 잘 듣지 않는 놈, 놀기만 좋아하는 놈, 공부만하는 놈, 사고만치는 놈, 심술만 부리는 놈, 남을 해코지하는 놈 등 다양하게 있을 수 있다. 그러나 부모다운 부모라면 아무리 자식이 밉고 못된 짓을 하더라도 함부로 내치거나 도태시키거나 험담하지 않고, 어떻게든 허물을 덮고 사람다운 사람을 만들기 위하여 애를 쓴다.

그와 같이 국민 중에는 국가의 말을 잘 듣는 자나 잘 듣지 않는 자, 좋아하는 자나 싫어하는 자, 법이 없어도 사는 자나 법이 있으나마나 한 자 등이 있을 수 있다. 그러나 국가는 어떤 국민이라도 최선을 다해 올바른 삶을 살아갈 수 있도록 보살피고, 이웃을 괴롭히거나 등쳐먹거나 살상하는 등 국법을 어기는 자가 있으면 더 이상 다른 사람에게 피해가 가지 않도록 격리시키고, 그렇게 했더라도 사람다운 사람으로 만들기 위하여 방치하지 않고 부단한 노력을 경주해야 한다.[53]

국가 공동체는 가정 공동체를 확대해놓은 것에 불과하다. 부모가 자식을 양육하듯이 국가(정부)는 국민을 양육하기 위하여 존재한다. 그래서 국가는 다양한 사람들의 이야기를 들어 국민을 보다 더 건강하고 행복하고 편안하게 안정되게 양육하는 일을 찾아 수행해야 한다.

국가를 가정에 비유할 경우 정치인이나 공직자는 부모와 같은 역할을 한다. 부모가 자식을 기르되 사람다운 사람으로 만들기 위하여 애를 쓰는 것과 같이, 공직자가 국민을 대하되 사람다운 사람을 만들도록 노력해야 한다.

국민은 하늘이 낳은 생명이므로 국가를 경영하는 일은 하늘을 대리하여 자기 책임에 맡겨진 국민을 하늘 사람으로 길러내는 데 있다.

----

53 모든 일에는 긍정과 부정의 2가지 측면이 있으므로 정당이 보수와 진보 등으로 나뉘어 양 극단의 생각을 들어보고 국가가 나아갈 중용의 방법을 찾으면 문제가 될 것이 없는데, 오늘날 정치는 중용하는 방법을 찾지 못하고 오로지 자신(조직)의 주장이 절대의 것이나 되는 것처럼 고집을 부리기 때문에 존재의의를 상실하여 국민들로부터 비난을 면치 못하고 있다.

진본주의眞本主義에서는 정치·경제·과학·문화·예술 등 세상 모든 것이 참 생명을 중심으로 도는 것을 뜻한다. 그 세상은 천성을 더 닮은 사람이 지성을 더 닮은 사람을 가르치고 지도하고 양육할 때만 가능하며, 그러기 위해서는 당연히 천성(진)의 이치를 체득하고 진리에 맞게 세상을 이끌어갈 수 있는 사람이 지도자가 되어야 한다. 특히, 지도자나 공직자는 국민을 생명의 길로 이끄는 리더이기 때문에 국민을 포용하고 친자식처럼 생각하는 사람이어야 하며, 동식물이나 지구 환경까지 고려하는 사람이어야 한다. 국민을 기르되 지성을 닮은 세계로 수렴시켜서는 아니 되고 천성을 닮은 세계로 확산시켜야 한다. 그런 세계가 되도록 하려면 천성(진)을 체득한 지도자가 아버지의 역할로써 입법·사법·행정의 삼권을 대표하되, 교육·사법·국방은 직접 관장하고 그 밖의 분야는 현실을 잘 아는 지도자가 어머니의 역할로써 가정을 꾸려나가듯 관장할 때 실현이 가능하다고 생각된다.

그렇게 해야 하는 이유를 좀 더 구체적으로 설명하면 다음과 같다.

첫째, 우리 사회는 미풍양속이 사라지고 잘못된 윤리·문화·풍속이 확산되어도 이를 올바르게 교정해주는 기능이 상실되었다. 성품이 지성을 닮아가기 때문에 갈수록 사건사고가 증가하고 대형화되어 가는 것인데, 그렇게 잘못된 사람을 통제하기 위하여 사건사고가 발생한 후에 경찰관을 늘리는 등 방지책을 마련하는 것은 피해를 입은 후 마련하는 사후 약방문에 불과하고, 근본적인 대책 없이 계속 그런 형태로 방책을 만들 경우 미래에는 1:1로 경찰관을 붙여주어도 고쳐지지 않는다.

잘못된 사람을 올바르게 지도하기 위해서는 지성을 가진 사람을 천성을 가진 사람으로 만들어주어야 하는데 그렇게 하려면 천성을 체득한 사람이 그보다 못한 사람을 가르치는 구조가 될 때 근본적인 변화가 시작된다. 사람다운 사람이 사람답지 못한 사람을 가르치는 구조가 될 때, 비효율이 제거되고 편익이 증대되고 최소 비용으로 최대의 효과를 얻을 수 있고 국민을 나락에서 건져낼 수 있다.

둘째, 세상은 가르치기만 해서는 올바른 효과를 낼 수 없다. 가르쳤으나 지성이 몸에 배어, 속이고 사기치고 도둑질하고 폭행하고 살상하고 불량식품을 만들어 파는 등 배운 대로 실천하지 않은 사람에 대해서는 꾸중을 하거나 특별교육을 시키거나 격리시키는 방법 등으로 통제시켜나가야 한다.

지금은 최고 지도자가 바뀔 때마다 부정부패나 권력남용 등 비리로 수사 받는 일이 계속되고, 권력이 집중되어 집권 중에는 수사기관이나 재판기관도 자유롭지 못하다는 비난을 면치 못하고 있다.

상하를 막론하고 사람답지 못한 사람은 예외 없이 통제가 되지 않으면 아니 되며, 모든 국민을 천성을 더 닮은 사람으로 만들어가려면 가르침과 통제를 병행해야 한다. 말하자면 천성을 체득한 지도자가 가르친 대로 행동하지 않는 사람에 대해서는 지위고하를 막론하고 강제할 수 있어야 하고, 그 과정에서 중립성과 공정성은 물론 실효성도 확보될 수 있도록 해주어야 한다.

셋째, 국가에 군대를 두는 이유는 공동체 밖의 무리가 공동체를 공격하여 뺏고 훔치고 도둑질하고 살상하는 것을 방어하는 데 있다. 그러나 지성이 몸에 밴 사람은 돈·권력·명예 등 삿된 것을 취할 목적으로 무리를 지어 압력을 행사하거나 군대를 동원하여 정권 찬탈을 도모할 수 있고, 함부로 전쟁을 일으켜 국민의 안전과 평화와 재산을 위협할 수 있고, 정권유지를 위해 군대를 활용할 수도 있다.

천성을 체득한 지도자가 파수꾼 역할로서 군통수권을 가지고 있을 때 이러한 내우외환을 방지할 수 있다. 이것을 조금 더 확장하면 세계 모든 나라가 군통수권을 이 어른에게 이양할 때 지구 공동체적 평화도 찾아올 수 있다는 것이다.

국가 조직체계가 그렇게 시스템 되기 위해서는 당연히 지도자를 선출하는 방식도 달라져야 한다. 국가는 국민을 양육하기 위하여 존재하는 것이므로 욕심 많은 사람을 지도자로 세울 수밖에 없는 지금의 선출방식[54]을 변경하여, 최고 지도자는 수양이 깊고 사리사욕이 없는 스승다운 스승을 뽑는 제도로 바꾸지 않으면 아니 된다. 천성이 체화된 사람은 자신을 드러내지 않아 선거에 출마하지 않을 뿐만 아니라, 출마하더라도 인지도가 없어 뽑힌다는 보장도 없고, 특정 정당에 소속되면 중립성이 유지될 수도 없다.

따라서 천성을 갖춘 지도자를 뽑는 방식은 단군천제의 추대방식이 바람직하다고 생각된다. 역사를 거슬러 올라가보면 씨족이나 부족 사회는 연장자이면서 지덕체를 갖춘 사람을 그 공동체를 잘 이끌 수 있는 족장으로 뽑았다. 단군신화는 호랑이나 곰의 성품을 가진 사람이 천성을 가진 사람다운 사람으로 태어나는 과정을 그리고 있는데, 단

---

54 지금의 서양식 선거제도는 뺏고 훔치고 살상하는 도적의 문화에서 타협의 산물로 나온 것으로 주종관계에 바탕을 두고 있다. 보통 평등 비밀 선거를 민주적 선거방식이라고 하나, 욕심이 많은 사람을 뽑아 지도자로 삼는 것이 과연 민주적인 것인지 심사숙고할 필요가 있다.

군은 천성을 깨달은 부모에 의해서 태어났고 스스로 천성의 이치를 깨달은 사람이었기 때문에, 충분히 민족을 이끌 수 있는 스승으로 삼더라도 현명하게 공동체를 잘 이끌어갈 수 있다고 보아 여러 부족의 추대를 받아 제왕이 될 수 있었다.

진본주의가 지향하는 것은 참 공동체이고, 공동체는 작은 공동체가 모여 큰 공동체를 이루는 것이므로, 지도자를 뽑는 방식도 여기서 찾으면 될 것이다. 마을 지도자는 마을 주민들이 참여하여 뽑고, 읍면동장은 마을 지도자들이 참여하여 뽑고, 시장군수는 읍면동장이 참여하여 뽑고, 도백은 시장군수들이 참여하여 뽑고, 최고 지도자는 모든 도백이 참여하여 뽑는 방식이다.

최고 지도자는 전체 공동체를 이끌어가는 스승과 같고 아버지와 같은 존재이기 때문에 반드시 천성을 체득한 사람으로 정해야 한다. 그러기 위해서는 인사기구에서 지도자의 인품을 갖춘 인물존함을 만들고, 도백은 자신의 도에 사는 사람 가운데 뛰어난 인물을 추천함은 물론, 언제든지 그것을 연람하여 모든 국민이 다 존경을 할 수 있는 사람인지 여부를 평소 세심하게 살펴보아야 한다. 그렇게 해서 도백들이 모여 최고 지도자를 뽑되, 편 가름해서는 아니 되기 때문에 천주교가 교황을 선출하는 방식으로 몇날 며칠이 걸리더라도 100% 찬성으로 뽑는 것이 바람직하다. 또한 그렇게 선출했더라도 사양할 수 있으므로 정중하게 모시는 절차도 필요하다.

『정부의 유전자를 변화시켜라』(김태유, 신문주, 2010)라는 책을 보면 공직자의 문제점에 대하여 ① 전문성 부족으로 시대변화에 무감각, 창의성 부족, 좁은 시야와 짧은 시계 등을 들고, 그 원인으로 폐쇄적 임용과 연공서열의 승진방식, 순환보직으로 인한 폐해, 후진적인 교육시스템을 들었다. ② 신나게 일할 수 있는 제도와 여건 부재로 유명무실한 정책실명제, 부처간 집단 이기주의와 갈등, 개인과 조직의 목표 불일치, 형식주의와 절차중심주의 등을 들고, ③ 후진적 행정관행 문화로서 한건주의—件主義로 단기성과와 이벤트 중심의 행정, 혁신과 변화에 대한 저항, 권위주의, 무사안일과 복지부동, 비밀주의, 온정주의와 연고주의(인사 청탁과 줄 대기), 성과평가 저항 등을 들었다. 또한 ④ 미흡한 자기개발 여건으로 유명무실한 경력개발 제도, 공직의 사회적 이동성 부족, 공무원 퇴임 후 활용미흡 등을 들고 있다.

사실 저자의 말처럼 공직사회에 문제가 많다면 하루 빨리 모든 공직자를 교체하지 않으면 아니 된다. 공직자는 나라를 떠받치는 기둥과 같은 역할을 하는데 기둥이 흔들리고 있으므로 국가가 무너지는 것을 방지해야 하기 때문이다. 그러나 필자가 아는 공직사회는 문제가 없는 것은 아니지만 그나마 이 나라의 버팀목 역할을 해왔다고 생각한다. 편을 갈라 지지고 볶는 정치와 사익 추구에 양보가 없는 경제와 끊임없이 발생하는 수많은 사건사고 등을 그나마 중심을 잡고 처리해나가고 있기 때문이다.

또한 저자는 공직사회의 잘못이 자생적으로 잘못된 것처럼 생각하는 듯하다. 그래서 해결책도 공직자 스스로 고칠 수 있는 것으로 보고 기술한 것 같다. 그러나 공직사회는 자체보다 외부의 문제가 더 크다고 아니할 수 없다. 국가 공동체는 한 몸이나 마찬가지인데, 머리 역할을 하는 정치가 몸통 역할을 하는 공직사회를 흔들고, 또한 민주화를 잘못 인식한 국민의 욕구가 공직자로 하여금 몸조심하지 않으면 아니 되게 만들고 있기 때문이다.

그런 점에서 필자는 공직사회의 문제를 다음과 같이 보고 있다.

첫째, 공직자가 한 일은 그 정권의 치적이 되기 때문에 정책을 만들고 집행함에 있어 정치와 연계되지 않은 것이 없고, 특히 집권 여당과 무관한 정책을 만들 수 없다. 공직사회를 변화시키기 위하여 새 제도를 만들어도 정권이 바뀌면 휴지통으로 사라지기 일쑤이고, 헛된 정책을 개발하고 사업을 추진하느라고 많은 국민의 혈세를 낭비할 뿐만 아니라, 공직사회의 편 가르기(지역·학교·가문·종교·도움·재력 등)가 정권과 무관하지 않아 자생적으로 변한다고 하여 치유될 수 없다. "공무원은 영혼이 없는가?"는 말은 공직사회가 정치와 무관할 수 없음을 보여주는 말이라고 할 수 있다.

둘째, 국민을 비롯하여 언론이나 각계각층의 항의와 억지·심사청구·고소고발·소송·평가·국정감사·감사원 감사 등은 공직자가 긍지·자부심·열정 등을 가지고 일할 수 있는 풍토를 망가트리는 원인이다. 이러한 감시제도는 불신풍토에서 비롯되는 것인데 정치권이 짊어질 문제까지 공무원에게 전가되는 경우가 많아 몸조심하지 않으면 아니 된다. 이런 풍토 속에서 창의성을 발휘하여 일하거나 소신껏 일

을 했을 경우 그만큼 위험부담이 커지기 때문에 자연스럽게 형식주의
와 절차중심주의, 무사안일과 복지부동 등이 생기지 않을 수 없고, 책
임은 작고 권한이나 명예, 보수 등이 많은 직위에 오르기 위해 줄대
기, 단기 성과주의나 이벤트 중심주의 등이 성행할 수밖에 없다.

셋째, 인사권이나 예산권을 쥐고 있는 부처 등 소위 힘 있는 부처
나 사람이 공직사회를 왜곡시켜왔다. 국민을 위해 무엇이 우선순위인
지 그리고 국가 만년대계를 위해 어떻게 변화시키는 것이 바람직한지
등을 심사숙고하지 않고 힘없는 부처의 조직·인력·예산 등은 함부로
가위질해버리거나 분리·이관·통합해버리기 일쑤이다.

가령, 실업자나 범법자 등을 상담하는 공무원은 다른 직무와 달리
상담시간이 충분히 확보되지 않으면 마음에 응어리진 탁하고 어두운
그림자를 벗겨낼 수가 없고, 그것을 벗겨내지 못하면 사건사고 등 문
제가 줄어들 수 없다. 그러나 예산·인력·기구 등을 조정하는 실권자
는 사건사고에 비례하여 조정한다. 문제가 있어야 대책을 세우고, 대
책이 사건 위주로 배분된다. 문제가 일어나지 않도록 대비하는 일은
소홀하기 짝이 없다. 또한 연구직 부서 책임자에 경험도 없는데 학사
학위 소지자가 임명되는 등 전문성이나 필연성이 없는 자가 임명되는
등 엽관제獵官制적 요소가 많다.

이런 풍토에서 개방적 임용이나 연공서열을 탈피한 승진방식 또는
순환보직을 억제하는 공무원 제도 등을 아무리 도입하더라도 창의성
이나 전문성이 높아질 수 없고, 열정적으로 일할 수 있는 풍토가 조성
될 수 없다.

넷째, 국민이 주인이고 공직자가 머슴이라면 공직자는 국민이 시키는 대로 하면 되는 것이므로 창의성이나 전문성 등은 국민에게 필요한 것이지 공직자에게 필요한 것이 아니다. 머슴이 되는 공직자에게 창의성이나 전문성 등을 요구한다면 오히려 이율배반적이라고 할 수 있다. 또한 정치·경제·과학·문화·체육·언론·예술 등 모든 사회가 갈등과 대립을 끊어낼 수 없는 것 역시 편 가름에서 비롯되는 현상이다. 편 가름은 주도권을 잡기 위하여 사회를 주종관계 구도로 끌고 가는 것을 말하므로 지성의 시각과 같다.

공동체는 가족과 같은 관계로서 모두가 주인이므로 위 사람과 아래 사람, 동료와 동료, 공직자와 국민이 서로 아껴주고 도와주고 협력한다. 그러나 편 가름하는 풍토에서는 소가 닭 보듯이 겉돌고, 이해관계가 있는 사람끼리만 어울리고, 국외자Out Side를 흠잡는 일을 벌이기 때문에 모든 자원을 100% 활용할 수 없다.

다섯째, 지금 공직사회는 문제가 발생하지 않도록 사전에 일하지 못하고 문제가 발생하면 일을 한다. 1997년 발생한 IMF 구제금융 사태나 2012년 저축은행 퇴출사태, 2012년 원자력발전소의 납품비리 등은 사전에 그런 일이 발생하지 않도록 충분히 대비할 수 있었을 터인데, 곪아터질 때까지 방치하다가 사건이 발생한 후 뒷수습이나 한다.

그래놓고 일 많이 했다고 표창이나 승급을 요구하고, 일손이 부족하다고 기구 확대 등을 요구한다. 사건사고가 발생하지 않도록 해야 하고 발생했더라도 더 이상 반복되지 않도록 해야 하는데, 문제가 발생하지 않으면 성과가 눈에 띄지 않기 때문에 문제가 가시화될 때를 기다려 일을 한다.

그런가 하면 골치 아픈 일은 맡지 않기 위하여 편한 부서로 이동하고, 여유 있는 시간은 상사 등과 어울려 음주, 가무 등을 즐기고, 그렇게 눈 맞춘 공로를 인정받아 진급도 빨리한다. 유비무환의 자세로 일하는 것이 아니라 사고처리 전담반처럼 일하거나 임시방편으로 일하기 때문에 호미로 막을 일을 가래로 막는 일이 되풀이 되고 있다.

여섯째, 공직자를 선발하고 직무를 부여하고 승진을 시키되 편 가름하는 일이 많기 때문에 천성(지덕체)을 갖추고 묵묵히 일하는 사람은 뒤처질 수밖에 없다. 학교에서 배운 것과 사회에서 평가하는 것이 일치해야 배움과 실천이 일치하는데 현실은 줄타기 잘하고 요령 잘 피우는 사람이 우대를 받는다. 그래서 우리 사회는 공동체 구성원 모두가 이득을 보는 세상이 아니라 권모술수를 잘 부리는 사람만 이득을 보는 세상이다. 큰 지혜와 큰 덕과 큰 체를 두루 갖춘 전방위全方位 사고를 하는 사람이 높은 지위에 올라야 하는데, 지식·지역·학교·종교 등 인맥을 잘 타는 사람이 높은 지위에 오르는 구조이기 때문에 비효율이 크고, 비효율이 큰 만큼 국민은 받지 않을 고통을 감내하고 있다.

공동체 인사제도는 성품제로 전환되어야 한다.

국민은 하늘 사람이고 국가는 하늘을 대리하여 하늘 사람을 양육할 책임을 맡고 있다. 따라서 국가는 모든 국민이 인간으로서의 존엄성을 가지고 안전과 행복을 누리며 살아갈 수 있도록 해주어야 한다. 편 가르거나 경계를 만들어 소통을 단절시키거나 깜짝 충격을 주어 마음에 탁하고 어두운 지성의 그림자를 드리우게 해서는 안 된다. 부모다운 부모는 자식을 차별하여 기르지 않는 것과 같이 국가다운 국가는 국민을 차별하여 기르지 않으며, 진심으로 자식이 잘되기를 바라는 부모처럼 차분하고 침착하게 양육해야 한다.

공직자는 기관차처럼 국민을 끌고 가는 주체이다. 건강하고 행복하고 죄가 없이 사는 방향으로 끌고 갈수도 있고, 병약하고 불행하고 서로 아귀다툼을 벌이고 사건사고가 끊어지지 않는 방향으로 끌고 갈 수도 있다. 공직자가 비상하면 국민을 올바른 방향으로 이끌 수 있어 국가 공동체가 진보·발전·성장을 할 수 있고, 공직자가 흐릿하면 자신조차 갈 방향을 모르기 때문에 국가 공동체는 정체하거나 후퇴하거나 파멸할 수밖에 없다.

공직자가 국가 공동체를 생명의 길로 끌고 갈 수 있도록 하기 위해서는 천성과 지덕체를 체득하고 있지 않으면 아니 된다. 천성을 체득한 공직자는 색채와 형태가 있는 모든 것을 포용하나, 지성에 갇힌 공직자는 색채와 형태가 있는 것끼리 충돌하게 만들어 다툼 갈등 분란을 조장하기 때문이다. 그렇게 하기 위해서는 공직사회는 천성을 체득한 사람이 리더가 되는 풍토가 되도록 조성해나가야 한다. 시야가 넓고 균형 감각을 갖춘 사람을 선발하고, 그런 사람을 만드는 교육훈련을 시키고, 그런 사람이 높은 지위에 올라 그보다 못한 사람을 가르치는 구조가 되어야 한다. 지성을 닮은 세계로 수렴하는 시스템을 천성을 닮은 세계로 확산하는 시스템으로 바꾸어주어야 한다.

공직사회가 천성을 존중하는 시스템으로 변하게 하려면 계급제로 운영되는 조직체계를 전면 개편하지 않으면 아니 된다. 계급제는 과거 왕정시대의 산물[55]이기 때문이다. 미래는 국민이 주인이므로 모든 국민이 주인인 세상은 계급이 필요 없다. 계급을 부여하기 때문에 진급하기 위하여 편 가름하는 쏠림 현상이 조장되기 때문이다.

그래서 필자는 천성의 체득 정도에 따라 3단계로 구분되는 "성품제 性品制"를 권한다. 천성과 지덕체를 두루 갖춰 균형 감각이 뛰어난 공직자는 1그룹에 편성하여 중책을 맡기고, 중간 정도인 공직자는 2그룹에 편성하여 중간 정도의 직책을 맡기고, 지식·기술·기능 등에 익숙한 공직자는 3그룹에 편성하여 단순반복(관리)하는 일을 맡기는 방안이다.

또한 고시제도를 폐지하고 공직을 담당하는 사람은 모두 3그룹에 편성하여 모든 업무를 경험하게 하고, 그 과정에서 사람의 됨됨이와 천성의 성숙도를 평가하여 그룹을 변경시켜주는 방안도 필요하다.

3그룹에서 2그룹으로, 2그룹에서 1그룹으로 책임을 높일 때는 각각 최소 10~15년(3그룹 15년, 2그룹 10년 등)동안 지켜보고 위원회 등 심의기구를 통해서 변경시키되, 호봉 제도를 활용하여 같은 그룹 내에서 담당할 수 있는 보직의 수준을 정하여 운용할 수 있을 것이다. 고시제도가 필요하다면 일정기간 경력을 쌓은 것으로 인정해주는 방식이 변경

---

55 과거로 올라갈수록 국가의 주인은 왕이었다. 왕이 통치자였고 주제자였고 법이었다. 반면에 신하나 백성은 종이나 노예였고 통치의 대상이었고, 왕이 일방적으로 정한 법을 따르지 않으면 아니 되었다. 왕이 주인이었기 때문에 효율적인 통치를 하기 위해서는 신하들이 왕의 뜻에 따라 일사분란하게 움직여주지 않으면 아니 되었다. 그래서 왕을 정점으로 하는 피라미드 모형을 갖는 계급제를 생각하지 않을 수 없었다. 계급제는 지금도 여전히 많은 나라에서 각광을 받고 있다. 특히, 힘으로 운영되는 군대나 경찰 조직 등은 더욱 그러하다. 그러나 왕의 시대에도 백성을 사랑한 군주는 덕으로 다스리고자 하였고, 태평성대를 구가했던 시대는 임금과 신하와 백성이 하나였다. 그러나 힘으로 다스리던 시대는 어느 나라가 되었던 임금과 신하와 백성이 분리되었다. 거리감이 크면 임금과 신하와 백성이 대립하였고, 역성혁명이 일어나는 일도 있었다.

하는 것이 바람직하다.

3그룹에서 1그룹에 편성되기 위해서는 최소 45세(기초 20세 + 3그룹 15년 + 2그룹 10년) 이상 연령이 되어야 한다. 사회경험을 두루 쌓고 천성과 지덕체를 보다 원숙하게 체득한 사실을 확인하고 중책을 맡겨도 늦지 않기 때문이다.

본래 사람의 마음은 천성과 같아서 맑고 밝고 열려있어 고요한 것이나 살아가면서 외부로부터 탁하고 어두운 색채와 형태가 있는 지성의 그림자가 끼면서 답답하고 고통스러운 것이다. 우리 사회가 겪고 있는 사건사고·폭력·폭행·사기·횡령·부정부패·분노·우울·폭음·자살·정신이상 등은 사람마다 지성에 물들어 서로가 서로에게 그림자를 심어주기 때문에 발생한다.

국가 공동체가 더 바람직한 방향으로 가려면 더 천성을 닮은 사람이 더 지성을 닮은 사람을 이끄는 구조가 될 때, 높은 공직자일수록 천성과 지덕체의 체득 정도가 뛰어날 때, 지성의 사회에서 천성의 사회로 탈출할 수 있다. 공직자는 국민의 마음에 지성의 그림자가 끼지 않도록 섬세하게 지도함은 물론, 과거 편중된 정책 등으로 마음에 드리워진 탁하고 어두운 그림자를 모두 깨끗하게 벗겨내야 한다. 개나 고양이가 중책을 맡으면 개나 고양이가 사는 공동체 밖에 만들 수 없으나 천성과 지덕체를 체득한 사람이 중책을 맡으면 품성이 높은 공동체를 만들 수 있다.

특히, 중요한 것은 2그룹에서 1그룹으로 책임그룹을 올릴 때 국가의 존폐를 짊어질 인물을 추천한다는 점에서 공정하고 엄격한 심사가 요구된다는 것이다. 사실에 바탕을 두고 오랜 기간 지켜보면서 천성과 지덕체의 체득정도를 조사하는 조사관을 두어 면밀히 관리하는 것이 필요하다.

잘 숙련된 조사관은 공직자의 글이나 말 한마디 그리고 평소 사생활이나 국민을 대하는 태도 등을 보면 쉽게 그 됨됨이를 읽어낼 수 있다. 천성과 지성의 체득, 지덕체의 운용, 속과 겉의 일치, 경력을 감안한 성숙도 등을 10단위 또는 5단위로 평가하고 그 이유를 자세히 기술해두면 훌륭한 평가지표가 될 수 있다.

참고로 단군천제 시대의 저술로 보이는 홍범구주洪範九疇는 공동체를 경영하는 방법에 대하여 기술하고 있다. 제1장은 오행(五行 : 水 火 木 金 土)[56]이고, 제2장은 오사(五事 : 貌 言 視 聽 思)[57]이고, 제3장은 팔정(八政 : 食 貨 祀 司空 司徒 司寇 賓 師)이고, 제4장은 오기(五紀 : 歲 月 日 星辰 曆數)이고, 제5장은 황제(皇帝 : 建用皇極)이고, 제6장은 삼덕(三德 : 正直 剛克 柔克)이고, 제7장은 역술(易術 : 明用稽疑)이고, 제8장은 오복(五福 : 壽 富 康寧 攸好德 考終命)이고, 제9장은 육극(六極 : 凶短折 疾 憂 貧 惡 弱)이다. 장은 필자가 임의로 붙인 것이지만 제1장과 제2장은 공직자가 체득하거나 갖추지 않으면 아니 되는 품성이다.

----

56 오행(五行)은 우주의 운행이 수(水)·화(火)·목(木)·금(金)·토(土)로 운행되고 있음으로 국가의 운영도 여기에 맞춰야 한다는 뜻에서 이를 가르친 것으로 보인다. 환단고기에 의하면 일찍이 주나라 「곤」임금이 치산치수를 잘못하여 변란이 발생하자 천제께서 붙잡아 귀양을 보내 그곳에서 죽었다고 되어있는데, 이때 치산치수를 잘못했다는 것은 오행을 잘못 행사한 것을 말한다고 한다.

57 오사(五事)는 모(貌)·언(言)·시(視)·청(聽)·사(思)를 말하는 것으로 단정한 용모, 겸손하고 단정한 말씨, 빠짐없이 볼 수 있는 눈, 세심하게 들을 줄 아는 귀, 올바르게 사고(판단)할 수 있는 능력을 뜻한다. 공직자는 항상 국민과 접촉하며 살아가는 까닭에 시간적 공간적 상황에 맞게 혐오감을 주지 않도록 용모나 태도를 갖춰야 하고 말씨가 겸손하고 다정다감해야 하며, 주위 환경이나 사물을 날카롭게 보고 관찰함으로써 사리분별력을 높여야 한다는 뜻이다. 또한 말하는 소리나 멀고 가까운 소리를 빠짐없이 들어 무슨 뜻인지 파악하고, 그런 연후에 종합적으로 사고하여 정확한 상황판단 또는 의사결정을 하여야 한다는 뜻이다. 결국, 오사(五事)가 가르치는 것은 백성의 살림살이를 맡은 관리는 자기 영역을 따로 구축하지 않고 오로지 백성을 위해 일할 수 있는 올바른 심성(心性)을 지닌 사람 중에서 뽑아 쓰도록 한 것이라고 할 수 있다.

공직자가 천지 운행의 원리를 깨달아 계획을 세우고 일을 추진할 때도 그것을 따르게 하기 위하여 오행을 운용하는 법을 배우도록 하였다. 또한 공직자는 각계각층의 다양한 사람들을 만나서 보고 듣고 말하고 냄새 맡고 느낀 것을 정책에 반영하는 까닭에, 사람을 만날 때는 환경에 맞는 용모·언어·시각·청각·생각 등이 한쪽에 기울어지는 일이 없도록 하라는 뜻에서 5사를 체득하도록 하였다. 제6장은 공직자가 가져야 할 덕이고, 제8장은 행복한 삶 그리고 제9장은 불행한 삶에 대하여 기록하고 있다.

5,000년 전의 치술이 현재보다 심오함에 비추어 참으로 비범하다고 아니할 수 없다.[58]

| 공동체 교육제도의 방향

교육에 무슨 문제가 있는지 인터넷 검색으로 알아보았더니 대략, 입시위주 주입식 교육, 좋은 대학과 학벌 중시, 사교육 열풍, 기초학문보다 응용학문 선호, 전공과 관계없는 직업, 학교폭력, 교권침탈 등을 들 수 있을 것 같다.

첫째, 입시위주 주입식 교육은 사람마다 개성·적성·특기·꿈 등이 각기 다른데 우리 교육은 공장에서 표준화된 제품을 찍어내는 것처럼 획일화된 교육을 통해 규격화하고 표준화하여 창조적이고 독창성을

---

58 중국은 적어도 명나라 때까지 역대왕조가 홍범구주를 정치나 학문을 하는 평가기준으로 삼았고, 공자 성인도 홍범구주를 토대로 자신의 학문을 발전시켰다고 한다.

발휘할 수 없는 사람을 만들고 있다는 것이다.

둘째, 좋은 대학과 학벌 중시는 사회가 경력·실력·능력·성과 또는 사람의 됨됨이보다 좋은 대학 나온 고학력자를 더 나은 사람으로 인정을 하고 우대해주기 때문에 신분이나 가치 상승의 수단으로 좋은 대학 좋은 학벌을 이용한다는 것이다.

셋째, 사교육 열풍은 공부를 못하는 아이들도 가정교사나 유명강사를 사서 공부를 시키면 좋은 대학에 갈 수 있고, 졸업하면 남부러워하는 직장에 취업할 수 있기 때문에 빚을 내서라도 자식들이 뒤떨어지지 않도록 사교육을 시킨다는 것이고, 그래서 지금은 개천에서 용이 나오던 시대가 아니라는 것이다.

넷째, 기초학문보다 응용학문 중시는 학생들이 사회에 나왔을 때 돈벌이가 되는 학문에 치중한다는 소리이다. 기초라는 것은 바탕(뿌리, 근원)이 되는 것을 말하는데, 기초 없이 탑 쌓고 집 짓고 도로를 건설하기 때문에 창조·응용·독창성 등이 뒤떨어진다는 것이고, 지혜보다 지식(모방)을 선호한다는 것이다.

다섯째, 전공과 관계없는 직업에 취업한다는 것은 자신의 타고난 사명이나 역할 등을 생각하지 않고 진학을 하고, 졸업한 후에 취업한 곳도 전공과 무관한 곳이라는 것이다. 세상이 학벌을 중시하기 때문에 무조건 진학하고, 졸업한 후 결혼도 해야 하기 때문에 폼나는 직장에 취업하는 것이 목표라는 것이다.

여섯째, 학교폭력은 학교와 학교, 같은 학교의 학생과 학생 등 사이에 벌어지는 무질서·무가치·범죄 등을 말한다. 겉모습을 깍두기처럼 치장하여 자신의 존재를 알리려는 아이, 가정이 원만하지 못해 성격이 모난 아이, 돈 권력 명예 등의 가치 외에 다른 가치를 모르는 부모 밑에서 자란 아이 등이 다니는 학교에서 폭력이 발생하지 않는다면 오히려 그것이 이상할 것이다.

문제는 그러한 학생을 올바르게 지도할 선생이 없고, 그런 아이가 성장하여 결혼하고 자식을 낳으면 2세, 3세도 그렇게 될 수밖에 없다는 것이다.

일곱째, 교권침탈은 교사와 학생, 교사와 학부모, 교사와 교사, 교사와 재단 등 사이에서 벌어지는 무질서·무가치·범죄 등을 말한다. 교사에게 학생을 맡겼으면 교사는 자기에게 맡겨진 학생들을 천성(지덕체)을 갖춘 사람으로 길러내는 데 심혈을 기울여야 하는데, 우리 사회는 교사다운 교사, 학생다운 학생, 학부모다운 학부모, 재단다운 재단 등을 찾기 어렵다는 것이다. 아무리 교사가 소신껏 학생들을 지도하려고 해도 세상이 그냥 내버려두지 않는다. 체벌을 하는 것이 옳은지 옳지 않은 것인지를 놓고 갈등하는 학생·교사·학부모·재단이 교육을 담당한다. 수업시간에 핸드폰을 사용하고 음식물을 먹고 잠을 자는 행위가 있어도 제지할 수 없다고 한다.

이와 같은 문제가 발생하는 근본 원인은 한마디로 사람들이 천성을 모르고 지성을 쫓기 때문에 발생하는 현상인 것이다. 올바른 삶의 방향 또는 가장 근본이 되는 가치관을 모르기 때문에 아무리 고쳐도 갈수록 문제만 쌓여가고 갈수록 상상도 못하는 일이 발생하고 그 추세가 날로 확대 재생산된다.

천성(본성)**은 교육의 목적이고, 지식은 교육의 수단이다.**

세계 역사를 돌아보면 탁하고 어두운 세계가 맑고 밝은 세계로 변화하고, 통제·압박·억압의 세계가 자유·평등·개방의 세계로 진화하고, 무지·무명의 세계가 지식·지혜의 세계로 열려왔다.

지성을 닮은 세계가 천성을 닮은 세계로 변화하고 진화하고 열려온 것은, 막히고 닫히고 어둡고 탁하고 정체된 세계가 변화하면 건강하고 성숙하고 성공하고 생명력이 있으나, 탁하고 어둡고 닫히고 막히고 정체된 세계에 머물러 있으면 썩거나 멸할 수밖에 없기 때문이다.

그러므로 사람은 어떤 세계에서 어떤 모습으로 살아가던 천성을 닮은 세계로 나아가기 위해 끊임없이 연구·노력·개발·개혁·변화를 하지 않으면 아니 되며, 그렇게 할 때 자신과 하늘이 하나가 되는 완성된 인간으로 태어날 수 있다.

교육은 사람으로 하여금 사람은 물론 세상 모든 존재가 하늘에 뿌리를 두고 있다는 사실을 깨닫도록 하는 데 있다. 사람도 하늘의 일원일 뿐만 아니라 하늘의 한편으로 부여된 영이 있어 하늘을 대리하여 또는 하늘을 위하여 만물을 관리할 수 있는 역량을 길러주는 데 있다. 하늘의 일을 하는 하늘 사람(사람다운 사람)을 만들어주는 것이 교육이다.

그래서 교육은 하늘·땅·사람·자연·천성·지성·참眞·성性·영靈·신神 등이 무엇이고, 사람이 그 존재들과 어떻게 교류하며, 어떻게 조화를 이룰 수 있는지 깨달을 수 있게 해주어야 한다. 높은 쪽에서 낮은 쪽으로 흐르는 것이 자연의 이치이듯이, 각 분야마다 지혜가 크든 지식이 크든 큰 사람이 그보다 못한 사람에게 알고 있는 것을 내려 보내는 이치가 교육이고 그것을 받는 이치가 배움이다. 가르치는 자가 선생이고 가르침을 받는 자가 학생이다.

가르침은 지혜, 지식, 기능 등이 높은 위치에 있는 자(교수, 지도자, 선생, 부모, 경영자 등)의 역할이고, 배움은 지혜 지식 기능 등이 낮은 위치에 있는 자(학생, 국민, 자녀, 근로자 등)의 역할이다. 선생은 자신이 전공한 분야가 하늘 → 땅 → 나라 → 지역(직장, 학교, 종교 등) → 가정 → 나로 연결되는 성性과 이理를 가르치고, 학생은 선생이 정립한 것 이상을 더 많이 깨닫겠다는 자세로 배우고 익혀야 하다.

대부분 교육의 목표를 지덕체智德體라고 하는데 그 의미나 이유를 아는 사람은 드문 것 같다. 또한 천성과 지덕체가 어떻게 다른지 궁금하리라고 생각된다.

천성과 지덕체의 관계는 집에 비유할 수 있다. 집을 지으려면 먼저 바탕(기초)을 다지고, 그 바탕 위에 기둥을 세우는 것과 같이 천성을 바탕이라고 하면 지덕체는 기둥이라고 할 수 있다. 천성이 바탕이 되는 이유는 하늘은 지덕체를 포함하여 그 밖의 세상 모든 것을 포용하고, 지덕체가 기둥이 되는 이유는 천성에 해당하는 것들 중에서 최소한 지덕체는 갖추고 있어야 비로소 사람 노릇을 할 수 있기 때문이다.

주역의 50번째 괘를 화풍정火風鼎이라고 하는데 정鼎은 솥을 말한다. 음식을 해먹기 위해서는 솥을 걸어야 하는데 최소한 3개의 다리를 걸었을 때 안전하다는 것을 의미한다. 천성(본성)을 체득한 사람이면 모든 것을 다 갖추고 있지만 그렇지 못하다면 최소한 지덕체는 갖추고 있어야 사람다운 사람이라고 할 수 있다는 뜻이다.

지덕체를 아는 것은, 농기구가 있으면 농사짓기가 수월하고 그물이 있으면 고기 잡기가 수월한 것처럼, 보다 진리에 맞는 삶을 실천할 수 있는 지름길을 아는 것이라고 할 수 있다. 사람이나 가정이나 지역이나 나라의 지덕체가 크다는 것은 어려움을 해쳐나갈 수 있는 능력이 크다는 것으로서 능력이 작은 공동체보다 강한 생명력을 가질 수 있다는 것을 의미한다.

지덕체는 연구·노력·창의·혁신·전진·개발·블루오션 등을 상징하는 지혜智慧와, 예의·질서·겸양·겸손·충·효·사랑·자비·인의 등을 상징하는 덕德과, 건강·표준·지식·관리·실천·체력·용맹 등을 상징하는 체體로 구성된다. 이를 사람의 몸에 비유하면 지智는 머리가 되고 덕德은 몸통이 되고 체體는 손발이 되는데, 지덕체가 균등하게 조화를 이루면 장애가 없는 온전한 생명(공동체)과 같다고 할 수 있고, 균형을 잃으면 장애가 있는 생명과 같다고 할 수 있다.

지덕체를 좀 더 구체적으로 설명을 하면 다음과 같다.

지智는 지혜를 뜻한다.

지혜를 지식이나 창의와 같은 것으로 보는 사람도 있으나 유사하지만 다른 개념이다. 지혜는 진의 이치에 맞는 혜안과 같다고 할 수 있다. 불교의 선지식이나 서교의 깨어있어라 또는 거듭나라 등과 같은 뜻이며, 천성(전체)을 체득한 사람이 갖는 혜안 정도로 생각하면 된다.

예전에 어느 스님이 쓴 책에 앵무새에 대한 이야기가 있었는데 지혜와 지식의 차이를 이해하는 데 도움이 될 것으로 생각되어 소개한다.

"높은 산을 등지고 농가 하나가 있는데 평소 그 산을 찾는 등산객들은 의례 그 농부가 사는 집에 들러 정상에 오르는 길을 묻곤 하였다. 그럴 때면 농부는 길을 알려주되 당부하는 말이 하나 있었다. 저 산에는 짐승을 잡기 위하여 덫을 놓은 곳이 많이 있으니 「가시덤불에 가지마라」는 것이었다. 마침 농부는 앵무새 한 마리를 키우고 있었는데 사람들이 올 때마다 농부가 마지막으로 당부하는 말을 들은 앵무새는 어느 때부터인가 그 농가에 사람들이 나타나기만 하면 「가시덤불에 가지마라」, 「가시덤불에 가지마라」고 말하는 것이었다. 그러던 어느 날 농부가 들에 나갔다가 돌아와 보니 앵무새가 보이지 않았다. 그래서 들로 산으로 찾아 나섰는데, 어디선가 「가시덤불에 가지마라」라는 소리가 반복해서 들려왔다. 농부가 소리가 나는 쪽으로 가보았더니 그 앵무새란 놈이 가시덤불의 덫에 걸린 상태로 녹음기처럼 「가시덤불에 가지마라」는 소리를 반복하고 있었다.”고 한다.

지혜(천성)를 깨닫지 못하고 지식(지성)에 갇힌 사람들을 깨우쳐주는 아주 좋은 선지식인 것 같다.

갈릴레오라는 사람이 “지구가 돈다”는 말을 했을 때 당시 사람들은 성경에 없는 말을 하는 마녀라고 생각하고 처형하려고 하였다. 그러나 지금 갈릴레오가 한 말을 부인하는 사람은 없다. 오히려 지구가 자전만 하는 것이 아니라 공전까지 한다는 사실도 알고 있다. 당시 갈릴레오의 말은 세상의 무지를 깨우쳐주는 말이었으나 사람들이 믿지 않고 듣지 않았던 것인데, 그때만 그런 것이 아니라 지금도 종교를 비롯하여 각계각층의 많은 사람들은 자신이 아는 지식이 절대의 것이나 되는 것처럼 세상의 변화를 가로막고 있다.

지식은 이미 선각자들이 밝혀놓은 이치이므로 고정되어 있는 것이다. 지식은 전방위(전체)를 밝힌 것도 있지만 진리의 진면목을 아는 사람이 별로 없기 때문에 대체로 일부분을 밝힌 것에 불과하다. 그래서 100년 전 지식과 현재 지식과 100년 후 지식이 다를 수밖에 없다. 그러나 성인의 말씀은 진리의 진면목을 보고 밝힌 것이므로 과거·현재·미래라는 시간을 초월하여 항상 같고, 한국·중국·미국 등 공간을 초월하여 항상 같다.

창의는 지식과 지혜가 결부되어 일어난다. 이순신 장군이 거북선을 만들어 임진왜란에 사용한 것은 남다른 창의가 있었기 때문이다. 그러나 장군도 그 당시 오늘날과 같은 군함을 만들지 못했다. 말하자면 창의는 그 당시 사람들의 지식수준을 넘어설 수 없기 때문이다. 그럼에도 불구하고 지혜가 결부되었다고 하는 것은 그것이 남다른 생각이기 때문이다.

임진왜란 당시 원균이나 신립 장군 등은 용勇을 앞세웠지만 패배할 수밖에 없었고, 이순신 장군은 다양한 전쟁마다 다른 전략전술, 정확한 정보, 군대내의 인화단결, 민관협력 등 지덕체를 두루 갖추어 전쟁에 임하였기 때문에 백전백승의 성과를 거둘 수 있었다. 지식의 관점에서 보면 현대 전쟁에 대비하기 위하여 거북선을 만드는 것이 웃음거리가 될 수 있으나 지혜의 관점에서 보면 웃음거리가 되는 것이 뛰어난 전술일 수도 있다.

하늘은 영체로서 전지전능하고 고도의 목적을 가지고 끊임없이 변화하기 때문에 지혜 그 자체이다. 사람은 하늘의 한편—片으로 영을 가졌기 때문에 누구나 끊임없이 세상을 변화시켜 나갈 수 있는 지혜를 가졌다고 할 수 있다. 사람은 하늘로부터 영을 받은 것이므로 사람의 지혜는 하늘의 것이다. 그러므로 사람의 생각은 하늘의 생각과 일치하여야 한다. 하늘과 일치하지 않으면 하늘이 준 지혜를 가지고 하늘의 것을 도둑질하는 것이나 마찬가지이기 때문이다.

사람이 사노라면 할 일도 많고 하고 싶은 일도 많지만 어떤 일을 하더라도 하늘의 뜻에 맞게 하면 하늘을 위한 일을 하는 것이나, 그 뜻을 모르면 따르고 싶어도 따를 수 없으므로 하늘을 배반하는 일을 하는 것이 된다. 가령, 사람이 가진 재물·권력·명예 등은 하늘의 것을 이용하여 부수적으로 얻은 것이다. 처음부터 하늘의 것이기 때문에 누구든 그것을 가진 사람은 하늘의 뜻에 맞게 사용할 때 하늘이 부여한 관리권을 올바르게 행사하는 것이고, 남용할 경우에는 하늘이 부여한 관리권을 잘못 행사한 것이다. 하늘의 뜻이란 사람이 하늘을 대리하는 것이므로 하늘이 창조한 모든 것을 성장 발육 발전시키는 것을 말한다. 이것을 깨달을 수 있게 가르치는 것이 교육의 목적이다.

인류가 도구를 만들어 사용하면서 꾸밈·가공·허풍·거짓도 함께 만들어 사용함으로써 '있는 그대로'를 뜻하는 순수·자연·본성·맑음·밝음 등의 의미를 잃어버렸다. 천성을 잃고 지성을 쫓기 때문에 하늘을 편 가름하고 자신만의 이익을 챙기거나 손실을 만회하기 위하여 끝없는 경쟁·보복·다툼 등을 벌인다. 과거 우리 민족이 천손민족이었던 것은 사용하는 언어나 문자는 물론이고, 문화·풍습 등 모든 것을 천성에서 구했기 때문이다.

그런데 어느 때부터 모든 것을 지성에서 구하기 시작하면서 쪼개지고 갈라지고 분열되고 분파되기 시작하였다. 대륙에서 한반도로 내몰렸고, 한반도에서도 남북이 갈라져 대치 상태에 놓여있고, 그것도 모자라 같은 남쪽에서도 종교·사상·이념·지역·학교·재력·권세·명예 등으로 편을 갈라 대립하고 있다. 여기서 벗어나기 위해서는 천성을 알고 지성의 존재이유를 깨달았을 때 가능하다. 남북이 천성을 체득하면 남북이 통일되고, 인류가 천성을 체득하면 세계가 통일된다.

덕德은 '생명을 위한 마음'으로 정의할 수 있다.

사람이 홀로 세상을 살아간다면 덕이 존재할 필요가 없다. 그러나 함께 살아갈 수밖에 없으므로 무엇이든 서로 주고받지 않을 수 없다. 언어·음식·지식·음악·미술·가무·재물 등 무엇을 주고받든 주고받을 때 의미 없이 주고받을 수 없는 것이므로 생명을 위해서 주고받으면 그것이 덕이고, 생명이 아닌 무엇을 위해서 주고받으면 도둑질을 용인해주는 대가로 주고받는 것이다.

대체로 큰 사람은 베풀고 작은 사람은 받아먹으며 사는데, 생명을 위해서 주고받는 것이므로 이를 다른 말로 표현하면 주는 것은 은혜를 베푸는 것이고 받는 것은 은혜를 입는 것이다. 베푸는 것은 그것이 무엇이든 큰 쪽에서 작은 쪽으로 내려 보내는 것이고, 받는 것은 그것이 무엇이든 큰 쪽에서 내려준 것을 받아먹는 것이다.

큰 쪽이 작은 쪽에 베풀어주면 작은 쪽은 그것을 받아먹고 성장하고, 베풀어주는 것이 없으면 작은 쪽은 고통과 고난과 죽음의 시간을 살아갈 수밖에 없다. 가령, 아이는 스스로 의식주를 해결할 수 없기 때문에 부모가 자비·사랑·인의·지혜·지식·재력·권력·명예 등을 베풀어 기르는 것이며, 만약 부모가 그와 같이 베풀지 않는다면 그 아이는 성장한 정도에 따라 다르겠지만 고통과 고난과 죽음의 시간을 살아갈 수밖에 없다.

하늘은 절대이기 때문에 베풀어주기만 하고 땅은 상대이나 하늘의 뜻을 따라 하늘에서 받은 것을 다시 땅에 둥지를 튼 생명에게 베풀어준다. 그래서 하늘보다 큰 덕이 없고 하늘을 제외하면 땅보다 큰 덕이 없다.

하늘은 열렸으므로 색채와 형태를 가진 모든 존재(전파, 소리, 공기, 바람, 비, 사람, 동물 등)가 살아갈 수 있고, 땅은 닫혔으므로 사람을 비롯하여 동물·식물·나는 것·기는 것·헤엄치는 것 등이 뿌리를 내릴 수 있다. 하늘은 해와 달이 있어 빛을 주고, 땅은 물과 흙이 있어 온도와 습도를 조절해준다.

하늘의 은혜는 끝이 없고 무한하기 때문에 절대의 덕을 가졌고, 땅은 하늘로부터 받은 것을 골고루 베풀어주나 한계가 있기 때문에 상대의 덕을 가졌다. 하늘이 땅이나 땅에 근거를 둔 뭇 생명에게 베풀어주는 은혜의 크기는 비교가 되는 것이 없으므로 성인들은 이 덕을 일컬어 자비·사랑·인의라고 하였다.

사람이 어려서는 능력이 부족하기 때문에 스스로 살아갈 수 없다. 윗사람이나 주위로부터 도움을 받지 않을 수 없는데, 그렇더라도 그냥 받아서는 아니 되고 반드시 감사한 마음으로 받아야 하고 보은하겠다는 마음으로 받아야 한다.

받는 사람이 하는 감사나 보은은 물질로 하는 것이 아니라 마음으로 한다. 그 대표적인 것이 절節이다. 절은 대나무의 마디를 말하며, 마디가 상징하는 것은 맺고 끊는 것을 분명히 해야 한다는 뜻이다.

옛 어른들은 국가가 국민을 보호하고 양육하므로 국가에 충성을 다해야 한다는 뜻에서 충절忠節을 가르쳤고, 남편이 부인을 비롯하여 가족을 양육하므로 남편 외의 다른 남자와 정을 통해서는 안 된다는 뜻으로 정절貞節을 가르쳤으며, 부모가 자식을 낳고 양육하므로 자식이 부모를 대할 때는 예의 겸손 겸양 공손하지 않으면 아니 된다는 뜻에서 예절禮節를 가르쳤다. 또한 이웃의 보살핌이 있어 무탈할 수 있으므로 어른을 만나면 인사성이 밝아야 한다는 뜻에서 절節을 가르쳤다.

이렇게 아랫사람의 도리에 절節을 넣어 가르친 것은 아랫사람이 윗사람의 베풂에 힘입어 그것을 자양분 삼아 성장하는 것이므로 은혜를 베푼 사람을 절대 배반해서는 아니 된다는 뜻이 그 바탕에 깔려 있다.

우리가 조상의 기일을 정하여 모시는 제사祭祀 역시 감사하고 보은하는 마음에서 나왔다. 나를 존재할 수 있도록 해준 존재이므로 살아있다면 찾아가 감사하다는 말이라도 할 수 있으나, 살아있지 않기 때문에 제사를 통해서 감사함을 표시하는 것이다. 그래서 돌아가신 부모님이나 조상 어른에게 제사로써 보은을 표시하되, 돌아가신 어른은 신神으로 존재한다고 보아 신주를 세우고 제사를 드리도록 한 것이다.[59]

또한 하늘과 땅이 있어 의식주를 해결할 수 있으므로 오곡이 무르익어 첫 수확을 하는 때를 정하여 하늘과 땅과 천지신명께 감사제를 드렸다. 오늘날 학교나 지역마다 축제를 하면서 마냥 놀고 마시고 떠

---

[59] 제사를 지내는 것은 조상에 대한 감사의 표시도 되지만, 한편 혼신들이 자손들을 해코지(빙의 등)하는 것을 방지하는 효과도 있다. 죽은 조상들 가운데는 자손들이 사고를 당하지 않도록 돕는 존재도 있고, 자신과 유사한 파장을 갖는 후손의 몸에 들어가 주인 노릇하며 괴롭히는 존재도 있다. 제사를 모시는 집안과 모시지 않는 집안을 유심히 관찰하면, 대체로 잘 모시는 집안의 자손들은 유순하고 크게 모가 나지 않으며 하루아침에 평지풍파를 당하는 일도 별로 없다.

드는 것을 즐기는데, 축제도 제사의 일종이라는 사실을 안다면 그 목
적에 맞게 경건하게 하지 않으면 아니 된다.

또한 돌잔치는 태어난 아이가 살아가는 동안 천수를 누릴 수 있도
록 주위에서 잘 돌보아 주실 것을 부탁하는 의미로서 하는 것이고, 환
갑잔치의 경우도 음으로 양으로 이웃의 덕이 있어 환갑까지 장수할
수 있었다며 고맙다는 의미로 하는 것이다.

사람과 사람, 사람과 조직, 사람과 나라, 조직과 조직, 조직과 나라,
나라와 나라 사이의 관계도 마찬가지이다. 생명을 기르고 가르치고
보호하려는 양육의 마음에서 주고받지 아니한 것은 덕이라고 할 수
없다. 베풀되 의미 없이 베풀어서는 아니 되고 받되 의미 없이 받아서
도 아니 되는데, 베풀 때는 반드시 양육하는 마음으로 베풀어야 하고
받을 때도 반드시 하루라도 빨리 독립하겠다는 마음으로 받아야 한
다. 이 마음을 떠나 주고받으면 더럽고 추한 부정부패이거나 사기치
고 도둑질하는 것을 묵인하는 대가일 뿐이다.

주고받음은 하늘과 땅이 인간에게 베푸는 것처럼 원래 무상으로
하는 것이 원칙이다. 그러나 그렇게 할 경우 업業으로 할 수 없기 때
문에 최소의 비용을 주고받는 것은 허용이 되어도 무방하다. 그래서
화폐를 주고 사는 주고받음도 스스로 해결하지 않으면 아니 되는 것
을 전문성을 살려 노력한 가치만큼 주고받는 것이므로 고맙지 않을
수 없다.

재물·권력·명예 등을 포함한 세상의 모든 것은 하늘과 땅에 속하
지 아니한 것이 없다. 그래서 덕을 가진 사람은 하늘과 땅이 자비·
사랑·인으로써 뭇 생명을 양육하는 것과 같이, 주위 사람을 자비·사
랑·인으로써 대하고, 하늘과 땅이 베풀되 말이 없는 것과 같이 좋은

일을 하되 자랑하지 않고 왼손이 한 일을 오른손이 모르도록 하는 것이다.

사람이 가진 것을 나누는 것은 하늘과 땅으로부터 받은 것의 일부를 가족이나 이웃에게 베푸는 것이므로 하늘을 대리하여 베푸는 것이다. 재물·권력·명예·지혜 등 어떤 것을 얻더라도 그것이 하늘(자연)에서 비롯되지 아니한 것이 없으므로 하늘이 나에게 잘 관리하라고 임시 맡겨놓은 것으로 생각하고 정직 공평 공정하게 관리해야 하며, 때가 되어 자신보다 더 천성을 체득한 사람이 나타나면 그 사람에게 위임하여 하늘의 생명을 보다 더 잘 양육할 수 있도록 해주어야 한다.

재물·권력·명예 등은 자신의 사명이나 역할에 최선을 다한 대가로 얻어야 하는 것이지 결코 권모술수로서 얻어서는 아니 된다. 권모술수로 얻는 것은 더 많은 생명이나 공동체를 건강하고 행복하고 안전하고 더 발전할 수 있게 만들 수 있는 기회를 빼앗는 것이므로 하늘에 죄를 짓는 행위이기 때문이다.

대개 사람들은 드라마나 영화 등을 보면서 권모술수를 통해 그런 삿된 것을 취하는 행위를 싫어하면서도 정작 자신은 그것을 따라 하는데 모두들 마음이 지성에 물들어서 그러는 것이다.

또한 우리가 사는 주위를 돌아보면 자신에게 주어진 재물·권력·명예 등을 자신이 창조라도 한 것인 양 함부로 낭비하거나 사치하는데 사용하면서 어려운 사람은 보고도 방치하는데 이런 사람은 하늘이 맡긴 관리자의 본분을 망각한 것이나 다름이 없다.

체體는 체력이나 힘을 뜻하지만, 측정이나 평가가 가능한 것으로 정의할 수 있다.

체는 체력을 뜻한다. 그러나 체가 상징하는 것은 키, 몸무게, 악력, 달리기, 뛰기, 들기 등과 같이 평가하거나 측정하거나 성적을 매길 수 있는 것을 통칭한다. 그래서 사람이 하는 일은 실적이나 성과 등을 측정할 수 있고, 학생이 하는 공부도 아는 지식을 측정하거나 평가하거나 성적을 매길 수 있으므로 체에 속한다. 또한 원리·이치·이론 등은 처음 정립한 사람은 지혜라고 할 수 있으나 그것을 배워 아는 사람은 지식을 아는 것이므로 체에 속한다.

지智가 상징하는 것은 창의·독창·예술·연구·개발·개척·진보·전진 등을 의미하고, 체體가 상징하는 것은 실천·관리·안정·모방·보수·정체·안주 등을 의미한다.

기업이나 국가 등 조직을 운영하려면 계속해서 새로운 사업을 만들거나 진화 또는 변화시켜 나가지 않으면 아니 되고, 또한 효율적으로 관리하거나 집행하지 않으면 아니 된다. 새로운 사업을 만들거나 진화 또는 변화시켜나가는 것을 지智라고 하면, 만들어낸 사업을 효율적으로 관리하고 집행하는 것은 지知라고 한다.

사람과 같이 기업도 하루아침에 성장하는 것이 아니라 조금씩 성장하는 것이므로 자생적 수준이 될 때까지는 부모나 부모 역할을 하는 존재의 도움을 받지 않으면 아니 되며, 이 시기는 관리나 지식이 필요한 상태이다. 그러나 충분히 성장하여 더 이상 보호받지 않고 스스로 독립할 수 있으면 지혜나 창의가 필요한 상태이다. 또한 독립하였다고 하더라도 성장과 내실을 반복적으로 다져갈 수밖에 없는데, 성장을 위한 것을 지혜가 필요한 상태라고 하면 내실을 다지는 것은 관리가 필요한 상태라고 할 수 있다.

육신(행동)만 체력이 있는 것이 아니라 마음(생각)도 체력이 있다. 마음이나 육신이 똑같이 천성을 닮으면 마음도 건강하고 육체도 건강하나, 마음이나 육신이 지성을 닮으면 마음도 병들고 육체도 병이 든다.

사람이 갓 태어나면 마음이나 육신이 천성을 닮아 맑고 밝고 열려 있으나, 나이가 들면서 온갖 빛을 보고 온갖 소리를 듣고 온갖 냄새를 맡고 온갖 음식을 먹고 온갖 접촉을 하게 되면, 마음과 육신에 탁하고 어두운 그림자가 끼어 닫힐 수밖에 없고, 그렇게 되면 차츰 마음과 육신이 끈기와 건강을 잃어갈 수밖에 없다.

처음 태어날 때의 마음이나 육신이 천성을 닮은 상태라고 하면 50세 이상 나이가 든 사람의 마음과 육신은 지성을 닮은 상태라고 할 수 있다. 마음과 육신이 탁하고 어둡고 더러워지고 막히고 닫히면 당연히 질병이 발생할 수밖에 없는데, 과학문명이 발전해도 질병이나 정신병자가 꾸준히 증가하는 것은 세상이 병들게 하는 구조로 되어 있기 때문이다.

인류는 체에 갇혀 성적이나 실적을 매겨 줄을 세우거나 도태시키는 것을 당연한 것으로 생각한다. 타고난 적성이나 능력 등에 따라 적재적소에 배치하지 않고 실적이나 성적을 매겨 줄을 세워 하위자를 도태시킨다.

도태되면 도태된 사람은 희망을 잃고 세상을 원망하거나 목숨이 붙어있는 한 먹고 살아가야하기 때문에 범죄세계에 빠져든다. 학교에서 가르치는 것과 사회에서 평가하는 것이 오로지 체(성적, 실적) 밖에 없기 때문에 그래서 왜곡된 삶을 살지 않는 사람이 없다.

인류의 사고가 여기서 벗어나지 못하고 계속해서 물질문명만 발전시킨다면 머지않아 신천지라도 개발하지 않으면 공멸할 수밖에 없다. 갈수록 지구가 좁다고 느껴지기 때문에 사기치고 빼앗고 전쟁을 통해 쟁취하거나 새로운 땅을 찾아 이주하지 않고는 수요를 감당할 수 없기 때문이다.

지금 세상은 화려하기 짝이 없어 건강한 것처럼 보이지만 겉모습만 그러할 뿐 배운 사람이나 배우지 못한 사람이나, 가진 사람이나 가지지 못한 사람이나, 권세가 있는 사람이나 권세가 없는 사람이나, 명예가 있는 사람이나 명예가 없는 사람이나, 모두 지성에 물들어있기 때문에 썩지 않은 곳이 없고 병들지 않은 곳이 없다.

그래서 지금 인류는 자정력을 잃고 깊은 늪에 빠져있다. 여기서 탈출하기 위해서는 지성이나 지식에 갇힌 삶을 청산하고 천성이나 지혜를 따르는 삶으로 대전환을 하지 않으면 아니 된다. 목적을 바로 세우고 살아가도 시간이 흐르면 망각하고 나태해질 수 있기 때문에 처음을 생각하는 지혜가 필요한데, 모든 사람이 근본이 되는 생명을 잊었기 때문에 모두들 사명을 잊고 지성을 위하여 태어난 인생처럼 살아간다.

그러므로 교육이 가르쳐야 할 것은 첫째가 천성·본성·인성이다. 이것을 가르치지 못하기 때문에 사람들이 인생의 의미도 모르고 살아가고, 그래서 정신없는 사람이 넘치고 있기 때문이다. 둘째가 지덕체이다. 지금은 그 가운데 체만 가르치기 때문에 균형 잡힌 사고를 가진 사람이 별로 없다. 많이 배운 사람이 더욱 쓰레기 같은 사람인 것을 많이 본다. 셋째는 가르친 것과 실천하는 것이 같도록 학교의 평가기

준과 사회의 평가기준을 일치시켜야 한다. 그것이 다르기 때문에 배운 대로 실천하지 않고 속 다르고 겉 다른 행동을 하는 사람만 양산되고 있기 때문이다.

지식은 이미 알려진 것을 배우는 것이므로 정보와 다름이 없어서 선생한테 배우지 않아도 얼마든지 혼자 공부할 수도 있다. 그러나 천성·지혜·덕 등은 누가 올바르게 가르쳐주지 않으면 아니 된다. 그런데 지금은 부모는 있으되 부모가 없고, 선생은 있으되 선생이 없고, 학교는 있으되 학교가 없는 것과 같다. 선생은 자기 책임에 맡겨진 학생이 하루라도 빨리 사람다운 사람으로 성장할 수 있도록 가르쳐야 하고, 학생은 하루라도 빨리 하늘의 사명을 다하는 사람으로 자립하는 방법을 배우도록 해야 한다.

▍공동체 경제제도의 방향

경제는 공동체를 구성하는 사람들이 함께 먹고사는 문제를 해결하기 위하여 존재한다. 그러나 오늘날 공동체는 함께 먹고사는 것이 아니라 능력 있는 자만 먹고 살고, 세계 공동체는 잘 살고 있는 힘 있는 나라가 더 잘 살기 위해서 오히려 자원이나 환율 전쟁 같은 것도 벌인다. 경제가 발전해도 고용률이나 실업률이 개선되지 않고 오히려 상대 임금수준마저 악화됨에 따라, 경제가 19세기 초 산업혁명 시절로 되돌아가는 느낌이다.

산업혁명 당시는 실업자나 근로자들이 산업기계를 파괴하는 「러다이트Luddite」운동[60]을 벌였는데, 최근에는 금융자본이 밀집된 "월가를 점령하라"는 OCCUPY운동 등과 같이 지대(불노소득)에 대한 저항 운동이 심하다.

과거의 실업은 산업혁명 및 지구환경 파괴를 동반한 성장을 통해 부분적으로 극복할 수 있었으나, 지금은 경쟁력과 생산성 향상을 위해 생산시설을 자동화시키거나 인건비가 낮은 지역으로 공장을 옮기는 등 제조원가를 낮추는 노력을 하지 않을 수 없기 때문에, 갈수록 실업자가 늘어날 수밖에 없고 지구는 이미 파괴될 대로 파괴되었는데 앞으로도 계속 파괴될 수밖에 없다.

일자리 문제는 국가 공동체 차원에서 체계적이고 종합적으로 관리해나가야 하는데, 공동체 의식의 부재에서 비롯되는 고용없는 성장Jobless Growth만 지속되고 있다.

한국은 1997년 말 대통령 출마자 세 사람이 각서까지 써주며 IMF로부터 구제금융을 받아 대대적인 구조조정이 이루어졌고, 그 과정에서 수많은 근로자들이 실업자로 전락하였다. 그럼에도 불구하고 국민들은 좌절하지 않고 '금 모으기 운동'에 동참하는 등 경제 활성화에 발 벗고 나섰고, 그 결과 국민소득은 그때보다 2배 이상 성장하였다.

그러나 공장 자동화나 해외 이전, 저임금 외국인 근로자 고용, 기술진보 등으로 인해 고용이나 근로소득자의 평균 임금수준 등은 그

---

60 영국에서 최초로 발생한 러다이트운동은 대표적인 고용 없는 성장이라고 할 수 있다. 당시 영국 노팅검은 섬유산업 도시였고 먹고살기 힘든 노동자 농민이 많이 살았는데 방직기기가 도입되면서 더욱 일자리가 줄어들고 임금이나 근로시간 등 근로조건도 더욱 나빠지면서 수공업에 종사하던 많은 노동자들이 실업자로 전락하는 현상이 발생하게 되자,「네드 러드(Ned Ludd)」라는 사람이 리더가 되어 「러다이트(Luddite Movement)」라는 비밀결사 운동단체를 만들어 밤마다 가면을 쓰고 기계들을 부수는 일을 벌였다. 이것은 反산업혁명이었고 反자본주의 운동이었으며, 수정자본주의와 공산주의를 태동시키는 원동력이 되었다.

때보다 나아지지 않고 공동체의 부는 대기업이나 가진 자에게 편중되었다.

그렇게 편중된 잉여재원은 경쟁국가에 비해 뒤떨어진 산업분야에 투자되어 일자리를 늘려 가면 그나마 바람직한데, 오히려 커피·빵·식당·슈퍼마켓 등에 투자되어 서민들이 가진 일자리마저 잠식하고 있다.

중소기업이 기술을 개발하여 생산비를 절감하면 대기업은 구매단가를 깎거나 그 기업을 흡수하고, 구매비용도 어음으로 결제하는 등 중소기업이 독립할 수 있는 여건을 막아 대기업과 중소기업의 임금 등 복지수준의 차이가 갈수록 커지고, 격차가 큰 만큼 중소기업에 취업하려는 사람이 없어 청년실업은 증가하고 중소기업은 사람을 구하지 못해 애를 먹고 있다.

경기가 좋지 않으면 국가는 의례적으로 고용을 유지하거나 창출하기 위하여 규제를 완화하고 경기 활성화(금융지원·세금감면·재정투자 등)에 진력할 수밖에 없는데, 활성화시킨 결과는 모든 공동체에 골고루 분배되지 못하고 매번 가진 기업이나 가진 자에게 다시 돌아간다.

이와 같이 기업이 오직 수익 창출에 힘을 쏟다보니 자신도 모르는 가운데 상위 공동체를 파괴하는 일이 벌어진다. 기업이 성장하면 성장할수록 지역 내 경쟁에서 국가 내 경쟁, 국가 내 경쟁에서 세계 경쟁으로 그 범위가 커질 수밖에 없고, 그럴수록 기업은 투자를 늘리거나 살아남기 위하여 근로자에게 고통 분담을 요구한다.

그런 기업이 불황이 오면 고용하던 근로자를 하루아침에 해고하여 오갈 데 없는 신세로 만들어버린다. 기업이 생산성·효율성·글로벌

화·고용의 유연성 등을 이유로 자동화나 용역, 임시계약직을 추진하면 할수록 안정된 일자리가 줄어들고, 고용이나 수입이 감소하여 거리에는 실업자 및 취약계층이 넘쳐날 수밖에 없고, 그리되면 범죄와 질병이 늘어나 빈익빈 부익부 현상은 날로 커질 수밖에 없다. 그러나 기업은 실업이나 빈익빈 부익부 문제 등은 관심이 없고 그것을 정부의 책임으로 돌리거나 자신과 무관한 것으로 생각한다.

미래 상황을 보면 더욱 충격적이다. 평균수명이 증가함에 따라 의료비나 각종 복지비는 기하급수적으로 증가할 수밖에 없다. 10년 후의 의료비가 지금의 3배가 되고, 국민연금 등도 몇 십 년 안에 고갈이 된다고 한다.

건강보험료나 연금보험료 등 복지비용을 감당할 어린 세대의 출생률은 저하되고, 청년층 실업률은 높고, 고용률은 낮고, 정년은 고정되어 있다. IMF 이전보다 GNP는 2배 이상 증가하였지만 국민들의 평균 소득수준은 오히려 저하되고, 가계부채는 세계 2~3위를 달리고 있으며, 간접세[61](유류, 주류, 복권, 보험, 물가, 전화료, 자동차, 담배 등) 형태의 지출이 많아 서민들이 부를 형성하는 길이 막혀 미래가 보이지 않는다. 또 다시 경제파탄 사태가 오면 그때 가서 대비책을 강구하려는 것인지 미래에 대비하는 모습을 찾아볼 수 없다.

공동체가 영원하기 위해서 무엇을 하고 무엇을 해서는 아니 되며, 무엇을 빨리하고 무엇을 서서히 해야 하는지 우선순위가 있는데, 모

---

61 간접세는 조세에 대한 저항이 적고 징세가 편리하며 조세수입 확보가 용이하다는 장점이 있다. 반면 개개인의 사정을 고려하여 반영할 수 없으므로 누진세율(累進稅率)을 채택하지 못하고 비례세율이 적용됨에 따라 소득이 적은 자에게 상대적으로 높은 조세가 부가됨으로 역진성(逆進性)을 띠게 되어 공평부담의 원칙에 어긋나는 단점이 있다. 개발도상국은 대체로 간접세 중심의 조세구조를 가지고 있다(출처, 두산백과).

두들 몇 십 년 살다가 한꺼번에 공멸하자고 약속이나 한 것처럼 두서 없이 살아간다.

공동체가 건강하게 훌륭하게 작동되고 영원하려면 공동체 구성원이 자신의 사명과 역할을 다해야 한다. 그러기 위해서는 구성원 하나하나가 자신의 존재 이유를 알고 자신의 사명이나 역할에 충실할 때 제자리를 찾을 수 있다. 국가는 국가다워야 하고 기업은 기업다워야 하고 가정은 가정다워야 하고 사람은 사람다워야 공동체의 생명력이 살아난다.

그러나 현실은 국가는 국가가 왜 존재하는지 모르고, 기업은 기업이 왜 존재하는지 모르고, 국민은 자신이 왜 존재하는지 모른다. 국가마다 기업마다 가정마다 사람마다 본성을 잃었기 때문에 공동체가 뒤틀려 있다.

상부상조하는 모습이 아니라 아귀다툼을 벌이는 모습이고, 장애를 가진 반신불수의 모습이다. 함께 살아가는 공동체가 아니라 돈 있고 권력 있고 명예가 있는 사람이나 그러한 조직 또는 국가만 살아가는 공동체 같고, 소통이 단절되고 감정이 메마르고 책임만 추구하거나 전가하는 공동체인 것 같다.

기업은 자본가가 자본을 투입하고 근로자가 노동을 투입하고 경영자가 지덕체를 투입하여 운영하는 공동체이다.

자본주의는 인간의 탐욕에 의지하여 창의성(지혜)을 발휘하고 부를 창출하여 많은 인류를 가난에서 벗어나게 한 측면도 없지 않으나, 전체 인류를 위해서 그렇게 한 것이 아니라 10~20%도 안 되는 인류를 위하여 하늘과 땅의 것을 도둑질하고 파괴하였다. 땅을 파괴하고 도둑질하여 얻은 혜택이 모든 인류에게 골고루 돌아간 것이 아니라 일

부에게 편중되었다. 지성을 쫓아 오랑캐 짓을 하였기 때문에 지구환
경이 파괴되고 천재지변이 가속화되고 빨리 치유하지 않으면 아니 되
는 중병 상태에 놓여있다.

　어떤 존재도 병이 들면 치료하기 위하여 스스로 가진 방법을 다 강
구하는 것과 같이, 하늘과 땅도 파괴되고 오염된 몸을 치료하려면 새
하늘과 새 땅으로 변화를 하는 정화작용을 하지 않을 수 없다. 하늘과
땅과 사람이 조화하고 공존하는 공동체를 만들지 못하면 최근에 일어
나는 천재지변은 조족지혈에 불과할 수밖에 없다. 인류가 그것을 면
하기 위해서는 모든 인류가 천성을 회복하고 함께 지혜를 모으는 방
법 밖에 없다.

　하늘은 하늘에 사는 모든 존재의 공동의 것이고, 땅은 땅에 사는 모
든 존재의 공동의 것이고, 대한민국은 대한민국에 사는 사람의 공동
의 것이고, 기업은 기업에 몸담은 사람의 공동의 것이다.

　공동체를 내림차순으로 정리하면 첫째가 하늘이고, 둘째가 땅이
고, 셋째가 대한민국(국가)이고, 넷째가 지자체이고, 다섯째가 기업·
종교·학교 등 단체이고, 여섯째가 가정이고, 일곱째가 개인이다. 오
름차순으로 정리하면 기업은 1차적으로 기업에 속하는 사람 공동의
것이고, 2차적으로 지역공동체, 3차적으로 대한민국(국가)공동체, 4차
적으로 지구 공동체, 5차적으로 하늘 공동체에 속하는 사람 공동의 것
이다.

　위와 같은 계층 공동체에서는 큰 공동체는 작은 공동체보다 지덕체
가 크기 때문에 작은 공동체의 머리 역할을 한다. 기업보다는 지자체,
지자체보다는 대한민국이 기업의 머리가 된다. 기업은 홀로 존재하는

것이 아니라 국가 공동체가 있어 존재하고 국가 공동체를 위하여 존재한다. 기업보다 큰 공동체가 존재의 바탕이고 뿌리이고 근원이고 목적이고 머리가 된다.

기업이 하는 일은 본래 국가가 해야 할 일이다. 국가는 국민을 양육하기 위하여 존재하므로 물자를 생산하고 소득을 창출하여 국민을 건강하고 행복하게 양육해야 할 책임과 의무가 있다. 그러나 그렇게 할 경우 정부가 비대해지고 전문성이 약화되고 비효율이 초래하고 개인의 창의력이 말살되고 자기실현 욕구 등을 막는 부작용 등이 크기 때문에, 국가는 먹고 살 수 있는 역량이 있는 사람이나 기업에 대해서는 스스로 사업을 하여 먹고 살 수 있도록 허용하고, 국가는 공정한 질서가 유지되도록 하거나 경쟁력이 약하거나 취약한 부분을 지원하거나 민간부분이 못하는 일을 개척하는 일을 해야 한다.

물자를 생산하고 소득을 창출하는 일이 본래는 정부의 일이기 때문에 기업이 하는 일은 정부의 일을 대행하는 것이나 다름이 없다. 기업을 운영하는 것도 국가를 운영하는 일의 한 부분이며, 따라서 기업은 국가의 이념이나 목표에 맞춰 합리적인 이윤추구를 하여야 하고, 국가를 대리하여 일자리를 창출하거나 소득의 일정부분을 세금으로 납부하여 국가가 잘 운용되도록 일을 분담하고 협력해야 한다.

또한 기업에 종사하는 사람은 국가가 급여를 주지 않고 자체적으로 해결하는 것이지만[62] 국가를 대리하여 수익을 창출하는 일을 담당하고 있으므로 공직자와 다름이 없다고 생각해야 한다.

---

62 장단점은 있겠지만 공동체가 올바로 작동된다면 대기업과 중소기업의 임금격차를 줄이기 위해 국가가 기업이 지급하는 근로자 급여의 일정부분을 징구하여 어느 정도 균등하게 배분할 수도 있다.

기업 공동체는 자본과 노동과 경영으로 구성된다. 자본가는 자본을 투입하고 근로자는 노동을 투입하고 경영자는 지덕체를 투입하여 운영하는 공동체이다. 공동체는 생명이므로 기업 공동체도 생각하는 기능과 행동하는 기능이 있다. 대표자나 간부 등은 생각하는 기능을 하고 직접 재화나 용역을 생산하는 근로자는 행동하는 기능을 한다.

머리 역할을 하는 경영자가 지덕체를 갖추고 뛰어난 리더 역할을 할 때 기업이 지속적으로 성장·발육·발전할 수 있고, 그렇지 못하면 단기적 성과는 있을지 모르나 장기적으로 경쟁력을 잃거나 정체되거나 후퇴하여 기업 공동체의 생명이 위험해질 수 있다.

그래서 기업 공동체는 생각하는 기능을 하는 최고 경영자의 지덕체가 뛰어나면 수익과 공익과 사원복지 등을 두루 고려하므로 기업과 사회가 모두 공존할 수 있고, 최고책임자의 지덕체가 작거나 한쪽으로 쏠린 경우 수단방법을 가리지 않고 수익창출에만 힘을 쏟기 때문에 기업은 살릴 수 있을지 모르나 존재의 바탕이 되는 사회는 위험에 빠뜨릴 수 있다.

자본주의는 자본을 투자한 사람이 주인이고 그 사람을 위해 일하는 사람은 종이다. 그래서 노동조합은 근로자들이 사업주와 힘의 균형을 맞추기 위하여 존재한다. 근로자에게 단체결성권을 인정하여 가진 자와 갖지 못한 자가 힘이 대등한 상태에서 계약을 맺도록 한다. 가진 자와 가지지 못한 자가 근로계약을 맺으면 힘의 불균형으로 손해를 볼 수 있고 인간의 존엄성을 보장받을 수 없기 때문이다. 그러나 가진 자는 주인이라는 이유로 조금이라도 덜 주려고 애를 쓰고 근로자는 주인이 아니라는 이유로 조금이라도 더 받으려고 애를 쓴다. 그러다보니 노사분규가 일어난다.

공동체는 본래 공동체를 구성하는 사람이 모두 주인이다. 기업 공동체의 경우 사용자도 주인이고 투자자도 주인이고 근로자도 주인이므로, 모두 아끼고 가꾸고 보살피고 보호하여 어떻게든 그 기업이 잘되도록 노력해야 한다.

새로운 구성원을 받아들일 때는 그 공동체와 조화를 이룰 수 있는 적성이 맞는 사람을 선발하고, 방출시킬 때는 그 공동체에 피해만 주기 때문에 더 이상 공동체와 조화를 이룰 수 없는 사람일 수밖에 없다.

수입과 지출은 공동체에 속하는 사람 공동의 것이므로 합리적으로 배분하지 않으면 아니 된다.[63] 그러기 위해서는 (기업)공동체위원회 같은 기구를 만들어 공동체의 제반 문제를 협의 결정하는 제도를 운용하는 것이 바람직하다.

자본주의에서 기업은 경영자에게 회계감사를 선정할 수 있는 권한이 있는데 그러다보니 경영과 감사가 유착되는 경우가 많다. 그러나 공동체는 모두가 주인으로서 경영자는 생각하고 근로자는 행동하는 기능을 맡고 있으므로, 회계감사는 행동하는 기능을 대표하는 기구에서 맡되, 회계의 부실 여부만 감사하는 것이 아니라 경영의 도덕성까지 담당하도록 하는 것이 필요하다.

행동하는 기능을 담당하는 기구란 자본주의에서 노동조합과 같은 기구이다. 그 기구가 회계감사에 대한 전문성을 갖추지 못했다면 전

---

63 공동체는 모두가 주인이므로 수익금을 배분할 때 모두 납득할 수 있는 보편타당성 있는 기준을 정하여 배분해야 한다. 가령, 기업이 벌어들인 이윤이 100이라고 할 때 자본 1, 근로자 2, 유보 3, 납세 및 사회적 지출 4 정도로 배분할 수 있다. 납세 및 사회적 지출은 큰 공동체에 대한 배려이고, 유보는 세상의 진화나 진보에 맞춰 끊임없이 변화에 투자하거나 불황에 대비하는 재원이고, 자본과 근로자는 인간다운 생활을 유지할 수 있을 만큼 배분하는 것이다.

문성을 갖춘 외부 기관에 위탁을 하는 방법으로 관리를 할 수도 있다. 그렇게 될 때 기업의 재산이 함부로 유출되거나 낭비되는 것을 방지할 수 있고, 배분이 늦어지더라도 재산이 불법적으로 사용되는 것을 방지할 수 있어, 노사분규와 같은 것도 명분을 잃을 수밖에 없다.

땅은 색채와 형태가 있는 것이나 하늘이 정해준 궤도를 따라 끊임없이 움직임으로써 생명력을 얻는 것이므로 천성을 따르고 있다.

기업도 마찬가지이다. 기업은 색채와 형태가 있어 지성을 닮은 존재이나 천성과 천성의 가치를 따라 끊임없이 변화하고 진화하면 경쟁력이 있고, 그것을 잊거나 변화가 늦어 정체 상태로 있으면 경쟁력에 밀려 문을 닫을 수밖에 없다. 그러므로 변화와 진화는 천성을 따르는 길이고, 닫힌 세계에서 열린 세계로 나가는 문이고, 문제를 해결하는 방법이고, 생명력을 얻거나 유지하는 방법이다.

닫힌 땅은 각고의 노력 끝에 조금씩 열리는 것과 같이 기업도 연구·개발·개척·개혁·혁신 등의 노력을 통해서 지성의 세계에서 천성의 세계로 나아갈 수 있다. 나태하거나 게으르면 원하는 것을 얻을 수 없을 뿐만 아니라 불협화음만 가득하고, 종래에는 생명을 잃을 수밖에 없다. 천성에 맞게 진화하고 변화할 때만 원하는 것을 얻을 수 있고, 자유와 행복과 건강과 천수를 누릴 수 있다.

기업이나 기업이 제공하는 재화나 서비스는 명품을 유지해야 한다.

명품하면 이름 있는 것으로 알기 쉬우나 천성을 닮은 제품을 말한다. 천성을 닮으면 기업도 기업다운 기업이 되고 제품도 제품다운 제품이 되는 것이나, 지성을 닮으면 허울 좋은 기업이고 겉모습만 그럴듯한 제품일 뿐이다.

가령, '서울기업'이라는 기업이 천성을 닮으면 언제나 '서울기업'이고 천성을 잃으면 '서울기업'이라는 간판을 걸고 도둑질하는 기업이다. 또한 '서울기업'이 전화기를 만든다고 할 경우 천성을 닮으면 전화기다운 전화기를 만들고 지성을 닮으면 겉모습만 전화기다운 제품을 만든다.

누구나 만들 수 있고 품질이 낮은 전화기는 경쟁에서 이길 수 없고 자원과 노력과 시간만 낭비한다. 지성을 닮은 제품은 지식으로 만들지만 천성을 닮은 제품은 지혜로써 만들고 예술로써 만든다. 자신만 만들 수 있고 우리 기업만 만들 수 있는 제품이 명품이다.

물건만 그런 것이 아니라 사람도 천성을 닮은 사람은 개성이 강하고 독특한 인생을 산다. 무슨 일에 종사하더라도 평범한 것을 싫어하기 때문에 돈으로 따질 수 없는 대작을 낳는다.

기업 공동체는 국가 공동체에 속하고 크게는 하늘 공동체에 속한다. 기업은 국가나 하늘의 일을 대행하는 역할을 함으로 국가와 하늘을 위하는 일을 하지 않으면 도적이나 다름이 없다. 최근 자본주의도 기업의 사회적 공헌활동을 강조하는데 공동체는 함께 살아가는 사회를 말하므로 더 말할 것이 없다.

지금 청년층과 고령자 등의 일자리가 큰 문제인데 공동체 차원에서 보면 그동안 기업이 수익을 쫓아 자신이 존재하는 바탕이 되는 사회를 생각하지 않는 것이 큰 원인이라고 할 수 있다. 사회가 함께 먹고 살기 힘들 정도로 각박해지면 언젠가는 폭발할 수밖에 없는데 그때는 어떤 기업도 온전할 수 없다.

협치協治를 뜻하는 거버넌스도 공동체가 바르게 작동되지 않으면

소기의 목적을 이룰 수 없다. 기업의 존재바탕이 되는 국가 공동체를 소홀히 생각하는 것은 기업이 국가의 주인이 아니라는 것과 같다.

기업이 진정한 국가 공동체의 일원이고 주인이라면 공동체에 속하는 사람이 모두 잘되도록 힘써야 하고, 특히 독립할 수 있을 만큼 성장한 기업은 국가 공동체의 처한 문제를 개선하는 데 적극 협력하지 않으면 아니 된다.

세계에는 경제에 관한 이론들이 많이 있지만 인류에게 닥친 수많은 난제를 해결하기 위해서는 우리 사회가 공동체다운 공동체로 변화시킬 수 있는 것이 아니면 안 된다. 그러기 위해서는 다음과 같은 사항들을 충족해야 한다.

첫째, 공동체의 이념은 그것이 경제라 할지라도 결코 천성眞. 性의 이치를 벗어나서는 안 된다. 천성을 벗어나면 사상누각을 짓는 것과 다름이 없다.

둘째, 큰 공동체가 목적이면 작은 공동체는 수단이 되어야 한다. 나보다 가정, 가정보다 지역(기업 종교 학교 등 단체), 지역보다 국가가 목적이고 그 반대가 수단일 때 큰 생명과 작은 생명이 조화를 이룰 수 있기 때문이다.

셋째, 자본주의는 자본가가 주인이고 근로자는 종이 되나 공동체는 모두가 주인이다. 기업도 국가 공동체의 일원이므로 주인다운 주인으로 거듭나야 하고, 사회의 어두운 그림자를 해소하는데 솔선수범해야 한다.

넷째, 한국은 직업의 귀천을 가리고, 자녀들에게 독립심보다 의타심을 심어주고, 부탁·청탁을 통해 성공하려는 사람이 많다. 그것은 자신의 사명을 모르고 신뢰하지 못하기 때문에 그러는 것인데 어느 공동체가 되었던 적성·능력·기능에 따라 역할이 배분되도록 해야 한다.

다섯째, 자본주의를 채택한 나라들은 소비를 미덕으로 삼는데, 모든 경제 또는 재정의 주체는 아끼고 가꾸고 보호하고 절약하고 검소한 것 등을 미덕으로 삼아야 한다. 그것이 자원의 낭비를 줄이고, 지구환경을 보존하고, 참 주인으로 사는 길이고, 모든 자원을 생명을 위해 쓸 수 있기 때문이다.

여섯째, 기업이 사람을 뽑을 때는 기업 공동체와 운명을 같이 하자는 뜻이므로 반드시 기업의 비전을 제시하고 그 비전을 공유하는 사람을 선발해야 한다.

일곱째, 경제가 불황에 빠졌을 때 기업가만 노력하는 것이 아니라 정부를 비롯하여 모든 국민이 고통과 인내를 감내하고 합심하여 대처하는 것이므로 성장의 과실이 한쪽으로 치우쳐서는 아니 된다. 그러므로 배분할 때는 큰 공동체(국가)와 기업 공동체 구성원(자본·노동·경영)이 함께 공존할 수 있는 큰 틀의 기준을 만들어야 한다.

여덟째, 기업의 감사는 경영부문에서 선택하는 것이 아니라 노동(자본과 경영이 분리된 경우에는 자본도 함께 참여) 부문에서 담당하는 것이 바람직하다. 경영자가 선택할 경우 신뢰가 반감되기 때문이다.

아홉째, 모든 것이 그렇지만 큰 구상은 사적(지성)인 것도 공적(천성)인 것으로 전환된다. 경제를 하는 사람은 큰 꿈을 가져야 하고, 그 꿈(목적)을 실현하려면 수단(절차)을 잘 세워야 한다.

열번째, 사람은 누구도 지구를 벗어나 존재할 수 없으므로 지구환경을 존중하지 않으면 아니 된다. 자원을 활용하되 반드시 복원하는 생각을 염두에 두고 추진해야 하다.

마지막으로 모든 일은 장단점이 있다. 사업을 추진하되 단점을 어떻게 보완할 것인지 계획해야 한다. 가령, 대형슈퍼마켓이 들어서면 중소상인이 먹고살기 힘들 수밖에 없다. 동 사업을 추진하기 전에 이에 대한 대책을 함께 내놓을 때 모든 공동체가 함께 살아갈 수 있다.

| 공동체 미래종교의 방향

신을 믿는 종교는 신神을 믿고 따르고 숭배하는 것을 종교 행위라고 한다. 그래서 이치적으로 잘 설명이 되지 않는 것에 대해서는 사람이 어떻게 신의 뜻을 알 수 있느냐며 무조건 믿을 것을 강요한다.

성인들이 세상에 온 이유는 인간들의 무지無知를 밝혀 진리에 맞게 살도록 가르치기 위함이다. 그런데 지금 종교는 진리를 몰라 방황하는 사람들에게 이치를 통해 무지를 밝히려 힘쓰지 않고 오히려 신도들이 떨어져나갈 것이 두려운 것인지 맹목적으로 믿으라고 가르쳐 무지를 덮으려고 애를 쓴다.

신에 대한 믿음이 맹신에 가깝기 때문에 정신 줄 놓고 사는 사람이 하나둘이 아니다. 다니던 직장을 그만 두고 종교에 몰두하거나, 가진 재산을 모두 헌납하고 가정까지 버리고 종교에 빠진 사람도 있다.

'하루가 멀다' 하고 사이비를 가장한 종교가 세상을 기만하고, 신을 믿고 그것을 몸에 받아들이기 때문에 혼신에 빙의된 사람들이 늘어만 가는데 가족들만 쉬쉬하며 남모를 고통을 감내하고 있다.

종교는 생명을 알게 하고, 생명을 위하여 살도록 하고, 생명에 대하여 고마워하는 방법 등을 가르침으로써 생명을 구원하기 위하여 나온 것이다.

그런데 생명을 이해하지 못하기 때문에 생명에 대한 감사의 마음에서 나온 제사조차 미신으로 심판하여 갈등을 겪고 있는 집안이 하나둘이 아니고, 자비·사랑·인 등의 실천을 가르치는 목자가 고소·고발·진정·소송·횡령·사기 해고·성폭행·살상 등에 연루된 사례가 비일비재하고, 그것을 처리하는 과정에서 법대로 처리를 고수하며 합의조차 거부하는 경우도 많으며, 부동산 등 종교나 종교인의 소유물에 경계를 만들어 시민이 이용할 수 없는 곳도 허다하다.

종교가 우후죽순처럼 널려있지만 사건사고는 매년 증가하고, 종교국가도 아니고 뛰어난 스승도 아닌데 성직자는 수입이 있어도 세금 한 푼 내는 법이 없으며, 취약계층이 많아도 부가 종교에 집중되어 웅장하고 화려한 종교 건축물만 날로 증가한다.

사람은 하늘·땅·국가·단체·가정·이웃·스승·친구 등이 있어 서로 도움을 주고받으며 살아간다. 그러나 세상은 도움을 주는 대상에 대한 고마움을 모르고 서로 속고 속이고 뺏고 훔치고 폭리를 취하고 폭행하고 살상하고 투기하는 방법 등으로 서로 고통을 주며 살아간다. 물에 빠져 죽을 사람을 건져주어도 고마움을 모른다.

성직자는 인간 사회의 법관에 비유된다. 진리를 벗어나 삿된 행동을 하는 사람들을 심판하여 올바른 길로 인도하는 자가 성직자다. 그러나 지금은 성직자가 진리를 모르기 때문에 오히려 신도들을 현혹하여 세상을 어지럽히거나 지성에 해당하는 것을 가르치거나, 재물 등을 탐하기 위하여 세상에 폐를 끼치는 경우가 부지기수다.

천성은 색채와 형태가 없기 때문에 하나이나 지성은 색채와 형태가 있기 때문에 둘 이상이다. 색채와 형태를 지으면 나누고 쪼개고 분열되는 것이므로 그것이 무엇이든 그것이 목적이면 공상·망상·우상을 따르는 것이 된다.

신을 믿는 사람은 신이 절대자처럼 생각이 되겠지만 지성을 닮은 존재의 하나일 뿐이므로 신에 매달리면 공상·망상·우상을 쫓는 것이 된다.

신은 하늘의 사명을 받아 인류를 무지에서 구원하기 위하여 이 세상에 왔기 때문에 인류가 신이 가르쳐준 가르침을 통해 무지에서 벗어나 진리에 맞게 살아가는 방법을 찾아야 하는 것이지, 맹목적으로 믿고 따르면 자신의 인생을 사는 것이 아니라 신의 인생을 사는 것이 되어 인생을 망치게 된다.

종교는 세상을 견인하는 머리(마루) **역할을 해야 한다.**

사람이 죽는다는 것은 마음과 영 그리고 육신과 혼이 분리되는 현상을 뜻한다. 육신이 수명(사명)을 다하여 더 이상 끌고 다닐 수가 없게 되면 분리가 일어나는데, 그렇게 되면 육신은 지성에 속하므로 땅으로 돌아가고, 마음은 천성에 속하므로 하늘에 편입되고, 자신을 깨닫지 못한 영은 윤회하거나 영체에 편입된다.

이 세상에 와서 특별히 죄 지은 것 없이 살았던 혼은 사자가 찾아와 데려가나, 죄 많은 사람의 혼은 데려가는 존재가 없으므로 홀로 저승 가는 것이 두려워 갈 곳을 못 찾고 이승을 떠도는 신세가 되는데, 이러한 혼을 고혼孤魂이라고 하며, 이 존재가 심약한 사람들을 괴롭히는 마귀나 사탄의 존재이다.

그래서 죽은 사람의 혼을 일컬어 성신·혼신·귀신·신·혼·혼령 등으로 부르는 것이므로 신은 절대가 아니다. 신은 인류를 구원하기 위하여 애쓰셨던 사람들이고 선구자였으므로 우리가 공경하고 진리에 맞는 언행을 새겨듣고 본받도록 노력하는 것은 옳은 것이나, 절대자나 유일신 또는 창조자로 미화하여 매달리는 것은 잘못된 믿음이고 잘못된 가르침이다.

종교宗敎는 종宗을 가르치기 때문에 종교라고 한다. 종宗은 세상 모든 것의 마루 역할을 하는 것을 말하고, 세상에서 마루는 생명뿐이다. 세상 모든 것이 생명을 위해서 존재하므로 제반 사회가 생명을 위하여 수단으로 사용되면 그것이 마루 역할을 하는 것이다.

생명도 참 생명과 거짓 생명이 있는데 참 생명은 천성 또는 천성을 닮은 생명이고 거짓 생명은 지성 또는 지성을 닮은 생명이다. 천성 또는 천성을 닮은 생명은 주主가 되고 근본이 되고「참 나」가 되고, 지성 또는 지성을 닮은 생명은 주가 되고 근본이 되고 본체가 되고「참 나」가 되는 생명을 드러내는 생명이다. 그래서 참 생명이 생명의 생명, 생명다운 생명, 불변하는 생명인 것이며, 우리가 생명이라고 말할 때는 이 생명을 지칭하는 말이다.

그러므로 사람은 참 생명을 떠나서 살 수 없고, 이 생명을 모르면 자신을 잊은 것이며, 정신 빠진 사람이나 마찬가지이다. 종교가 가르치는 것은 이 생명을 말하고자 함이며, 성인들이 전하려고 했던 것도 이 생명이다. 정치·경제·과학·문화·예술 등 제반 사회가 이 참 생명을 위해서 돌아가도록 가르치는 것이 종교이고, 그래서 세상의 마루 역할을 하는 것이다.

사람의 마음은 천성과 같고 그 마음에 사는 영이 참 생명이고, 사람의 육신은 지성과 같고 그 육신에 사는 혼이 거짓 생명이다.

천성을 닮은 참 생명은 영원하나 지성을 닮은 거짓 생명은 수명이 존재하는데 육신의 수명은 보통 80~90세이고 혼의 수명은 보통 120~150세가 된다. 그러나 사람에 따라 육신이나 혼의 수명이 각기 다른 것은 천성을 닮은 정도에 따라 얼마든지 그 이상도 그 이하도 살 수 있기 때문이다.

사람이 죽으면 마음은 하늘로 돌아가고 영은 이 세상에서 사는 동안 자신을 깨닫지 못하면 잠시 저 세상에 머물다가 다시 윤회를 한다.

그래서 사람은 영원히 멸하지 않는 영을 위해서 살아야 하고, 언젠가는 멸하는 의복에 비유할 수 있는 육신이나 혼을 위해서 인생을 사는 것은 인생을 잘못 사는 것이다. 생명의 뿌리·근원·바탕이 되는 생명이 영이고 그 영이 진眞인데, 잠시라도 이 생명을 잊으면 사邪를 위해서 인생을 사는 것이 된다.

천성이나 참을 위해서 하는 일은 참되고 복되고 죄악이 없으나, 지성이나 거짓(가식, 꾸밈, 우상, 허상, 망상 등)을 위해서 하는 일은 거짓되고 화를 불러들이고 죄악이 따른다.

마음과 영은 하늘에 속하므로 자신이 하늘이라는 사실을 아는 사람은 하는 일마다 천성을 따르는 일을 함으로 하늘의 주인이고, 육체와 혼은 땅에 속하므로 자신을 모르는 사람은 하는 일마다 지성을 따르는 일을 함으로 하늘의 도적이다. 똑같이 내 주장·내 의견·내 것·내 땅 등을 말하더라도 천성을 체득한 사람은 참 주인으로서 하고 지성을 체득한 사람은 거짓된 주인으로서 한다.

그래서 육신을 자신의 전부로 아는 사람은 이 세상에서의 자유를 꿈꾸고, 혼을 자신의 전부로 아는 사람은 저 세상에서 자유를 꿈꾸지만, 하늘과 영을 아는 사람은 이 세상과 저 세상을 초월한 영원한 자유를 꿈꾼다.

우리가 사는 세상은 신을 믿고 따르는 종교가 대부분인데, 신을 믿으면 주신主神은 오지 않고 떠돌이 혼신이 와서 주신 행세를 한다. 그것이 사람의 몸에 들어오면 접신이 되었다고 하거나 신이 내렸다고 하거나 신이 들렸다고 하는데, 그렇게 빙의가 되면 무당이 되거나 새로운 종교 또는 새로운 종파를 만들거나 정신병자가 된다. 무당이 받은 혼신은 그래도 어느 정도 지각 있는 자로 살았던 존재이나 정신병자가 받은 혼신은 이 세상을 살 때도 정신없이 살았던 존재이다.

그래서 신을 믿도록 가르치면 혼신들마다 색채와 형태가 다르기 때문에 색채와 형태를 짓는 수만큼 종교나 종파 또는 정신병자가 발생할 수밖에 없고, 그렇게 되면 가정의 안정이나 사회의 평화를 깨트리는 사건사고를 일으켜 사회의 혼란을 조장하거나 건강한 사람을 아프게 만들어 그것이 시키는 대로 하지 않으면 고통을 받게 만든다.

그러므로 지금은 신을 가까이 하기보다 오히려 멀리할 때이다. 처음 종교를 폈던 종조가 한 말씀을 통하여 생명의 이치를 깨우치는 데서 그쳐야 하며, 신을 믿고 그것을 몸으로 받으면 자신과 가정과 사회를 망치게 된다.

특히, 종교인들이 생각하는 유일신 또는 주신은 신의 차원을 뛰어넘은 깨달은 영으로 존재하기 때문에 깨닫지 못한 신과 비교하는 것 자체가 인간의 생각이다. 유일신을 찾겠다고 기도하면 깨달은 영은 오지 않고 떠돌이 혼신이 유일신을 자처한다. 기도원 등에서 기도를 하면 이런 것들이 오는 것이다.

하늘이 만물을 기르되 대가 없이 기르는 이치가 자비이고 사랑이고 인의이다. 인간관계에 비유하면 부모가 자식을 기르는 이치가 이와 같은데, 하늘은 절대이므로 자비·사랑·인의도 절대이고, 땅은 상대이므로 자비·사랑·인의도 상대이다.

공동체가 잘되려면 공동체를 구성하는 구성원이 주인이므로 서로서로 자비·사랑·인의를 실천해야 평화와 안녕과 행복을 보장받을 수 있다. 무엇을 믿고 믿지 않는 것에 따라 구원을 받고 받지 않는 것이 아니라, 본성을 모르고 진眞을 몰라 천방지축으로 살기 때문에 죄를 짓고 구원을 받지 못하는 것이다.

하나 밖에 없는 하늘 세계를 관념의 세계로 만들어 나누고 쪼개고 분열시켜 또 다른 세계를 만들면서 구원받기를 바라는 것은 잘못된 신앙이다.

종교는 거짓된 것을 설교하는 곳이 되어서는 아니 되며, 그동안 잘못 가르친 것 때문에 발생한 사회 병리현상을 치유하는 일에 앞장서지 않으면 아니 된다. 지금 한국은 출생률은 낮고 고령자는 증가하고 개인의 가계부채는 세계에서 몇 손가락 안에 든다고 한다. 특히 쉰 세대들은 자녀 양육하는 데 올인하였으나 자녀들도 생계가 어렵고 도덕이 땅에 떨어져 공양하는 자가 많지 않다. 앞으로 국가나 지자체가 급증하는 복지비를 감당하지 못하면 많은 사람들이 길거리에 나앉지 않을 수 없고, 그렇게 되면 고령자의 범죄가 기승을 부릴 뿐만 아니라, 생명이 붙어있는 한 먹고살아야 하기 때문에 아무리 처벌을 강화하더라도 혼란스러움만 가중될 수밖에 없다.

공동체가 화평하려면 한정된 재원을 효율적으로 사용하지 않으면 아니 되고, 또 종교가 세상을 구원하기 위하여 나온 것이라면 영국의

BBBC_{Bromley by Bow Center}[64]처럼 고령자나 장애인 등 취약계층을 체계적으로 도울 수 있는 사회적기업 운영기관으로 변신하는 것이 오히려 바람직하다고 생각된다.

천성은 연결하고 소통하는 것을 상징하므로 종교가 막히고 단절된 사회를 연결하고 소통시키는 역할로서 자비와 사랑과 인의를 솔선수범하면 그것이 구원의 문화와 풍습을 조장하는 역할을 하는 것이라고 생각되기 때문이다.

하늘이 땅을 창조한 것은 사람을 기르기 위한 것이라 해도 과언이 아니다. 그래서 지금까지 인류는 금생에서 자신을 깨닫지 못하면 다시 육신을 받아 태어나는 윤회도 하였다.

성인들처럼 하늘이 사람을 기르는 이치를 농부가 곡식을 기르는 것에 비유할 수 있는데, 농부가 가을이 되어 곡식이 익으면 추수하여 알곡은 거두어들이고 쭉정이는 땅바닥에 버리는 것과 같이, 하늘이 인간을 마지막으로 추수하는 시기에는 윤회도 제한적일 수밖에 없다. 최근 출산율이 급격히 감소하고 정상적인 사람도 아이 갖기가 어려운 것을 보면 추수하는 시기라는 것을 가늠할 수 있다.

어떤 종교가 되었던 절대·진·성·주·천성·본성·인성·생명 등의 의미를 정확하게 모르고 신도들을 가르치는 것은 혹세무민하는 거짓말이 아닐 수 없다. 지금은 인류가 결실하는 시기로 접어들었고, 참생명의 세상으로 들어가는 시기로서, 인간다운 인간만 살아남을 수

---

64 1984년 앤드루 모슨(Andrew Mawson)은 신자가 급감하던 교회를 지역문제 해결을 위한 사회적 기업으로 발전시켰으며, 현재는 다종교 개방형 교회를 운영하면서 주민건강복지센터와 커뮤니티 및 다양한 사회적 기업을 운영한다(한국지방행정연구원, 2009, 해외지방정부에서 배운다, 매일 경제신문사, p166~174).

있다. 참 주인으로 거듭나는 공동체가 될 때 기회가 있다.

종교의 존재 이유를 아는 사람이라면 먼저 이를 깨닫고 앞장서야 할 때이다.

| 공직자 교육훈련제도의 방향

지금 인류가 처한 환경이나 우리나라가 처한 세계적 정치적 경제적 환경 등을 검토해보면 정말 복잡하기 이를 데 없다. 공직자는 이러한 사회현상을 정확하게 읽고 국가와 국민이 건강하고 안전하고 행복하게 사는 방법을 찾아 이끌고 선도하는 사람이다. 공직자가 그런 일을 하기 위해서는 어떤 문제가 닥쳐도 자신 있게 감당할 수 있는 역량을 가지고 있어야 하며, 국가는 공직자가 그런 일을 감당할 수 있는 역량을 가질 수 있도록 교육시켜주어야 한다.

처음부터 우수한 인재를 뽑아야 하고, 뽑은 인재에게 담당하는 직무를 능수능란하게 처리할 수 있도록 해야 하고, 수시로 변하는 행정환경에 맞춰 직무수행능력을 계속해서 업그레이드시켜주어야 한다. 공직자가 그와 같은 일을 잘 하기 위해서는 대체로 그것을 감당할 역량을 가지고 있어야 하며, 여기서는 8가지 역량에 대해서만 기술한다.[65]

첫째, 공직자는 크게는 국가를 넘어 세계 및 하늘을 함께 관조할 수 있는 광범위한 역량이 있어야 한다. 사람이나 인류가 발전한다는 것

---

[65] 이 부분에 대한 자세한 내용을 알고 싶은 분은 2014년 8월 필자가 「한국 공무원 교육훈련제도의 발전방안에 관한 연구」로 받은 박사학위 논문을 참고하시기 바란다.

은 닫힌 세계를 계속해서 열어가는 것을 뜻하고, 세계가 더욱 긴밀하게 연결되어가는 것을 뜻하므로, 공직자가 일을 할 때는 큰 틀에서 살필 수 있어야 근본적으로 대처할 수 있고 그렇지 못하면 조령모개朝令暮改식으로 대처할 수밖에 없다. 특히, 공직자는 하늘(자연, 생명)을 관조할 줄 알아야 한다. 하늘은 절대의 바탕(근본)이기 때문에 모든 것이 천성을 벗어나 존재해서는 아니 되기 때문이다.

둘째, 공직자는 절대와 상대를 구별할 수 있는 안목을 가지고 있어야 한다. 이성·사랑·자비·인의·정의·윤리 등을 찾아도 절대 이성·절대 사랑·절대 자비·절대 인의·절대 정의·절대 윤리를 구별할 수 있을 때, 상대 이성·상대 사랑·상대 자비·상대 인의·상대 정의·상대 윤리 등과 혼동하지 않을 수 있다. 절대는 언제나 목적이므로 불변이나, 상대는 공간적 시간적 상황에 따라 목적과 수단이 뒤바뀌는 것이므로 가변성이다. 그런데 공직자가 이것을 모르고 가변성이 있는 사고로서 옳고 그름을 주장하고, 그것을 절대나 되는 것처럼 강조하면 갈등과 다툼과 전쟁이 발생할 수밖에 없다.

예를 든다면 민주주의·자본주의·공산주의 등 사상도 천성이 목적이고 그 사상이 수단이면 큰 문제가 되지 않는데, 천성을 모르고 그 사상을 생각하면 바탕이 없기 때문에 공상·허상·망상에 불과한 것이 된다. 그래서 이성이 있다는 인류가 허상에 불과한 사상을 지키겠다고 수많은 생명을 살상한 것인바, 이런 사람들이 어떻게 이성을 가진 사람이라고 할 수 있는지 생각해볼 필요가 있다. 공직자는 적어도 인간들의 사고가 어디에서 어떻게 잘못되었고, 어떤 사고를 가지는 것이 올바른 것인지 정확하게 이해하고 있지 않으면 아니 된다.

셋째, 인간들이 세상이라 부르는 보이는 세계는 고정되어 있는 것이 하나도 없다. 끊임없이 움직이고 변화한다. 그러나 인간의 지식이나 관념은 고정되어 있기 때문에 변화하는 세계를 담아내는 데 한계가 있다.[66] 갈릴레오가 "지구는 돈다"는 말을 했을 때 당시 종교는 관념에 갇혀 변화를 싫어한 나머지 갈릴레오를 처형까지 몰고 갔었다.

오늘날은 변화하지 않으면 살아남지 못하기 때문에 변화하지 않겠다는 사람은 없다. 그러나 어떻게 변화를 해야 하는지 그것을 아는 사람이 별로 없다. 지구가 움직이되 하늘의 틀을 벗어나 마음대로 움직이면 풍비박산이 나는 것과 같이, 인간이 변하더라도 천성에 맞으면 모든 생명이 조화를 이루고 상생할 수 있고, 그렇지 못하면 파멸할 수밖에 없다.

사람은 마음과 생각에서 지혜와 창의라는 변화가 나온다. 천성에 맞게 지혜와 창의를 발휘하면 관념의 세계가 천성의 세계와 일치하므로 아무리 작은 생명(개인, 가정. 조직, 나라 등)도 융성할 수 있고, 지성에 맞게 지혜와 창의를 발휘하면 아무리 큰 생명도 언젠가는 파멸할 수밖에 없다. 그러므로 공직자는 어떻게 하면 생명이 살고 어떻게 하면 생명이 파멸하는지 그 이치는 알고 국민을 선도해야 한다.

넷째, 사람은 누구나 육체를 가지고 태어났지만 어떤 사람은 일생을 통하여 큰 업적을 쌓고 어떤 사람은 거리인생이 되는 것은 생각의

---

66 끊임없이 변화하는 세계를 기존의 지식만 가지고 살아가는 것은 한계가 있을 수밖에 없다. 공무원은 변화하는 세상의 환경에 맞춰 능동적으로 대처할 수 있는 역량을 갖지 않으면 아니 되며, 국민을 선도하지 않으면 아니 된다. 20세기 이후 정치 · 경제 · 사회 · 국제 · 천재지변 등 다양한 환경 변화에 능동적이고 창의적으로 대처하는 공무원을 양성하지 않으면 사건사고가 발생한 후에 일 처리하는 공무원만 있을 뿐이다.

차이 때문이다. 생각이 있어 행동하므로 생각하는 사람은 능동적·적극적·열정적이고, 생각이 없이 행동하는 사람은 주어진 일밖에 하는 것이 없으므로 수동적·소극적·냉소적이다. 생각이 큰 사람은 큰 일을 하고 생각이 작은 사람은 주어진 일밖에 하지 못한다. 정신병자를 제외하고는 생각 없이 행동하는 사람이 없기 때문에, 사람은 시간과 공간의 제약을 별로 받지 않는 생각을 충분히 하여 계획을 세우고, 시간과 공간의 제약을 받는 행동으로 뒷받침할 때 원하는 것을 이룰 수 있다.

그러므로 사람이 생각과 지혜와 창의를 키우려면 생각이 나오는 마음과 그 마음을 움직이는 영靈을 이해하지 않으면 아니 된다. 마음이 천성을 닮아 열려있을 때는 모든 것이 오고갈 수 있어 지혜와 창의가 개발될 수 있으나, 지성을 닮아 닫혀있을 때는 닫혀있는 세계의 밖은 도적질할 대상이거나 경쟁할 대상으로 밖에 생각되지 않기 때문이다.

공직자는 마음이 천성과 같이 완전히 열려있어야 포용과 지혜와 창의를 올바로 발휘할 수 있고, 더불어 국민들의 마음에 가지고 있는 한의 그림자를 벗겨낼 수 있어 모든 국민을 통합·화합·융합시킬 수 있고, 생명력을 활성화시킬 수 있다.

다섯째, 사람이 미래를 예측하지 못하면 미래를 대비할 수 없다. 미래를 대비하는 사람은 세상을 리드할 수 있으나 대비하지 못하면 사건사고가 발생한 후에 일을 하는 것이므로 뒤따라갈 뿐이다.

경기도 안양시 비산동에서 인덕원 사거리까지 도로는 왕복 10차선으로 넓게 만들어져 있다. 그 도로를 만들고 담당공무원이 징계를 받았다는 소문이 있다. 도로가 만들어지고 몇 년간 차량 통행이 별로 없었기 때문이다. 그러나 지금 차량 통행량을 보면 그때 그 도로를 만들기 잘했다고 누구나 이야기한다. 특히 출퇴근 시간대는 혼잡하기 이를 데 없기 때문이다.

고용노동부가 1995년에 고용보험제도를 만들었는데, 이를 기획할 당시에는 기획재정부나 행정안전부 등에서 조직 확장의 일환으로 보고 반대가 심했다고 한다. 그러나 그것을 만들고 1997년 말에 IMF 외화위기와 대량실업사태를 겪으면서 그 후 그때 그것을 정말 잘 만들었다고들 한다.

운명론은 대체로 인간의 한계로서는 불가능하다고 보고 말하는 소리이다. 그러나 그렇게 말하는 사람은 대개 평상시 모든 것을 방치하다가 문제가 터지면 운명으로 책임을 돌린다. 천성의 눈으로 보면 지성을 닮아가는 것이 모두 문제인데 그것을 깨닫지 못하면 사건사고가 터진 후 운명이었다고 구실을 댄다.

세월호 사건의 경우 위험성이 보고되었으면 미리 대책을 강구했어야 한다. 그러나 그 배에 근무했던 기관원들이 위험성을 경고했고, 또한 대표자도 구조변경이 있은 후 세월호를 매각해야 한다는 의사를 피력했음에 비추어 볼 때 사전에 위험징후를 느꼈음에도, 무관심·무시·무개념·안일·설마 등으로 일관하다가 사고를 내고 말았다. 우리가 미래를 예측하려면 생명의 눈으로 보지 않으면 아니 된다. 교량 하나도 생명으로 보고 다리의 생명이 오래가도록 하려면 어떻게 건설하고 무너지게 하려면 어떻게 건설하면 되는지 생각하면 다리의 미래를

어느 정도 짐작할 수 있다. [67]

특히, 공직자가 국가와 국민의 생명을 영생하도록 지켜내기 위해서는 항상 지금 무엇을 해야 하는지 생각하지 않으면 아니 된다. 국가가 천년만년 영생하도록 하기 위해서는 몇 년만 살고 말 것처럼 일해서는 아니 되고 영생할 수 있는 기틀을 세우고 기초부터 차근차근 닦아나갈 수 있는 역량을 갖춰야 한다.

여섯째는 오늘날 인권이 존중되면서 교도소에 수감된 사람조차 잠자리가 불편하거나 식사가 불편하거나 편의제공이 불편하면 진정 같은 투서를 낸다고 한다. 그러면 인권을 담당하는 기관이 이를 조사하여 시정을 요구한다고 하는데, 교도소는 교도소답게 운영되어야 한다. 교도소가 교도소답지 않으면 호텔이 되거나 아니면 반대로 범죄 양성소가 될 수 있기 때문이다.

마찬가지로 공직자가 공직자다워야 하고, 선생이 선생다워야 하고, 군인이 군인다워야 한다. 종교는 종교다워야 하고 정치는 정치다워야 하고 학교는 학교다워야 한다. 책은 책다워야 하고, 냉장고는 냉장고다워야 하고, TV는 TV다워야 한다. 그래야 모든 것이 제자리를 찾고, 세상이 천성(본성)을 회복하고, 모든 사람이 정신병에서 벗어날 수 있

----

67 연구자가 충주에서 근로감독관으로 근무할 때 성수대교가 완공되고 당시 대통령이 첫 번째로 그 다리를 주행하였다. 그때 TV에서 나오는 다리 공법에 대한 이야기를 들으면서 나는 "저 다리는 20년이 못가 무너질 것 같다."고 말했다. 그랬더니 옆에 있던 선배가 내 등을 탁 치면서 "당신이 건교부장관을 해야 하겠네."하고 놀렸다. 그래서 이야기를 들어보라며 설명을 하였다. "저 다리는 신공법이라며 교각에 상판을 올리지 않고 교각 밖에 철제받침 같은 것을 만들어 그 위에 상판을 올려놓는데, 지금은 차량이 4~5톤 차가 다닐지 모르지만 10~20년쯤 되면 15톤 내지 20톤 차량이 다닐 수도 있다. 그런데 그것을 감안했는지, 그리고 한번 만들어놓으면 무거운 차량을 잘 통제해야 하는데 그렇게 할 수 있을지 의문이 된다."고 말했었다. 그 다리는 18년 만에 무너졌다.

기 때문이다.

　공직자는 이렇게 모든 것이 제자리를 찾을 수 있도록 선도할 수 있는 역량을 가지고 있어야 한다. 지금은 그런 역량들이 없기 때문에 공직자 자신도 본성을 잃고 방황하고 있기 때문이다.

　일곱째, 정보와 기술력을 갖추고 있지 않으면 아니 된다. 정보는 자신의 하는 일이 다른 사람이나 다른 기업이나 다른 국가는 어떻게 하고 있는지 그리고 그 수준은 어느 정도인지, 그것을 능가하려면 어떻게 해야 하는지 등을 파악하고 있는 것 즉 벤치마킹(첩보 또는 정보활동)하는 것을 말한다고 할 수 있다. 또한 기술력은 자신의 일을 능수능란하게 처리하기 위해서는 어떤 기술이 필요한지 그것을 알고 익히고 활용할 수 있는 힘과 같은 것이라고 할 수 있다.

　공직자에게 실시하는 교육은 정신교육과 직무교육으로 나눌 수 있는데, 앞서 기술한 6가지 역량을 가르치는 교육은 생각하는 방법을 가르치는 정신교육이라고 하면, 정보와 기술을 갖추도록 가르치는 교육은 행동하는 방법을 가르치는 직무교육이라고 할 수 있다.

　생각하는 방법을 가르치는 정신교육도 중요하지만, 행동하는 방법을 가르치는 직무교육도 중요하다. 사람은 생각하고 행동하여 일을 하지만, 그 일의 크기를 크게 하는 것은 행동을 빨리 빨리하는 것도 중요하기 때문이다. 공직자가 문명의 이기를 잘 다룰 줄 알면 그만큼 대응하는 행동이 빨라질 수 있다는 이야기이다.

　여덟째, 덕을 가르치지 않으면 아니 된다. 덕이란 자비·사랑·인의·재물·권세·명예·학문 기술 등 자기가 가진 것이 무엇이든 큰 사람이 작은 사람에게 생명을 양육할 목적으로 내려 보내는 것으로 정의할 수 있다.

베푸는 이치로 세상을 구별하면 하늘보다 큰 덕을 가진 것이 없다. 하늘은 땅을 비롯하여 땅에 존재하는 모든 존재가 살아갈 수 있도록 가진 것을 모두 대가 없이 베풀어 주고 있기 때문이다. 이것을 두고 성인들은 자비·사랑·인의라고 칭하고 사람들이 그런 마음으로 살아가도록 가르쳤다.

덕은 평가하는 것이 아니라 풍기는 것이고 느끼는 것이다. 사람의 말 한마디, 행동 하나하나에서 묻어나는데, 천성을 체득한 사람일수록 순박·참·진정·소탈 등이 묻어나고 지성을 체득한 사람일수록 천박·거짓·가식·꾸밈 등이 묻어난다.

그러므로 공직자가 국민을 선도하기 위해서는 천성의 인품을 체득해야 하며, 그런 성품을 가진 사람만이 국민을 지성에서 건져낼 수 있다.

난세(亂世)는 도약의 밑거름입니다!

도서출판 행복에너지 대표이사,
대통령직속 지역발전위원회 문화복지 전문위원
권선복

세상살이가 어려울 때일수록 우리는 유토피아, 즉 '내가 원하는 세상'을 꿈꿉니다. 하지만 우리 모두가 각자의 '나'이기에 너무 많은 유토피아가 존재하는 것이 문제입니다. 그래서 이 시대는 혼돈으로 가득차 있다 해도 과언이 아닙니다. 이런 때일수록 우리는 꿈과 비전과 희망으로 나아가야 하며 이때에 중요한 것은 '우리 모두가 하나 되어' 밝은 미래로 전진하는 것입니다. 사람은 홀로 존재할 수 없고 더불어 살아갈 때에야 진정한 자아와 만날 수 있기 때문입니다.

여기 우리 개개인의 삶과 국가 간 장벽을 넘어 전 세계적 비전을 제시해주는 명제가 하나 있습니다. 그것은 바로 '새로운 경세학'입니다. 저자이신 '황선범' 선생님은 수십 년간 이어온 공직생활에서 얻은 자신만의 경세학 철학을 책『새로운 경세학을 말하다』에 힘 있는 필치로 그려내고 있습니다. 이 책을 읽은 독자는 비로소 인생에 대한 진정한 의문을 구할 수 있습니다. '나는 무엇이고 공동체는 무엇이며 인간으로서의 자존은 어떻게 가능해지는가?' 이에 대한 해답은 저자의 말씀대로 '자신의 마음을 똑바로 보고 마음을 꾸준히 공부·단련하면서 하늘의 이치를 터득해가는 인생의 행로'일 것입니다.

어쩌면 한 인간의 머릿속에서만 움직였을 반짝이는 진리를 이렇듯 섬세하고 치밀하게 세상에 내놓을 수 있는 작가의 철학적 내공에 감동·감명이며 우리 대한민국 국민 모두가 책『새로운 경세학을 말하다』를 통해 가치 있는 삶의 여정을 꾸려나가시기를 바랍니다. 그리하여 국가와 세계평화의 존립에도 우리 존재 모두가 이바지할 수 있기를 바라며 행복과 긍정의 에너지가 팡팡팡 샘솟는 활력을 되찾으실 수 있기를 바랍니다. 제2의, 제3의 황선범 저자와 같은 분들이 저희 행복에너지의 문들 두드려 주시기를 기원드리겠습니다. 마지막으로 을미년 새해를 맞는 도서출판 행복에너지는 대한민국과 우리 모두에게 '사람을 위한 책'으로서 밝은 도약의 밑거름이 되고 싶습니다.